GRELLIER - Noël 99

W0375287

LE TOUR DU MONDE EN 20 JOURS

De Bertrand Piccard

Une trace dans le ciel, Oresol, 1998 ; Robert Laffont, 1999.

BERTRAND PICCARD / BRIAN JONES

LE TOUR DU MONDE EN 20 JOURS

Adapté de l'anglais par Bertrand Piccard, Michèle Piccard et Jean-Philippe Chatrier

ROBERT LAFFONT

© Bertrand Piccard et Brian Jones, 1999
Traduction française : Éditions Robert Laffont, S.A., Paris, 1999

ISBN 2-221-09102-7
(édition originale : Headline Book Publishing, Londres)
ISBN : 0-7472-7128-3

Ce livre est dédié à l'équipe dont la compétence a permis de concevoir et de construire le *Breitling Orbiter 3*, et de le guider autour du monde. Quel meilleur hommage pouvons-nous lui rendre que de citer un extrait du fax envoyé à notre PC en franchissant la ligne d'arrivée au-dessus de l'Afrique, le 20 mars 1999 :

Bonjour à tous nos amis.

Nous pouvons à peine croire que notre rêve est enfin devenu réalité. Nous avons failli nous perdre dans les problèmes politiques, les vents trop lents du Pacifique, les mauvaises trajectoires au-dessus du golfe du Mexique. Mais chaque fois, avec l'aide de Dieu et grâce à un formidable travail d'équipe, le ballon a retrouvé le chemin de la victoire.

Nous sommes deux membres privilégiés d'une équipe efficace et merveilleuse, que nous tenons à remercier du fond du cœur, aujourd'hui que nous partageons avec Breitling les fruits de cinq années d'efforts.

LE BREITLING ORBITER 3

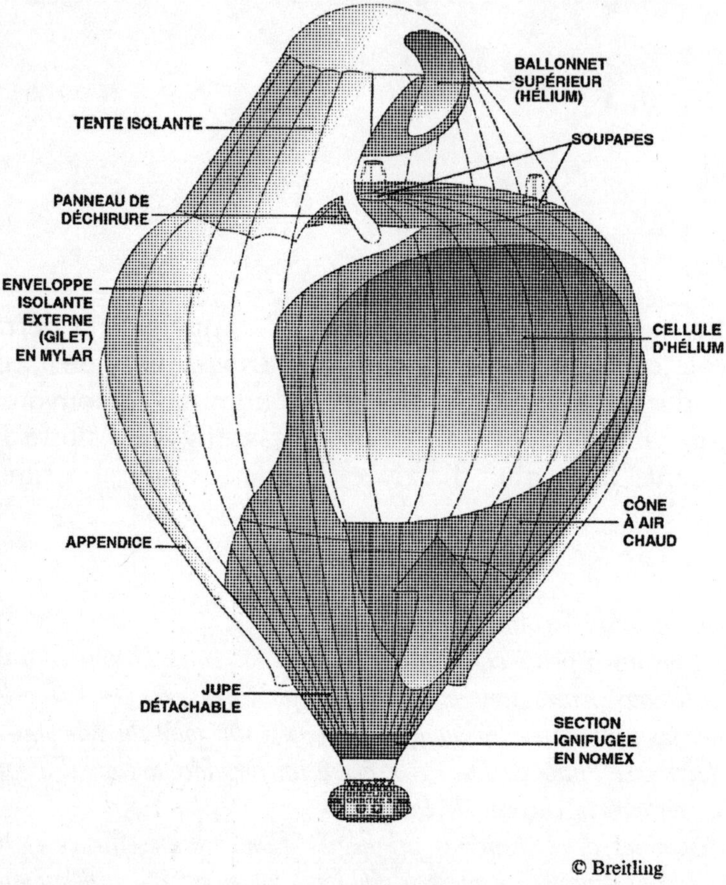

© Breitling

Une Rozière fonctionne grâce à une association de gaz et d'air chaud, un principe inventé par l'aérostier français du XVIIIe siècle François Pilâtre de Rozier. Au moment du décollage, la cellule d'hélium n'est que partiellement remplie. À mesure que le ballon s'élève, la chaleur du soleil, alliée à la baisse de pression atmosphérique, provoque une dilatation du gaz. Pour stabiliser leur altitude ou pour descendre, les pilotes évacuent de l'hélium par les soupapes situées au sommet de l'enveloppe. La nuit, pour compenser la perte de portance due au refroidissement, ils brûlent du propane ou du kérosène contenu dans le cône à air chaud, ce qui augmente la température de l'hélium. Les deux appendices, longeant chaque côté de l'enveloppe et ouverts à leur extrémité, sont des valves de sécurité. Leur rôle est de laisser déborder le surplus d'hélium et d'éviter que l'enveloppe n'explose si le ballon traverse son « plafond » opérationnel, dans le cas où les pilotes l'ont laissé monter trop haut. La raison d'être du ballonnet supérieur, relativement petit et lui aussi gonflé à l'hélium, est d'éviter le contact entre la tente isolante et le sommet de la cellule de gaz, réduisant ainsi au minimum le réchauffement du ballon pendant la journée, et la perte de chaleur durant la nuit. Les aérostiers ne peuvent influer sur leur trajectoire qu'en montant ou en descendant, à la recherche des vents soufflant dans la direction qu'ils souhaitent prendre. Pendant leur vol autour du monde, Bertrand Piccard et Brian Jones comptaient énormément sur l'habileté de leurs deux experts météo, à Genève, qui leur indiquaient en permanence l'altitude idéale à laquelle trouver les vents dont ils avaient besoin.

LA CAPSULE

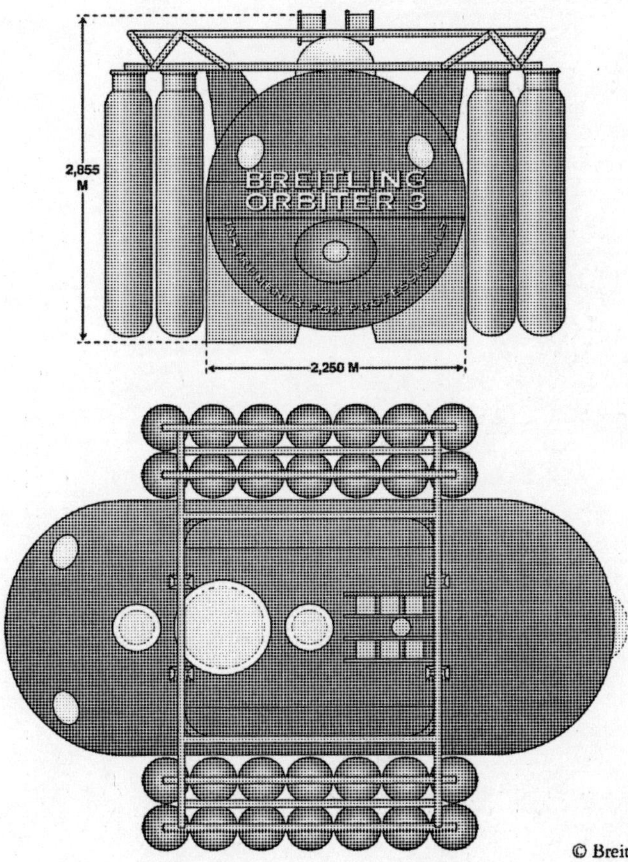

© Breitling

Un seul pilote à deux visages

Bertrand Piccard et Brian Jones se sont associés pour réaliser un impossible défi : le premier tour du monde en ballon sans escale. Ils s'étaient rencontrés lors de la précédente tentative Breitling Orbiter, et avaient appris à se connaître suffisamment pour apprécier leurs différences. Scientifique et psychiatre, issu d'une famille d'explorateurs, Bertrand Piccard rêvait, depuis toujours, de partir à la découverte du monde et de la vie. Brian Jones, lui, avait suivi une tout autre trajectoire, celle d'un autodidacte, d'un homme qui, avec son pragmatisme et son sens de l'humour, avait su saisir les opportunités offertes par l'existence.

Leurs destins se sont croisés dans ce ballon. Là, à huis clos, ils ont partagé leurs peurs et leurs espoirs, ils ont veillé l'un sur l'autre, sont devenus amis. La complicité qui est née durant ces instants ne s'est jamais démentie, même dans les pires épreuves du vol. Leurs différences de caractère se sont révélées complémentaires, ils sont devenus un seul pilote à deux visages.

Bertrand Piccard et Brian Jones voulaient partager cette expérience extraordinaire avec tous ceux qui, sur les cinq continents, avaient suivi leur odyssée avec tant de passion. Chacun de leur côté, ils ont conçu le projet d'écrire un livre. Mais ils ont vite compris qu'ils ne pouvaient revivre leur voyage séparément : l'idée même leur en a semblé absurde. Ils avaient vécu cette aventure ensemble, il leur fallait la raconter ensemble.

Ceci est donc un récit à deux voix – le résultat d'un exploit unique, d'un rêve partagé, le fruit d'une très belle amitié.

L'éditeur

1

L'envol

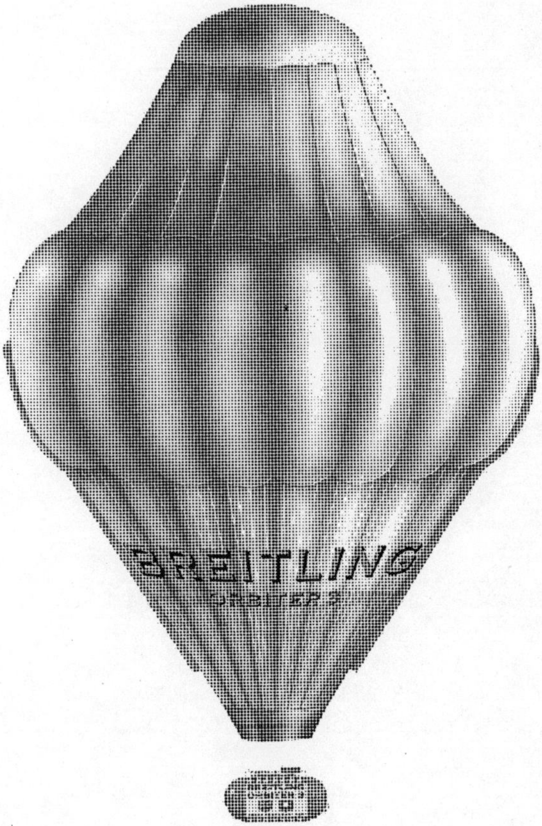

Bertrand

Je me réveille en sursaut, le cœur cognant dans la poitrine, comme si, dans mon sommeil, on venait de m'injecter une dose massive d'adrénaline.

Je me jette sur le téléphone.

– Alan ?... C'est Bertrand. Comment ça se passe ?

– Bertrand ? Qu'est-ce qui t'arrive, tu devrais être en train de dormir ?

– Dormir ! Pourquoi ? Vous n'avez pas réussi à gonfler le ballon ?

– Calme-toi. On n'a pas besoin de toi avant deux heures. Le ballon est presque prêt, il n'y a pas un poil de vent. Les conditions idéales.

– Alan !

– Quoi ?

– J'arrive !

Inutile d'essayer de me rendormir. De toute façon, j'ai le cerveau qui tourne à trois mille tours minutes. Je préfère me lever.

Il est 5 heures du matin et le restaurant de l'Hôtel de Ville est désert. Une serveuse qu'on a tirée du lit pour s'occuper de nous s'affaire autour de Brian. Il mange un croissant. Je m'installe en face de lui et lâche un banal : « Cette fois, nous y sommes... » Faute de salive, je ne parviens pas à avaler quoi que ce soit d'autre qu'un peu de muesli et du thé. Puis je remonte prendre mon sac et enfiler ma combinaison de vol. Le trac me poursuit. J'en ai mal au ventre. Pris de contractions, je rends mon petit déjeuner dans le lavabo. Vomir ma peur ! J'en suis stupéfait, c'est la première fois qu'une chose pareille m'arrive... Il faut dire que je n'ai jamais encore ressenti une telle appréhension.

Nous sommes le 1er mars 1999. C'est mon quarante et unième anniversaire. Tout le monde autour de moi est enthousiasmé par cette coïncidence, mais je n'ose pas y voir un présage. L'année dernière, après un premier échec, j'ai décollé à bord du *Breitling Orbiter 2* le jour de l'anniversaire de mon grand-père. J'avais cru à un signe du destin mais je m'étais trompé. Maintenant, je ne sais plus que croire et j'ai viscéralement peur de rater ma dernière chance de réaliser le rêve de ma vie : le premier tour du monde en ballon sans escale.

Brian

Je n'ai pratiquement pas dormi. J'avais tellement de choses à dire à Jo, ma femme, allongée près de moi... Je n'ai pas réussi. Au lieu de lui parler, je suis resté là, immobile dans le noir, à me demander si elle dormait.

Elle me dira plus tard qu'elle en faisait autant.

Je constate à l'arrivée de Bertrand dans le restaurant que nous sommes tous les deux dans le même état de nerfs.

Il est maintenant 6 heures et il fait encore nuit quand nous traversons en voiture les rues silencieuses du village suisse de Château-d'Oex. Il fait moins deux degrés et la brume cache aussi bien les étoiles que le sommet des montagnes environnantes, mille cinq cents ou deux mille mètres plus haut.

Soudain, au détour d'un virage, « il » apparaît.

Bertrand écrase le frein. Sans nous concerter, nous avons ressenti le même besoin de nous arrêter, de contempler en silence, ce spectacle qui nous coupe le souffle. Cela fait des mois que nous attendons cet instant.

Étincelant de tous ses feux sous les projecteurs croisés, une immense enveloppe argentée se détache contre le ciel noir. Elle mesure 55 m de haut. La taille de la tour de Pise. Plus que l'Arc de triomphe. C'est un fabuleux point d'exclamation qui semble souligner l'audace de notre entreprise. L'hélium liquide qui s'échappe des vaporisateurs l'environne de nuages blancs, comme de la neige carbonique. Le petit cylindre horizontal rouge vif de la capsule est en partie dissimulé par sa double rangée de réservoirs de carburant. Tout autour, des hommes qui paraissent minuscules s'agitent, tirent sur des cordes comme pour dompter un monstre, manipulent des tuyaux... La dimension de l'ensemble est impressionnante : 23 500 m^3 pour l'enveloppe et un poids total – cabine et réservoirs compris – de 9,2 tonnes.

C'est à ce géant majestueux que nous allons confier nos vies.

– Tu te rends compte, s'écrie Bertrand, c'est pour nous !

Je souris sans répondre.

La voiture redémarre, s'approche doucement. L'ensemble devient plus énorme encore...

Un souvenir me revient :

– Ça me rappelle le lancement d'*Apollo 11*, il y a trente ans. Je regardais la télévision... Je revois l'équipage en train d'embarquer... C'est drôle, j'ai l'impression de rejouer la scène. Mais en « live », cette fois.

Bertrand, lui, ne dit plus rien. Je sais pourtant qu'il a assisté au lancement d'*Apollo 11*, sur place, à Cap Kennedy. Mais l'émotion, visiblement, l'empêche de parler.

C'est vrai que nous avons des allures d'astronautes, dans nos combinaisons ignifugées bleu marine et les vestes que Breitling a fait faire à notre intention. Sur la poitrine s'inscrivent notre nom et notre groupe sanguin. Un couteau de survie est sanglé à une jambe du pantalon.

– Nous avons l'air de vrais pros, tu ne trouves pas ? me souffle Bertrand à l'oreille en arrivant à l'aire d'envol. Si tous ces gens se doutaient de la trouille que nous avons...

Nous arrêtons notre Chrysler-Voyager à côté de celles de l'équipe et, à peine sortis de la voiture, nous sommes avalés par la foule. Pour lui échapper, nous pressons le pas vers le bâtiment tout proche qui abrite la conférence de presse. La rumeur a couru que le départ serait pour aujourd'hui et il est plein à craquer. Pourtant, il y a trois fois moins de monde qu'au lancement *d'Orbiter 2*. Ce jour-là, les journalistes grimpaient sur les tables et les chaises pour tenter d'apercevoir les pilotes.

Après une vingtaine de tentatives avortées de tour du monde en ballon, le scepticisme ambiant est quasiment palpable.

Le problème, dans un cas pareil, c'est de trouver quelque chose de nouveau à dire. L'intervention d'Alan Noble, le directeur de vol, est courte. Luc Trullemans et Pierre Eckert, les experts météo, font le point devant les caméras.

Bertrand n'a qu'une hâte : embarquer et se plonger dans les vérifications techniques. Du coup, lui, dont l'éloquence et le lyrisme me laissent d'habitude sans voix, fait preuve aujourd'hui d'une concision qui surprend tout le monde. Moi, le premier. Il ne veut pas, cette fois, être déconcentré par des interviews et se prêter pour ce décollage au même genre de cérémonial que pour ses deux premières tentatives.

Quand mon tour de prendre la parole arrive, je m'en tire par un zeste d'humour. C'est ce qui, à mon avis, convient le mieux à la situation :

– Comme c'est aujourd'hui l'anniversaire de Bertrand, tout le monde s'est cotisé pour lui faire un cadeau. Nous hésitions entre un voyage en ballon et un tour du monde. Les gens de Breitling se sont montrés particulièrement généreux et, au bout du compte, nous avons décidé de lui offrir les deux !

Franc succès. Les rires détendent l'atmosphère. Les « Breitling girls » en profitent pour monter sur l'estrade et offrir à Bertrand, en guise de gâteau, un croissant piqué d'une bougie d'anniversaire. Comme il se doit, tout le monde reprend « Happy Birthday to You » à pleins poumons.

À l'extérieur, l'équipe technique continue à s'activer. Sous la conduite de Roland Wicki qui a eu maintenant trois décollages pour perfectionner son anglais, les dix-huit hommes de Carbagas achèvent de remplir le ballon, dans le sifflement continu de l'hélium liquide à − 200 °C qui sort des vaporisateurs. Les pompiers de Château-d'Oex, accrochés aux cordages, s'efforcent de maintenir le ballon à la verticale. À l'intérieur de la capsule, Kieran Sturrock, notre expert en électronique de pointe, effectue de longues mais indispensables vérifications. Tout semble fonctionner pour le mieux, à part une légère fuite au niveau du cylindre d'azote sous pression qui actionne les soupapes d'hélium du sommet de l'enveloppe. Kieran resserre les connexions au maximum, sans obtenir pourtant une étanchéité parfaite.

Bertrand

Le gonflage du ballon a commencé à 3 heures. Jusqu'à l'aube, tout s'est déroulé sans incident. Mais, au lever du jour, le vent se lève. Une brise légère, d'abord, mais qui forcit rapidement. Bientôt, le vent arrive en rafales sur le site d'envol et le ballon se met à se secouer sous l'effet des turbulences...

C'était notre grande crainte.

Pour peu que le vent devienne encore plus violent, le Mylar qui enveloppe la cellule d'hélium pourrait se déchirer. Et la capsule risquerait de se renverser, subissant des dégâts irrémédiables. Dans le pire des scénarios, il se pourrait même qu'un choc endommage l'un ou l'autre des réservoirs de carburant, et que du propane liquide s'échappe en prenant feu.

Un seule solution : décoller. Et cela le plus vite possible.

L'instant des adieux est une épreuve que Brian et moi redoutons depuis des semaines.

Il y a déjà pas mal de temps que je ne peux plus regarder ma femme Michèle, mes filles Estelle, huit ans, Oriane, six ans, et Solange, quatre ans, sans me demander si j'ai vraiment le droit de prendre tous ces risques pour accomplir mon tour du monde. Et à chaque regard posé sur elles, j'en suis de moins en moins sûr... J'essaie de me convaincre en me disant que cette aventure est aussi la leur. Depuis cinq ans, ma famille a vécu au rythme de mes voyages à Bristol et de mes préparatifs. Mon rêve déteignait dans toutes les discussions. Mon enfance a été tellement enrichie par les expériences de mon père que c'est tout naturellement que j'ai voulu associer mes filles à ce que je faisais. Elles étaient toutes les trois venues assister à la construction du ballon et avaient fini par se réjouir de le voir enfin décoller. À la maison, une atmosphère de confiance prévalait et, s'il y avait une chose qu'elles redoutaient, c'était moins mon vol lui-même que la longueur de mon absence.

Je les serre dans mes bras, l'une après l'autre, longuement. Je les sens intimidées. Au fil de mes tentatives, elles ont grandi et sont maintenant davantage à même de réaliser la pression qui m'écrase.

– Vous avez vu ce ballon, comme il est magnifique ! Cette fois nous partons vraiment ! Vous vous rendez compte ? C'est merveilleux !

Un léger voile assombrit leur regard. Je l'esquisse et tourne la tête vers Michèle. Sans elle pour me soutenir et m'encourager dans les nombreux moments de doute qui ont ponctué ces années de préparation et d'échecs successifs, je ne sais pas comment j'aurais trouvé l'énergie d'aller jusqu'au bout.

Je cherche mes mots :

– Je voulais te dire... Merci de m'accompagner dans ce rêve... Sans toi, je...

Doucement, elle m'interrompt :

– Ça va marcher...

Elle est totalement sereine en prononçant ces paroles, et ajoute simplement :

– Ne tente pas l'impossible...

Une tendresse immense nous unit dans une étreinte fugitive.

Je traverse presque en courant les quelques mètres qui me séparent de ma sœur Marie-Laure et de mon frère Thierry. Comme eux, j'ai de la peine à contenir mon émotion. Que de péripéties leur ai-je fait supporter depuis mon premier vol en aile delta à l'âge de seize ans ! Ils savent que cet appel du ciel représente mon chemin propre, et leur regard me le prouve.

Puis je me tourne vers mon père. Quelques mots et nous oublions la foule et les caméras. Je le remercie de m'avoir associé à ses recherches, et de m'avoir fait rencontrer les héros de mon enfance, tous ces astronautes et ces explorateurs qui m'ont transmis, comme lui, le goût de l'aventure.

Avant d'embarquer, je veux encore saluer Thedy Schneider, le patron de Breitling. Le sachant peu porté sur les démonstrations d'émotion, je lui dis simplement :

– Merci de m'avoir fait confiance.

Brian

Pour moi aussi, ces adieux sont un moment difficile. J'ai secrètement peur d'éclater en sanglots devant les caméras. Je sais que, si Jo tient le coup, j'en ferai autant. Mais, si elle fond en larmes, j'aurai la gorge nouée et je serai incapable de lui dire un mot...

Je m'avance vers elle, noyée dans la foule. Loin de s'effondrer, elle sourit courageusement. D'un regard, elle me communique sa force et sa confiance. Je suis fier d'elle.

Au moment où je l'embrasse, elle me murmure à l'oreille :

– Vas-y, fais-le.

C'est tout.

Je m'éloigne en pensant très fort : « Merci, mon Dieu ! »

Une vidéo, quelques semaines plus tard, me révélera le visage de Jo à cet instant : noyé de larmes.

Bertrand

8 heures. Brian et moi embarquons par la trappe arrière. Tête la première, mais sans chaussures. Une règle que nous avons établie afin d'éviter d'introduire la moindre humidité dans la capsule. Elle risquerait de se condenser sur les hublots et de gêner notre vue pendant l'ascension. Une fois à l'intérieur, nous enfilons des bottes de vol sèches, puis, à la demande des photographes, nous sortons la tête, l'un après l'autre, en nous efforçant tant bien que mal de sourire aux objectifs.

Nous préparons le hublot postérieur avec le plus grand soin, pour que la capsule soit totalement hermétique. Mon père s'avance et, armé de son mouchoir, essuie minutieusement le joint afin qu'il soit parfaitement étanche. Un geste qu'il a accompli d'innombrables fois avant ses plongées en sous-marin.

L'instant d'après, nous poussons les clapets de fermeture. Cette fois, ça y est. Nous sommes dans un autre monde.

Brian

Une fois enfermé dans la capsule, je me sens mieux. Dehors, le vent souffle de plus en plus fort. Au-dessus de nos têtes, l'enveloppe de Mylar émet des craquements et des frissons métalliques, comme du papier d'aluminium qu'on chiffonnerait. La capsule elle-même commence à produire des bruits plus qu'inquiétants. Sous son ventre est fixée une rangée de blocs de polystyrène destinés à la surélever, afin d'éviter que les réservoirs de carburant n'entrent en contact avec le sol. Avec les sursauts du ballon, la capsule frotte contre le polystyrène, lui arrachant des crissements qui nous vrillent les tympans.

Soudain, l'ensemble de l'aérostat est soulevé d'un mètre cinquante, avant de retomber lourdement. Le choc est tel que, pendant un court instant, tout le monde s'attend à voir la capsule éclater comme une noix de coco.

Les choses ne font qu'empirer, sous l'effet des rafales de plus en plus puissantes. Les pompiers prennent l'initiative d'attacher à leur camion une des sangles qui retiennent la capsule, pour ne pas risquer de la voir s'arracher du point d'ancrage au sol.

À l'intérieur, secoués comme dans un tambour de machine à laver, nous effectuons tant bien que mal les vérifications de la check-list :

– Radios VHF [1] ?

– O.K.

– Fréquence un, un, neuf, décimale un, sept ?

– Correcte.

– Pression de l'altimètre ?

– Réglée.

– Goupilles de sécurité des extincteurs ?

– Enlevées.

– Oxygénation ?

---

1. Very High Frequency : très haute fréquence.

– Activée.
– Soupape d'hélium ?
– Ouverte pour vérification.
– Deux témoins rouges ?
– O. K. Refermé.

Et ainsi de suite, pour les quelque cinquante points de la check-list.

Se concentrer relève de l'exploit. À cause du bruit, mais aussi parce que des vivres et des pièces d'équipement n'arrêtent pas de tomber de leurs rayons, obstruant le couloir étroit qui divise la capsule.

Enfin, nous sommes prêts. Mais il nous faut encore patienter quelques minutes, le temps que les techniciens finissent d'insuffler dans l'enveloppe le supplément d'hélium rendu nécessaire par notre poids.

Il n'y a maintenant plus rien d'autre à faire qu'à attendre. Pour le moment, c'est l'équipe technique qui a la main sur les opérations. Alan tient Bertrand au courant de leur déroulement par téléphone portable.

Sachant qu'après le décollage mes premières tâches m'appelleront sur le toit de la capsule, j'y grimpe immédiatement en passant par l'écoutille supérieure. Je m'assois et me tiens solidement. Malgré les secousses, je ne risque pas de tomber, car la capsule est couronnée par un double rail situé à hauteur du genou. Y sont accrochées, à l'extérieur, les équerres en titane auxquelles sont fixés les cylindres de propane. Entre nous, nous appelons cet espace le « bac à sable », en raison du sentiment de sécurité qu'on y éprouve.

Les spectateurs, eux, sont inconscients du danger qu'ils courent. Dans leur enthousiasme, ils forment un cercle de plus en plus étroit autour du ballon, sans réaliser que, si une rafale projette l'enveloppe au sol, cette dernière les écrasera sous son poids. Et mieux vaut ne pas penser à ce qui arriverait si un seul des trente-deux réservoirs de propane se fissurait. Les autres exploseraient en chaîne et l'ensemble se transformerait instantanément en une immense torche. Quant à Bertrand et moi...

Comme pour justifier nos craintes, l'un des réservoirs se prend soudain dans un câble. Il est soulevé perpendiculairement aux autres pendant un court instant, avant de retomber avec un choc effrayant contre le flanc de la capsule. Sans autre conséquence, heureusement...

Le bruit du vent, les cris, le fracas des réservoirs qui s'entrechoquent et les crissements du polystyrène sous la coque rendent impossible toute communication vocale entre Bertrand et moi...

Bertrand

À une centaine de mètres, sur la neige, les membres du club aérostatique de Château-d'Oex ont gonflé une montgolfière. Elle est prête à partir, elle aussi. Son pilote, François Chapuis, a prévu de décoller juste avant nous, pour emmener quelques journalistes et photographes, mais son objectif principal est d'ouvrir la voie au *Breitling Orbiter 3* en repérant les courants aériens de la vallée.

Nous sommes consternés en voyant soudain l'équipage de ce ballon quitter la nacelle et affaler l'enveloppe.

Le vent, de plus en plus puissant, a rendu leur envol trop dangereux.

Nous comprenons soudain, avec angoisse, ce qui nous attend.

Je me tourne vers Brian. Il est blanc comme un linge...

À cet instant, aucun de nous n'a cependant l'idée de renoncer. Il y aurait pourtant de quoi hésiter. Un départ dans ces conditions risque d'endommager gravement notre ballon. Et une avarie au décollage nous obligerait presque à coup sûr à nous reposer en catastrophe. Ce qui, en pleine montagne, serait un cauchemar. Même si nous parvenions à nous poser sur une surface à peu près plate, les cylindres de propane risqueraient d'exploser contre les rochers...

Mais nous savons l'un et l'autre qu'il est trop tard pour reculer. Si le ballon doit être dégonflé, il faudra plusieurs jours pour le contrôler, autant dire jusqu'à l'année prochaine... Les mots d'une de mes interviews de la veille résonnent encore dans mon esprit : « Si nous ne partons pas, tout le monde nous prendra pour des imbéciles. Si nous partons et que l'expédition soit un échec, on nous traitera d'incompétents. Si nous réussissons... on se contentera de dire que c'était d'une simplicité enfantine. »

Dans ces conditions... le mieux est encore de nous lancer.

N'ayant plus rien d'important à faire dans l'immédiat, je vais rejoindre Brian sur le toit de la capsule. De là, je peux voir avec un pincement de cœur mes trois enfants en combinaison de ski rouge blotties autour de Michèle. Quelques mois plus tard, alors que je travaillais à la rédaction de ce livre, Estelle, qui s'était installée pour jouer par terre non loin de moi, me lança tout à coup :

– Tu sais, papa, ce qui va me manquer le plus de ton tour du monde, ce sont les décollages !

Je souris et réalisai l'intensité avec laquelle mes filles avaient vécu ces moments. Elles s'étaient réjouies de voir ce ballon, tout comme nos amis venus nombreux pour nous entourer avant le grand départ. Ils étaient tous là, avec leurs enfants, pour croire et se réjouir avec nous, et leur présence apportait cette part de fête qui soulageait leur appréhension.

Le jour s'est levé et, à travers la grisaille, le soleil accroche soudain l'enveloppe argentée. Qui s'allume comme une énorme ampoule.

Les prédictions de Luc et Pierre s'avèrent d'une précision horlogère. L'ouverture annoncée apparaît pile au-dessus de nous. Et le prochain front, en provenance du nord-ouest, arrive tout droit vers Château-d'Oex.

Trois contrôleurs aériens professionnels de l'aéroport de Genève nous ont offert leurs services. Deux d'entre eux – Greg Moegli et Patrick Schelling – ont installé un centre de contrôle à Château-d'Oex. Leur première tâche est d'éloigner tout objet volant de la trajectoire initiale d'*Orbiter 3*. « Le travail le plus fou que j'aie jamais réalisé », me confiera plus tard Greg. Cinq hélicoptères, deux dirigeables et deux avions tournent en effet autour de l'aire de décollage. Surexcités, leurs pilotes, loin de dégager la voie, insistent pour pouvoir s'approcher le plus possible. Le troisième contrôleur, Nick Gerber, est à Genève pour organiser notre entrée dans les voies aériennes.

Autour du ballon, la foule tourne à la marée humaine. La rumeur a couru il y a moins d'une heure que, cette fois, nous allions réellement partir, et les curieux se sont précipités par milliers. « On dirait un animal qui rugit d'impatience et tire sur ses liens ! » s'écrie un spectateur pour qui le ballon semble être devenu vivant. Il tire si fort, en effet, qu'on se demande s'il ne va pas arracher du sol le camion de pompiers auquel il est toujours attaché et lui faire faire un tour du monde...

Il est prévu que notre équipe délestera la capsule des poids qui la retiennent, nous avertira du moment où elle sera prête à couper l'amarre, et nous donnera le compte à rebours à partir de dix.

Mais le vent en décide autrement.

À bout de nerfs, Alan, qui n'en peut plus de risquer le désastre à chaque seconde, s'arme de son couteau suisse et, profitant d'un sursaut du ballon, nous libère en tranchant net la corde.

Il est 9 h 09 [1].

Je redescends aussitôt dans la cabine en gardant la tête à l'extérieur. Brian, lui, est toujours installé sur le toit. Nous prenons rapidement de la hauteur, mais le bruit est encore impressionnant. La foule hurle des « bonne chance ! », « bon voyage ! » avec une émotion qui, après une si longue attente, se libère enfin et nous met les larmes aux yeux. Le speaker s'époumone, lui aussi, à en avaler son micro, comme dans les derniers mètres d'une finale olympique. Les cloches des églises protestante et catholique sonnent à toute volée. Les pompiers mêlent leur sirène au concert... La tension nerveuse, parvenue à son comble, fait exploser une clameur qui semble nous propulser vers le ciel.

Les commentateurs de télévision diront un peu plus tard que ce départ évoquait davantage une évasion qu'un décollage...

Brian

L'aérostat s'arrache du sol dans une secousse qui m'oblige à m'accrocher au rail de sécurité. Les encouragements nous accompagnent sur plusieurs centaines de mètres. Mais Bertrand,

1. Heure locale. C'est-à-dire 8 h 09 Zulu, ou « Z », ou heure de Greenwich. *Breitling Orbiter 3* restera à l'heure de Greenwich durant toute la durée de son vol.

installé au poste de pilotage, s'est déjà isolé mentalement pour se concentrer sur les instruments de navigation. Les hublots lui permettent de constater notre ascension, mais seul le variomètre lui en indique l'ampleur.

La vitesse à laquelle nous montons est étonnante. Une vraie fusée au décollage ! Nous sommes déjà à 150 m du sol quand je me penche pour couper les sangles qui retiennent encore les blocs de polystyrène. Après réflexion, j'y renonce, craignant qu'avec cette foule ils ne tuent quelqu'un dans leur chute. Tant pis. Les blocs feront le voyage avec nous.

J'abaisse les supports d'antennes, mets en place la longue antenne traînante du téléphone par satellite, avec son feu rouge anti-collision et sa lumière stroboscopique blanche. Enfin, je descends les panneaux solaires le long de leur poulie.

Nous sommes à 300 m d'altitude quand nous heurtons la première couche d'inversion. En d'autres termes, un « plateau » atmosphérique où l'air froid du sol enneigé rencontre l'air plus chaud du dessus. Le ballon est stoppé net par cette barrière invisible. En terrain plat, la chose n'aurait rien de préoccupant. L'enveloppe se réchaufferait progressivement sous les rayons du soleil et nous finirions par reprendre notre ascension. Une simple question de temps.

Mais, en pleine montagne, nous ne pouvons pas nous permettre d'attendre que ce processus fasse son effet. Si nous ne nous élevons pas rapidement, nous risquons d'être entraînés par le vent et de nous écraser contre un sommet. (En 1993, Larry Newman, à bord d'*Earthwind 1*, a échoué ainsi dans sa tentative de tour du monde en ballon : très vite après le décollage, faute de pouvoir traverser une couche d'inversion, il s'est fracassé à flanc de montagne.)

Dans une situation pareille, on a le choix entre jeter du lest ou actionner les brûleurs. « Un sac de sable ! » me crie Bertrand. Aussitôt, je verse les premiers 15 kg dans un tuyau de tissu, dont la longueur et la souplesse sont étudiées pour évacuer le sable loin de la cabine. Ainsi, les turbulences liées à l'inversion ne risquent pas de nous le renvoyer en pleine figure.

L'instant suivant, Bertrand sort un bras par la trappe supérieure et m'agrippe la cheville :

– Attention, j'allume !

Je m'éloigne des brûleurs de propane, qui se mettent aussitôt à cracher des flammes bleues de 2 m, à l'intérieur du cône à air chaud. Presque immédiatement, sous l'effet du réchauffement de l'hélium, *Orbiter 3* recommence à grimper.

Une fois la première couche d'inversion traversée, le ballon reprend de la vitesse. Je recommence à m'activer. Le temps presse. Dans quelques minutes, nous atteindrons l'altitude de 2 000 m au-dessus du niveau de la mer. C'est le seuil fatidique où il faudra refermer le hublot supérieur et pressuriser la capsule. Je me dépêche de revérifier mes opérations précédentes, puis rejoins Bertrand à l'intérieur. Nous nettoyons avec soin les rebords de l'épais anneau métallique, avant de rabattre le dôme de Plexiglas.

Soudain, c'est le silence absolu.

Le silence... et une attente anxieuse.

Vingt secondes après avoir scellé l'écoutille d'*Orbiter 2*, Bertrand avait entendu un sifflement caractéristique, signifiant que sa capsule n'était pas totalement étanche et se dépressurisait progressivement. L'équipage avait dû mettre à plusieurs reprises les masques à oxygène pendant les premiers jours du vol.

Nous retenons notre souffle...

Rien ne se produit.

Jamais le silence ne nous a semblé aussi merveilleux.

Nous nous regardons en souriant. Le hublot est parfaitement hermétique, le ballon continue à prendre de l'altitude...

Cette fois, nous sommes vraiment partis.

Bertrand

C'est le premier moment de vrai bonheur, après un départ si laborieux. Un sentiment de libération. Château-d'Oex est loin, très loin déjà au-dessous de nous, et les pics montagneux ne nous menacent plus.

Après une courte pause, nous traversons une troisième couche d'inversion et sommes ensuite propulsés vers le ciel à une vitesse excessive. Nous avions prévu de monter à 1 m/s et le variomètre indique maintenant une vitesse six fois supérieure.

C'est beaucoup trop. Entre la chaleur du soleil et la baisse de pression atmosphérique, l'hélium va se dilater massivement et l'enveloppe risque d'exploser !

En théorie, l'hélium doit pouvoir déborder par les appendices, ces deux tuyaux souples de 90 cm de diamètre, qui longent les flancs de l'enveloppe et descendent presque jusqu'à sa base. Mais, si le gaz se dilate trop rapidement, il est possible que les tubes ne l'évacuent pas assez vite. C'est ce qui est arrivé à deux ballons concurrents. En janvier 1998, Dick Rutan et Dave Melton, après l'éclatement du *Global Hilton*, n'ont dû leur survie qu'à leur parachute. Quinze jours plus tôt, en décembre 1997, Kevin Uliassi, aux commandes du *J-Renée*, a vu son enveloppe se fendre en deux une heure après le décollage, faute d'avoir pu se débarrasser suffisamment vite d'un excès d'hélium. Heureusement pour lui, il a réussi à se poser. Deux siècles plus tôt, François Pilâtre de Rozier n'avait pas eu cette chance. Son ballon avait éclaté sous la dilatation trop rapide de l'hydrogène. Celui-ci était entré en contact avec la paille qui se consumait dans le « brûleur », et l'explosion avait tué ce pionnier deux ans après qu'il fut devenu le premier homme à voler dans l'Histoire.

L'autre danger est d'évacuer une trop grande quantité d'hélium. Une perte que nous devrions compenser la nuit suivante en brûlant des quantités considérables de notre précieuse réserve de propane.

– Il faut soupaper ! dis-je.

Faisant pivoter mon siège à 90°, je me retourne pour accéder aux commandes du système pneumatique commandant les valves.

Je tourne la poignée de la bouteille d'azote et actionne les interrupteurs. Un sifflement accompagne le gaz sous pression dans le tuyau qui va de la capsule au sommet de l'enveloppe. Sous la pression de l'azote, les soupapes d'hélium s'ouvrent.

Un hélium dont il ne faut se débarrasser qu'en cas de nécessité absolue (comme maintenant) et au compte-gouttes. Celui contenu dans le ballon constitue en effet un capital qui doit durer tout le vol. Malheureusement, je suis obligé d'en évacuer beaucoup plus que je ne le voudrais avant que l'aérostat se stabilise.

Avec la fuite remarquée par Kieran avant le décollage, cette manœuvre intempestive nous a coûté un tiers de nos réserves d'azote. À ce rythme, il faudra bientôt se contenter du système manuel d'ouverture des soupapes [1].

À partir de maintenant, pour économiser l'azote, nous désactiverons le système pneumatique après chaque utilisation, ce qui limitera la perte au minimum.

Notre décollage me remémore des souvenirs familiaux. C'est l'aventure de mon grand-père Auguste qui me revient en mémoire. Comment ne pas penser à son décollage pour la stratosphère, en 1931, avec un ballon expérimental presque aussi gros qu'*Orbiter 3* et une capsule pressurisée de son invention. Un vent violent l'avait également gêné au départ et la corde d'ouverture de la soupape s'était même emmêlée dans sa poulie sans que personne le remarque. Ses aides au sol devaient le libérer quand il en donnerait le signal. Mais le vent soufflait si fort qu'ils avaient coupé l'amarre sans attendre son ordre... Quelques secondes plus tard, son assistant lui avait dit :

– C'est curieux, je vois une cheminée par le hublot...

– Quelle partie de la cheminée, avait répondu mon grand-père, le haut ou le bas ?

– Le haut.

– Alors, c'est que nous montons ! avait tranquillement rétorqué le scientifique.

Son ballon s'élevait même à une vitesse dangereuse, atteignant 16 000 m d'altitude en une demi-heure. Quand il avait voulu ralentir l'ascension en ouvrant la soupape, il en avait été empêché par la corde emmêlée dans le mécanisme. Après avoir scellé l'écoutille, enfin, un sifflement révélateur avait mis en évidence une fuite dans l'étanchéité de sa capsule, comme pour *Orbiter 2*. Mais il avait réussi à y remédier, grâce à un mélange de vaseline et d'étoupe.

---

1. Lequel consiste en un long câble prolongé d'une poignée.

J'espère secrètement, en cet instant, que des similitudes se révéleront dans le succès et pas seulement dans les problèmes.

Breitling Orbiter 3 se stabilise peu à peu. Dans la cabine, la pression est parfaite. Tout va bien. À 9 h 48, nous envoyons notre premier message au contrôle aérien de Genève :

Genève Delta. Ici Hôtel Bravo – Bravo Romeo Alpha. Bonjour. Survolons Château-d'Oex. Franchissons les 3 000 m. Nous dirigeons vers niveau de vol 220. Cap 183°. Tout va bien à bord.

La réponse nous parvient presque immédiatement :

Bonjour, Breitling Orbiter 3. *Vous recevons cinq sur cinq. Établissez prochain contact au niveau 220. Bonne chance.*

Brian

Notre PC, avec lequel nous serons en relation permanente, est installé dans un salon moderne et ultra-confortable du rez-de-chaussée de l'aéroport de Genève. Sous la direction d'Alan Noble, notre équipe est formée de trois paires se relayant toutes les huit heures. Sue Tatford, l'assistante d'Alan, est une organisatrice-née. En plus de son travail, elle s'est donné pour tâche de contenir les journalistes dans la salle de presse et de les empêcher d'envahir la chambre de contrôle. La deuxième équipe est constituée par John Albury et Debbie Clarke (surnommée Debs), des amis et des aéronautes chevronnés. La troisième de Brian Smith, dit « Smiffy » (qui est pilote de ligne et, comme moi, examinateur pour pilotes de ballon), et de sa femme Cecilia (dite « C »). On les appelle aussi « the Smiffs » et ce sont également des amis très proches.

Alan et Sue sont des cadres de Cameron Balloons, alors que les autres se sont portés volontaires et travaillent bénévolement.

Ma femme Jo ne fait pas officiellement partie de l'équipe, mais elle lui apporte l'expérience qu'elle a acquise pendant le vol d'*Orbiter 2*. Elle est omniprésente et met la main à la pâte, toujours prête à remplacer au pied levé quelqu'un qui aurait besoin de repos.

Parce que tout le monde se connaît, je sais qu'en cas de crise le stress ne dégénérera pas en panique ou en disputes. Néanmoins, à chaque moment difficile que nous traverserons, les membres de l'équipe seront amenés à faire de longues heures supplémentaires. Retenus sur place, ils pourront se nourrir au restaurant de l'aéroport et dormir quelques heures au Holiday Inn, à deux minutes de voiture.

Pour « Smiffy » et « C », que j'avais recrutés, les choses seront difficiles au début. Avant que je sois désigné comme pilote, il était prévu que je travaille avec eux et les initie aux diverses procédures. Ils devront se jeter à l'eau sans bouée. Arrivés en sachant à peine se servir d'un ordinateur (de leur propre aveu), il leur faudra maîtriser rapidement des programmes informatiques compliqués. Alan et Sue les aideront, mais ils seront eux-mêmes trop occupés pour pouvoir s'attarder sur leur formation. Au bout de deux jours, « Smiffy » sera dans un tel état de stress qu'il envisagera de tout abandonner. Il ne se sentira en effet pas assez compétent pour assurer la sécurité des pilotes durant le contrôle de nuit. Mais il reprendra le dessus, grâce à sa double expérience de pilote de ligne et d'aéronaute. Grâce aussi à sa connaissance de la météo et du trafic aérien. Très vite en fait il se trouvera dans son élément.

Vers 10 heures, nous contactons le PC par fax et ajoutons, après avoir transmis nos paramètres de vol :

Nous nous dirigeons vers le Cervin. Cela ferait un fabuleux souvenir, si un avion pouvait venir prendre une photo.

Alan, qui vient d'arriver à Genève après avoir foncé depuis l'aire de départ, répond personnellement :

Recevons vos messages cinq sur cinq. Avons transmis à Luc votre position, vitesse et altitude. Vous communiquera bientôt la meilleure altitude de croisière. Légèrement inquiets de vous voir grimper à 7 000 m en moins d'une heure. Mais semble prudent de prendre vos distances avec le Cervin.

Le temps est superbe et la vue sur les Alpes est à couper le souffle. Le ballon survole en douceur les 4 478 m du Cervin. D'un côté, nous apercevons le Monte Rosa et l'Italie toute proche. De l'autre, le Mont-Blanc et les Alpes françaises. Bertrand reconnaît au passage les Diablerets, où il a si souvent skié en famille, et des sommets qu'il connaît par cœur à force d'y avoir volé en aile delta.

Le passage de la frontière italienne nous donne le sentiment réconfortant d'avoir franchi une étape décisive. Bertrand rédige un message qu'il envoie de notre part à tous les deux :

Prenons une « cup of tea » en admirant une extraordinaire vue sur les Alpes. Venons de survoler le Cervin. Sommes dans le ciel italien depuis cinq minutes. Le décollage a été pénible à cause du vent, mais maintenant c'est le calme absolu. Même la troisième fois, l'émotion est toujours aussi forte quand il s'agit de dire au revoir à la famille et aux amis. Nous sommes particulièrement reconnaissants envers tous ceux qui nous permettent de vivre cette incroyable aventure. Dans notre cabine étroite, nous sommes dans un autre monde et avons l'impression que le temps s'est arrêté.

Bertrand

À la mi-journée, Brian est brutalement rattrapé par des semaines de stress et une nuit presque blanche. Il est 13 h 30 Zulu quand, assommé de fatigue, il s'allonge sur sa couchette pour faire un somme. Seul aux commandes, dans un silence absolu, je regarde les sommets montagneux défiler derrière les hublots. Nous survolons la France, l'Italie...

Je suis plus que jamais conscient d'être en train de tenter le pari le plus fou de toute ma vie.

Malgré cela, je ne me suis pas senti aussi bien, aussi sûr de moi, depuis des années. Notre équipe a donné le meilleur d'elle-même. À présent, seul dans le cockpit, je n'ai plus qu'à faire confiance aux vents. Et à l'inconnu.

2

Les origines

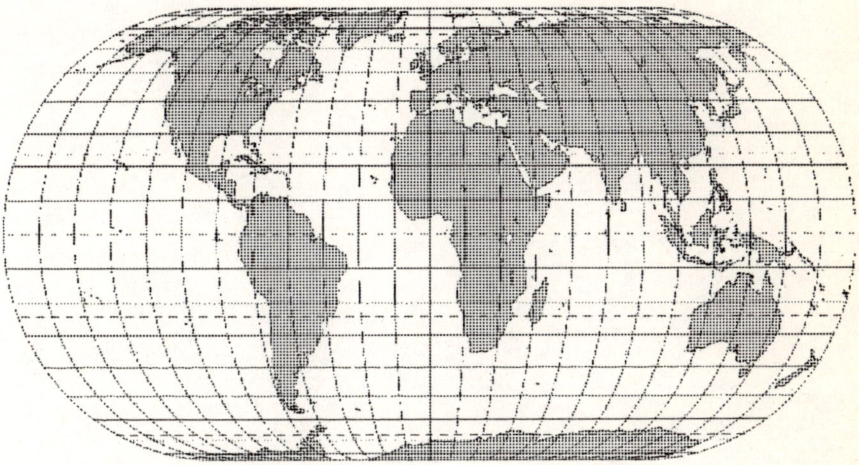

Bertrand

Un flot d'images m'accompagne. Je me revois dire au revoir à mon père et pense aux dernières paroles que nous avons échangées. Je ressens clairement que l'aventure que je suis en train de vivre a commencé bien avant le projet *Breitling Orbiter* et s'inscrit dans l'histoire de ma famille au travers de plusieurs générations. Une grande partie de mon enfance est bercée du souvenir des aventures scientifiques, explorations et découverte de mon grand-père et de mon père.

Mon grand-père, Auguste, physicien suisse, était professeur à la faculté de Bruxelles. Pour étudier les rayons cosmiques, il inventa le principe même de la capsule pressurisée et construisit un ballon capable de l'emporter jusque dans la stratosphère. À cette altitude, en effet, les rayons cosmiques sont beaucoup moins absorbés par l'atmosphère terrestre, et donc plus faciles à observer.

En 1931, il s'éleva à une altitude de 16 000 m et atteignit les 17 000 m l'année suivante. Il fut non seulement le premier homme à pénétrer dans la stratosphère, mais aussi le premier à voir de ses propres yeux la courbure de la Terre. Plus encore, il démontra qu'il était possible de voler à des altitudes extrêmes, au-dessus des couches nuageuses, du vent et des intempéries, où les avions consommeraient infiniment moins de carburant en raison de la diminution de résistance de l'air. Son invention de la cabine pressurisée fut par la suite utilisée par l'aviation et les programmes spatiaux. Ses ascensions stratosphériques, dépassant tout ce que l'homme avait imaginé jusqu'alors, firent de lui un héros, fêté à chacun de ses retours sur terre comme le furent plus tard les astronautes. Pas étonnant dès lors qu'Hergé se soit inspiré de lui comme modèle pour son professeur Tournesol.

Loin de se reposer sur ses lauriers, Auguste imagina ensuite un sous-marin qu'il appela le Bathyscaphe. Celui-ci, inventé pour explorer les plus grandes profondeurs marines, fonctionnait selon le principe du ballon stratosphérique. Il accomplit ses premières plongées en compagnie de mon père, Jacques, et descendit à 3 000 m. Puis, le 23 janvier 1960, mon père, accompagné de Don Walsh, un officier de la marine américaine, plongea à 11 000 m jusqu'au fond de la fosse des Mariannes, dans le Pacifique, la plus grande profondeur marine connue.

Mon père poursuivit ses recherches en construisant le premier sous-marin touristique, capable d'emporter quarante passagers. Il inventa ensuite un sous-marin destiné à dériver sur 5 000 km le long du Gulf Stream, de la Floride à la Nouvelle-Écosse, un peu comme un ballon entraîné par les vents. L'objectif était de rester en plongée pendant des périodes d'un mois en observant les poissons et autres créatures marines portées par le courant.

Il réalisa son projet avec l'aide de Grumman Aerospace Corporation, qui venait de créer un département océanographique. J'avais dix ans lorsque, en 1968, ma famille s'installa pour deux ans à West Palm Beach. Comme Grumman construisait aussi les modules lunaires du programme Apollo, j'eus le privilège de passer beaucoup de temps à Cap Kennedy, où je me pris d'amitié pour plusieurs astronautes, ainsi que pour Werner von Braun, le directeur du programme spatial américain, qui étaient proches de mon père.

Entre dix et douze ans – un âge où les souvenirs s'impriment de manière indélébile –, j'ai assisté à tous les lancements, d'*Apollo 7* à *Apollo 12*, le plus souvent en compagnie des héros des précédentes missions. Ces personnages de légende venaient parfois à la maison, me racontaient leurs vols, m'offraient des photos dédicacées!... Voir « en vrai » ces hommes que le reste du monde n'apercevait qu'à la télévision ou dans les journaux me donnait le sentiment d'être au cœur de l'aventure qui fascinait toute la planète. À travers eux, j'entrevoyais à quel point la vie pouvait être extraordinaire, si l'on consacrait son énergie à explorer le monde et son univers. L'admiration que m'inspiraient ces hommes et l'enthousiasme que j'éprouvais à vivre de l'intérieur leur fabuleuse entreprise devaient modifier ma vision de la vie. Désormais, j'aurais les yeux tournés vers le ciel. Et je volerais à mon tour.

Mais comment ? Jusqu'à seize ans, je me suis senti découragé par la certitude qu'en marchant sur la Lune l'homme avait accompli sa dernière grande aventure et avait vidé le futur de tout intérêt. Tout changea en 1974, lorsque je vis l'une des premières ailes delta qui volaient en Europe. Ce fut une révélation, et aussitôt j'appris à piloter un de ces appareils rudimentaires.

Le deltaplane représenta très vite pour moi un passionnant défi, à la fois sportif et technique. À plus forte raison lorsque j'atteignis un niveau suffisant pour me lancer dans la voltige. Mais je découvris bientôt que cette discipline m'apportait bien plus que des sensations fortes, quelque chose d'essentiel et de déterminant : l'accès à un niveau de conscience plus élevé.

Le danger que représentait chaque figure acrobatique m'obligeait à une concentration totale et permanente. Cela me forçait à vivre plus intensément le moment présent, complètement détaché du passé et du futur, avec la sensation d'entrer en contact profond avec moi-même. Je gagnais en intuition et en confiance. Dès lors, je devenais capable de faire plus et mieux, non seulement avec mon appareil, mais dans la vie en général.

En rentrant d'une journée de vol, je remarquais que chaque seconde, chaque émotion, chaque pensée, chaque image, demeurait intensément gravée en moi... et que le reste du temps semblait gris, en comparaison de ces minutes. J'acquis la conviction que nous vivons la plus grande partie de notre temps sur pilotage automatique et que nous n'utilisons qu'un faible pourcentage de nos capacités. En améliorant la qualité du contact avec nous-mêmes, il devient possible d'accroître notre efficacité de manière insoupçonnée.

À l'époque où j'ai commencé, les deltaplanes n'étaient pas équipés de compteur de vitesse. Au moment d'exécuter un looping, je devais me fier à ma sensibilité pour déterminer le moment précis où pousser le trapèze. Trop tôt, la vitesse acquise s'avérerait insuffisante, et l'appareil retomberait sur le dos à la moitié de sa révolution. Trop tard, il continuerait à plonger et se briserait probablement sous l'effort. Il n'existait qu'une fraction de seconde à laquelle déclencher un looping pour qu'il soit parfait. Et plus mon état de conscience augmentait, plus je sentais cet instant avec précision. Non pas avec mon intellect, mais avec mon corps.

Les années soixante-dix virent l'explosion de nombreux sports – le windsurf, le parachutisme en chute libre, le roller skate, etc. – comparables au deltaplane dans la mesure où ils utilisaient le corps en tant qu'instrument principal, donnant ainsi accès au monde des émotions et de l'intuition. Même si ce n'était pas leur but, ces sports pouvaient être utilisés dans une démarche de connaissance de soi.

Je rejoignais en cela un autre héritage, moins spectaculaire peut-être, mais tout aussi fondamental pour moi, celui de ma mère. Fille d'un pasteur protestant, elle avait étudié la musique, la psychologie, les religions orientales et la philosophie, et elle m'en parlait lorsque, enfant déjà, je marchais avec elle pendant de longues promenades dans la nature. Plus tard, je fus heureux de partager avec elle tout ce que le vol acrobatique me permettait de découvrir sur le fonctionnement humain.

La démarche semble peu orthodoxe, mais je crois pouvoir dire que le deltaplane m'a conduit à la psychologie et à la médecine. Je commençais à penser que bon nombre de problèmes psychologiques viennent d'une incapacité à vivre l'instant présent en connexion avec soi-même. Trop de gens vivent dans le passé, avec des regrets perpétuels qui les rendent dépressifs, ou alors dans l'avenir, paralysés par des phases d'angoisse. À mes yeux, puisqu'on ne pouvait agir que sur le présent, il importait d'y focaliser toute sa concentration et toute son énergie. J'étais persuadé qu'il était possible d'appliquer à la psychothérapie ce que m'avait enseigné le deltaplane. Non pas en poussant des patients à voler, mais en les amenant à développer en eux les ressources nécessaires pour augmenter leur niveau de conscience.

Pendant mes six années d'études de médecine et les huit années de spécialisation en psychiatrie et psychothérapie qui suivirent, je n'abandonnai pas pour autant l'aile delta. Je poussai même encore l'exercice en me spécialisant dans une discipline très particulière de ce sport : le largage depuis la nacelle d'une montgolfière. Lors de meetings aériens, je me faisais lâcher à deux ou trois mille mètres au-dessus des spectateurs et je descendais en enchaînant les loopings, les vrilles, les renversements, tout en laissant derrière moi des arabesques de fumigènes orange. Au sol, les haut-parleurs diffusaient la musique de *Jonathan Livingston, le Goéland*, chantée par Neil Diamond. Je m'envolais vers le titre de champion d'Europe de voltige.

Durant mon internat, je découvris l'hypnose. Ce fut une autre révélation. Je trouvai dans cette approche des outils concrets pour aider mes patients à mieux se connecter à eux-mêmes. Vol et médecine se rejoignaient dans une réalité.

Pendant toutes ces années, je n'ai jamais ressenti le besoin de prouver quoi que ce soit à mon grand-père ou à mon père. Plus tard, Andy Elson, mon ex-équipier et rival dans la course autour du monde, laissera entendre que mon seul but était de me rendre aussi célèbre que mes illustres prédécesseurs. Certes, le désir d'aventures me tenait depuis l'enfance. Bien sûr, j'admirais la conception que mes héros avaient de l'existence, et j'étais habité par leur insatiable curiosité. Mon objectif, cependant, n'était pas de construire des ballons ou des sous-marins, mais, au travers de la médecine, d'explorer cet autre monde qu'est l'âme humaine.

Combien de fois avais-je escaladé les nuages, suspendu sous une nacelle ? Combien de fois m'étais-je ensuite lancé à l'assaut du ciel en déclenchant le mousqueton qui me libérait ? J'avais cessé de compter. Ce qui est certain – et peut sembler étrange avec le recul –, c'est qu'à l'âge de trente ans je n'avais encore jamais éprouvé l'envie de voler en ballon. Je ne comprenais pas le plaisir qu'il pouvait y avoir à se livrer ainsi à la merci des vents, sans aucune maîtrise de sa trajectoire et sans pouvoir déterminer le lieu de son atterrissage. Les aéronautes, se retrouvant souvent perdus en pleine montagne, attendaient des heures avant d'être récupérés par leur équipe. Il y avait là-dedans quelque chose d'incontrôlable et de passif qui me déplaisait souverainement...

Jusqu'à un certain soir de janvier 1992.

J'avais été convié à un grand dîner offert à Château-d'Oex en l'honneur des aéronautes participant à la Semaine de Montgolfière qui se tenait chaque hiver. Retardé par une interview, j'arrivai en retard. Quatre cents personnes attaquaient leur repas et il ne restait qu'une place libre. Je m'y installai, me retrouvant à côté de Wim Verstraeten, un Belge sympathique et souriant qui m'avait déjà largué plusieurs fois depuis son ballon en forme de Schtroumpf.

Wim me confia qu'il avait été invité à participer à la première course transatlantique en ballon, le Chrysler Challenge, qui aurait lieu à l'automne. Il me laissa entendre qu'avec mon expérience du vol ultraléger et mes connaissances médicales je pourrais, en tant que copilote, apporter une dimension complémentaire à l'entreprise.

Je fus déconcerté.

J'avais l'habitude de voler vent de face, de contrôler mon aile au millimètre près en sentant l'écoulement de l'air sur mon visage, de décider de ma trajectoire et de mon lieu d'atterrissage. Et soudain, on me proposait d'accepter de me laisser pousser par le vent au-dessus d'un océan de 5 000 km, sans réelle possibilité de me diriger. De plus, un ballon avance avec la masse d'air qui le propulse, exactement à la même vitesse, ce qui donne constamment aux occupants l'impression subjective d'être totalement arrêtés.

En tant que vélideltiste, je n'avais aucune raison d'être séduit par cette perspective.

Mais j'étais fasciné par l'histoire de l'Atlantique Nord, par cette immensité qui sépare l'Ancien du Nouveau Monde, et devant laquelle, jusqu'en 1492, des millions d'Occidentaux s'étaient interrogés. Après Christophe Colomb, des vagues successives d'aventuriers l'avaient traversée, à la recherche d'une nouvelle vie, d'un Eldorado mythique. Puis l'histoire avait continué avec les défis du Ruban bleu et avec les quatorze tentatives ratées de traversées en ballon, jusqu'au triomphe de *Double Eagle II*, en 1978...

Et avant cela, bien sûr, avec Charles Lindbergh.

J'avais soudain devant les yeux le visage et la haute stature de celui que j'avais rencontré dans mon enfance, à Cap Kennedy. Le héros de la première traversée aérienne de l'Atlantique, en 1927, à bord de son monomoteur *Spirit of Saint Louis*, avait tracé une route qui, maintenant, s'ouvrait devant moi.

Je vivais un de ces moments où le destin se joue sur un oui ou sur un non. Je pouvais dire non, refuser cette invitation que m'offrait la vie et rester coincé dans mon obstination à voler vent de face...

Mais le hasard qui m'avait placé, ce soir-là, à côté de Wim Verstraeten paraissait beaucoup plus qu'une simple coïncidence. J'en étais convaincu en me remémorant une métaphore entendue jadis : « Le hasard est le langage des dieux ! »

Sans hésiter davantage, j'acceptai avec enthousiasme sa proposition.

Quelques jours plus tard, j'entamai mon apprentissage d'aéronaute.

L'été venant, j'effectuai avec un groupe de médecins un voyage d'étude sur différents aspects de la médecine chinoise. Profitant d'un moment de liberté, j'allai flâner dans les rues de Shanghai. Poussant la porte d'un magasin d'antiquités, je tombai sur un bol de ces talismans et médailles diverses dont les Chinois étaient autrefois friands. L'une de ces pièces ayant attiré mon regard, je m'en emparai et demandai au vendeur de me traduire les quatre idéogrammes gravés sur l'une des faces.

– Il s'agit, dit-il, d'un ancien proverbe : « Quand le vent souffle dans le même sens que ton chemin, il t'apporte un grand bonheur. »

Il avait à peine fini sa phrase que j'achetai la médaille.

Si ce message n'était pas un signe du destin, qu'est-ce que c'était ! Après dix-huit ans de vol delta et d'ULM, à tenter de maîtriser le vent de face, le vent contraire, à me battre contre les turbulences et dans les secousses des figures acrobatiques, je recevais la confirmation de ce que j'avais pressenti lors de mon dîner avec Wim : le temps était venu de faire volte-face, de renoncer à vouloir tout contrôler, de passer en vent arrière et d'accepter – enfin ? – d'être porté par le souffle de la Nature.

– Tu vas me rendre superstitieux ! me lança Wim en riant, lorsque je lui racontai l'histoire du médaillon.

Mais qu'est-ce que la superstition, si ce n'est la perception d'être relié à un monde qui nous dépasse ?

Au mois d'août 1992, les équipes concurrentes se rassemblèrent en Nouvelle-Angleterre, d'où partirait le Chrysler Challenge. À chaque conférence de presse, Wim lançait sa plaisanterie favorite : « Nous allons gagner, grâce au talisman magique de mon coéquipier ! »

Il ne croyait pas si bien dire.

Après cinq jours et cinq nuits passés dans une capsule minuscule et non pressurisée, notre ballon franchissait les côtes portugaises avant de se poser en Espagne. Victorieux.

Ce n'est, bien sûr, pas grâce au médaillon lui-même que nous avons gagné, mais grâce à la magie contenue dans la signification de ses idéogrammes. En effet, les concurrents qui tentèrent de se battre contre les éléments s'abîmèrent dans l'océan (et furent tous, heureusement, secourus).

Face au manque de fiabilité des prévisions de la station météo officielle, Wim, à mi-parcours, s'était mis en contact radio avec un expert de l'Institut royal de météorologie à Bruxelles : Luc Trullemans. Aussitôt, celui-ci nous avait indiqué le moyen d'échapper à la pluie qui nous harcelait :

– Grimpez au-dessus du mauvais temps et utilisez l'énergie de cette dépression si dangereuse pour lui échapper.

J'étais comblé par cette aventure. À mon retour, je pris un plaisir non dissimulé à raconter que nous avions gagné en faisant confiance aux vents, plutôt qu'en essayant d'imposer notre volonté aux éléments. Pour modifier notre trajectoire, nous n'avions que la possibilité de monter ou de descendre. Quand nous plafonnions à 7 000 m, les vents nous entraînaient au sud-est, alors que plus bas, au-dessus de la mer, en revanche, ils nous portaient au nord-est. C'est par ce jeu entre les différentes couches de vent que nous sommes devenus les amis des courants aériens, les intimes de l'Atlantique...

À notre retour, le roi Baudouin nous invita, Wim et moi, au palais royal de Bruxelles pour que nous lui racontions notre aventure, et nous demanda quel allait être notre prochain projet.

Je répondis qu'après une si belle expérience au-dessus de l'Atlantique un tour du monde, simplement portés par les vents, serait une aventure merveilleuse.

En sortant, je me tournai vers Wim :

– Il faut que je te raconte une histoire :

« Un jour des années trente, Sa Majesté Léopold de Belgique (le père de Baudouin) invita mon grand-père à venir lui raconter son expédition dans la stratosphère. Comme le roi lui demandait ce qu'il prévoyait de faire ensuite, Auguste lui parla de son projet de bathyscaphe.

« – Voilà qui est intéressant ! s'exclama Léopold III. Si jamais vous avez besoin d'un soutien, cher professeur, n'hésitez pas à faire appel à moi.

De retour parmi ses collègues universitaires, mon grand-père relata sa conversation avec le souverain, ajoutant :

« – Maintenant que je lui ai parlé de mon idée d'explorer les abysses, il ne me reste plus qu'à la concrétiser !

Et moi de conclure à l'intention de Wim :

– Maintenant que j'ai parlé de tour du monde au roi Baudouin, il ne nous reste plus qu'à le réaliser !...

3

Breitling entre dans la course

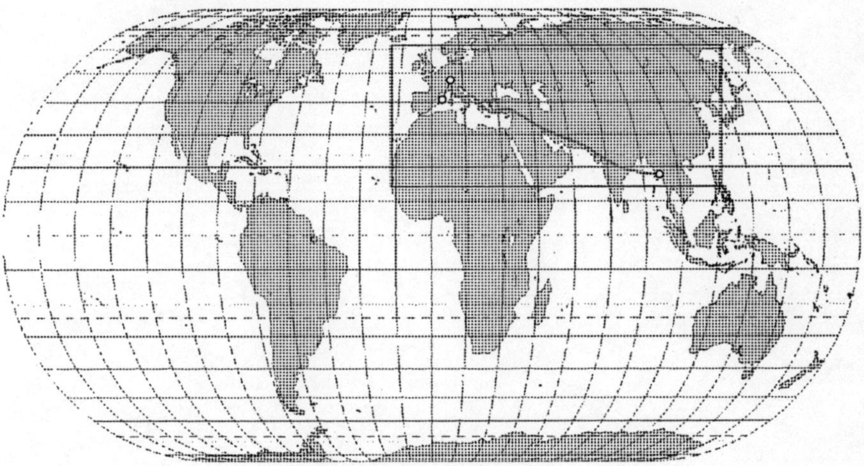

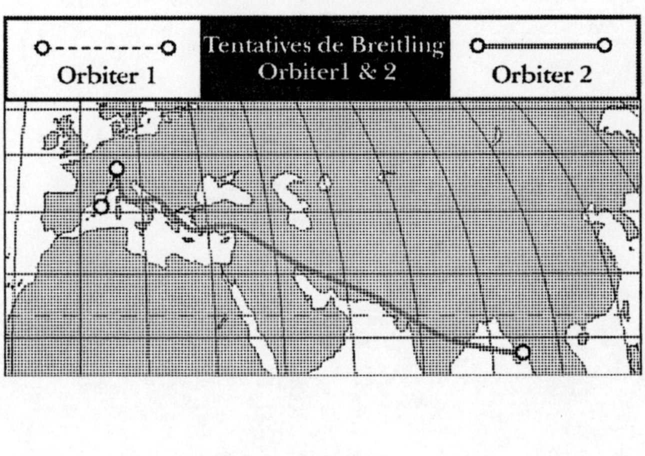

Bertrand

Qui allait bien pouvoir financer notre tentative de tour du monde en ballon ? De préférence, une entreprise passionnée d'aéronautique et fabriquant des produits de haute qualité dont je serais fier de faire la promotion.

Chrysler avait été le principal sponsor de la course transatlantique, mais chaque concurrent avait pu s'adjoindre le soutien d'un sponsor personnel. Il se trouvait que je connaissais Theodore Schneider, propriétaire et patron de Breitling, le célèbre horloger de précision établi à Grenchen, en Suisse allemande.

Lié depuis ses origines à l'aéronautique, Breitling s'était toujours financièrement associé à des machines volantes motorisées. Pourtant, lorsque je l'avais sollicité pour le Chrysler Challenge, Thedy Schneider avait tout de suite répondu « présent » et nous avait soutenus. J'avais apposé le logo Breitling bien en vue sur notre nacelle et sur nos casques, ce qui, après la victoire, avait valu à l'horloger une publicité mondiale... et inespérée.

Début 1993, je fis de nouveau appel à Thedy en lui présentant mon projet de tour du monde en ballon. Une fois de plus, il réagit avec enthousiasme, m'assurant que si je pouvais lui assurer que la chose était techniquement possible, il s'associerait à l'aventure.

À ma demande, l'Institut suisse de météorologie (plus connu sous le nom de Météo suisse), qui s'était notamment spécialisé dans le routage de voiliers de course, se lança dans des milliers de simulations informatiques pour déterminer le meilleur lieu de décollage et les périodes les plus favorables. Les ordinateurs parvinrent à la conclusion que nos meilleures chances se situaient en hiver, aux alentours du 40e parallèle, et que l'idéal serait de voler à environ 10 000 m. Le voyage lui-même, conclurent les cerveaux électroniques, durerait entre 8 et 21 jours.

Je transmis toutes ces données à Cameron Balloons, la firme de Bristol qui avait déjà construit tous les ballons du Chrysler Challenge. Après avoir étudié notre problème, Cameron nous proposa de faire réaliser une capsule pressurisée en fibre de carbone et Kevlar (un alliage plus léger et plus résistant que l'acier) et d'assembler dans ses propres ateliers une enveloppe suffisamment volumineuse pour emporter la nacelle, son équipage et trois semaines de carburant.

Même si je sous-traitais la construction de ce prototype, je voulais en dicter les grandes lignes. Je tenais à ce qu'on utilise le principe qui avait si bien servi mon père et mon grand-père. La capsule, pressurisée, aurait la forme d'un cylindre horizontal rappelant un peu le dernier sous-marin de mon père. Elle contiendrait un réservoir d'oxygène liquide qui s'évaporerait progressivement, permettant à l'équipage de respirer, et des filtres d'hydroxyde de lithium destinés à absorber l'acide carbonique de sa respiration.

Nous étions tous d'accord pour que le ballon soit une Rozière [1] (voir croquis p. 8), c'est-à-dire un ensemble fonctionnant avec un mélange d'air chaud et de gaz. Une importante quantité d'hélium emprisonnée dans une enveloppe produit l'énergie ascensionnelle. Pendant la journée, le gaz augmente de volume sous la chaleur du soleil et maintient le ballon en altitude. La nuit, afin de compenser la contraction de l'hélium due au refroidissement, on brûle du propane, lequel réchauffe l'hélium et fait monter le ballon. En résumé, une Rozière vole à l'énergie solaire la journée, et grâce à ses brûleurs pendant la nuit. Les ingénieurs de chez Cameron avaient compris que, pour

1. Du nom de François Pilâtre de Rozier, ce précurseur dont j'ai déjà évoqué la fin tragique.

des vols de longue durée, l'isolation de l'enveloppe interne jouerait un rôle prépondérant. Parce qu'ils étaient blancs, les ballons de la course transatlantique chauffaient énormément pendant la journée et se refroidissaient très vite durant la nuit. En entourant l'enveloppe d'une couche de Mylar doublé d'aluminium, les techniciens se sentaient capables de ralentir ce processus.

Je fus, je le crois, bien inspiré de demander à Cameron non seulement de construire notre ballon, mais aussi de s'impliquer totalement dans l'aventure. Je souhaitais qu'Alan Noble, l'un des dirigeants de la firme, devienne notre directeur de vol, comme il l'avait été sur le Chrysler Challenge.

Dépassant mes attentes, Alan ne se contenta pas d'être mon lien privilégié avec la firme de Bristol, mais devint très vite un ami sur lequel je savais pouvoir compter.

Le projet prenant une tournure concrète et on ne peut plus sérieuse, le patron de Breitling confirma la participation qu'il m'avait laissé espérer. Pressentant que nous allions peut-être écrire un nouveau chapitre dans l'histoire de l'aéronautique, Thedy Schneider proposa même – à condition que ce soit dans ses moyens – de financer totalement l'entreprise, devenant ainsi notre seul et unique sponsor.

Je lui soumis l'estimation d'Alan aussitôt après l'avoir reçue.

Thedy jeta un coup d'œil éclair au budget et m'annonça :

– C'est d'accord. Quel est le numéro de compte de Cameron ?

Je le fixai avec des yeux ronds.

– Thedy, mais... je n'en ai aucune idée !

– Renseigne-toi ! fit-il, visiblement enthousiasmé par le projet. Nous n'avons plus une minute à perdre. Je te rappelle que nous ne sommes pas seuls en course. Alors... je l'envoie où, cet argent ?

J'avais presque peur qu'une seconde d'hésitation supplémentaire ne le fasse revenir sur sa décision, et lui répondis :

– Je vais appeler Alan.

– Bonne idée, fit Thedy en me tendant le téléphone.

Cinq minutes plus tard, Alan nous communiquait un numéro de compte. Deux jours après, un virement correspondant à la première tranche arrivait à Bristol.

– On a l'argent, dit Don Cameron, mais pas de contrat. Qu'est-ce qu'on fait ?

– On se défonce encore plus, répliqua Alan, pour la bonne raison que ces gens sont fantastiques !

Pour nous tous, Breitling était plus qu'un simple sponsor : c'était un partenaire, un membre de l'équipe, qui participerait à chaque étape de l'aventure. Comme il n'était pas question que les fonds passent par moi, les virements seraient systématiquement effectués à l'ordre de Cameron. Chacun son rôle.

Une heure après avoir quitté le bureau de Thedy, je m'arrêtai dans un restaurant pour faire le point devant une tasse de café.

Mon grand rêve venait de recevoir le feu vert, mais je sentais aussi qu'en quelques minutes, ce jour de juin 1995, mon existence venait de basculer.

Désormais, rien ne serait plus comme avant : j'étais sûr que les années à venir seraient exaltantes, mais aussi terriblement difficiles.

J'en profitai pour appeler Wim et le mettre au courant. À mon tour de lui renvoyer la balle et de l'inviter à être cette fois-ci mon copilote dans cette fabuleuse aventure. Je ne lui dissimulai pas mon enthousiasme à la perspective de prolonger les liens d'amitié que nous avions tissés au-dessus de l'Atlantique.

J'avais maintenant besoin d'un solide appui météorologique. Météo suisse me proposa les services de Pierre Eckert, et je demandai à Luc Trullemans – dont l'aide s'était révélée si précieuse durant le Chrysler Challenge – de faire équipe avec lui.

Tout semblait opposer les deux hommes. Luc est grand, extraverti, souriant, enthousiaste, toujours disposé à parler de son travail ; Pierre est plus petit de taille, de caractère plus réservé et appliqué. Cycliste amateur de bon niveau, il s'occupait déjà, au sein des autorités locales, de la protection de l'environnement. Mais, lorsque j'organisai une rencontre à Château-d'Oex, la complicité entre eux fut immédiate, preuve que la fraternité internationale des météorologues n'est pas une légende.

Aucune autre équipe n'employait deux experts météo. Soit par conviction qu'un seul suffisait, soit par crainte de rivalités dangereuses.

Je prenais donc un pari en formant ce tandem, mais le risque devait s'avérer payant. Nos « frères météo », comme on se mit très vite à les appeler, loin de se mettre des bâtons dans les roues, devaient se compléter de façon synergique et formidablement efficace.

Pour Luc Trullemans, la météorologie avait d'abord été un passe-temps, avant de devenir une profession. Il n'était encore jamais monté en montgolfière, lorsqu'un ballon avait un jour atterri dans son jardin, en Belgique. Le pilote lui avait alors proposé d'établir les prévisions pour un prochain meeting aéronautique. C'était là que Luc avait rencontré Wim Verstraeten, qui lui avait demandé de l'assister dans son survol du Kilimandjaro, en Tanzanie. Le projet s'était réalisé avec succès vers la fin des années quatre-vingt et Wim et Luc avaient de nouveau fait équipe sur le Chrysler Challenge, ce qui m'avait permis – après la course – de faire la connaissance de ce dernier.

Pour le projet Breitling, Luc et Pierre avaient chacun leur propre source d'informations. Pour Pierre, c'était ECMWF, le Centre européen de prévisions météo moyennes distances, basé à Reading, Angleterre. Luc, lui, se branchait par l'intermédiaire d'Internet sur NORAD, l'Administration nationale océanographique et atmosphérique américaine. Ces deux stations traitent des informations planétaires fournies par des satellites, des ballons-sondes, des avions et des navires, et établissent des schémas informatiques qui permettent de faire des prévisions générales jusqu'à dix jours à l'avance. Une grande partie des informations utilisées provient des satellites géostationnaires qui, en orbite à 35 000 km de la Terre, enregistrent le mouvement des nuages et évaluent sur cette base la vitesse et la direction des vents. Ces satellites, en mesurant les radiations infrarouges, peuvent aussi donner des estimations de températures. Mais ce sont les satellites en orbite polaire, grâce à leur altitude moins élevée, qui fournissent les évaluations les plus précises dans ce domaine.

Pour ce qui nous concernait, la direction des vents était évidemment primordiale. À partir des prévisions, nos experts établissaient des trajectoires projetées dans l'avenir.

Le schéma sur lequel Luc travaillait était particulièrement intéressant, car il était fondé sur les conséquences de l'accident nucléaire de Tchernobyl. Un expert belge avait observé la carte des retombées radioactives et y avait intégré les conditions météorologiques du jour de la catastrophe pour élaborer un modèle informatique de prévision de trajectoires. Ce modèle, développé dans l'éventualité d'une autre explosion nucléaire, avait été mis à profit durant le Chrysler Challenge avec des résultats surprenants. Il consistait simplement à considérer le ballon comme une particule radioactive, portée par les vents à différentes altitudes.

Tous les concurrents de la course autour du monde eurent accès à ce schéma. Mais nos deux « cerveaux », travaillant en synergie parfaite, nous offrirent un avantage certain.

Lors d'une réunion au pub Princess of Wales, à Bristol, à deux pas de chez Cameron, quelqu'un suggéra d'appeler notre ballon *Breitling Orbiter*. L'idée fut adoptée avec enthousiasme.

Wim connaissait un Anglais du nom d'Andy Elson. La quarantaine robuste, Elson ne payait pas de mine avec sa barbe hirsute et son incisive manquante. Mais c'était un habile technicien qui avait réalisé le premier survol de l'Everest en ballon. D'après Wim, Andy Elson était le meilleur spécialiste des vols de haute altitude et Alan le nomma responsable de la construction de notre capsule.

Tout en respectant les données que je lui avais fournies, Andy suggéra de remplacer le propane, qui nous aurait obligés à emporter avec nous une tonne de réservoirs en titane, par du kérosène. Ce carburant pouvait se transporter à l'état liquide dans des sacs de caoutchouc synthétique ne dépassant pas les 50 kg, mais s'avérait totalement expérimental pour une Rozière.

Difficile d'oublier que notre rêve était devenu une compétition internationale.

Durant l'hiver précédent, 1995-1996, alors que notre projet était encore en chantier, l'Américain Steve Fossett avait décollé des États-Unis. Il était seul dans sa capsule non pressurisée, et avait parcouru quelque 3 000 km avant d'être contraint de se reposer au Canada.

De leur côté, Richard Branson, Per Lindstrand et leur équipe avaient passé tout l'hiver à guetter depuis le Maroc une fenêtre propice au décollage. Cette ouverture ne s'était pas présentée et leur *Virgin Global Challenger* n'avait jamais quitté le sol.

Je trouvais pour le moins déconcertante la forme de la capsule de Branson. C'était un cylindre vertical, ce qui, à mon avis, pouvait poser de sérieux problèmes en cas d'amerrissage forcé. Les couchettes se trouvaient tout en bas, dans la partie la plus froide. Enfin, la capsule était pressurisée par des compresseurs aussi lourds que bruyants, de véritables dévoreurs de carburant.

Un an plus tard, au début de l'hiver 1996-1997, nous nous retrouvions face aux deux mêmes concurrents. Steve Fossett achevait de mettre au point un nouveau *Solo Spirit*, du côté de Saint Louis, et Branson campait une fois de plus au Maroc, attendant le moment de prendre son envol.

Cameron avait sous-traité la construction de notre coque à la firme Tods, mais la première livraison ne passa pas les tests. À la première tentative de pressurisation, l'air se mit à fuir en sifflant aux jointures des points d'attache. La deuxième capsule, que Tods mit aussitôt en chantier, ne fut prête qu'en septembre 1996. Il fallut précipiter l'installation des équipements, mais, malgré cela, la capsule était toujours à peu près vide en arrivant en Suisse. Aidé de ses techniciens, Andy fut obligé de finir le travail en toute hâte, à Château-d'Oex, dans un hangar dont l'étroitesse et l'inconfort rendaient les choses particulièrement difficiles.

Nous aurions voulu partir en décembre, mais la fin de l'année approchait et notre matériel n'était toujours pas prêt.

Le 7 janvier 1997, alors que nous étions encore en plan, Branson décolla du Maroc.

Une chape de désespoir s'abattit sur toute notre équipe.

Le lendemain matin, pourtant, les choses basculèrent de nouveau sur un coup de fil d'Alan :

– Bertrand... Allume ta télévision.

– Si tu crois que j'ai le cœur à regarder la télé...

– Allume ta télévision, je te dis. Tu verras l'atterrissage de M. Branson en direct !

Je me ruai sur ma télécommande.

Les infos du matin passaient en boucle les images stupéfiantes du *Virgin Global Challenger*, échoué dans le désert algérien. D'après les commentaires, un grave problème survenu pendant la nuit avait obligé le PDG de Virgin à se débarrasser en catastrophe de la totalité de ses vivres, de ses réserves d'eau et d'une bonne partie de son carburant, pour éviter *in extremis* de s'écraser au sol.

Les hommes de Virgin ne révélèrent jamais la nature exacte de l'incident. On se contenta de l'explication probable selon laquelle le ballon avait grimpé trop vite, traversé son plafond opérationnel et perdu tellement d'hélium qu'il était devenu incapable de rester en l'air, une fois privé de la chaleur du soleil.

Quoi qu'il en fût, nous avions de nouveau toutes nos chances. Des chances que nous ne voulions plus compromettre en laissant quelqu'un d'autre nous coiffer au poteau. C'est pourquoi, quand Luc et Pierre nous donnèrent le feu vert pour le dimanche 12 janvier 1997, nous nous précipitâmes dans la brèche.

Avec le recul, je dois reconnaître que nous n'étions pas tout à fait prêts.

Une heure avant le départ, la capsule était encore pleine de techniciens, et des câbles traînaient un peu partout, à tel point que nous ne pouvions même pas charger notre nourriture. Pourtant, mis à part ce chaos, les augures restaient favorables.

Une foule de plusieurs milliers de passionnés s'était massée à Château-d'Oex pour assister à l'événement, et l'atmosphère avait quelque chose de magique. Je pris la parole pour expliquer le sens de notre vol et terminai par quelques mots du poète Maurice Carême qui me semblaient appropriés aux circonstances : « Si la terre est ronde, c'est pour que la paix, l'amour et l'amitié en fassent un jour le tour. »

Comme le Comité olympique international nous avait accordé son parrainage moral, nos brûleurs furent allumés par la flamme officielle du Musée olympique de Lausanne. Notre ballon portait, outre le nom de *Breitling*, les cinq anneaux olympiques, et devenait ainsi un symbole de paix qui, à travers notre vol, unirait tous les pays pendant les deux ou trois prochaines semaines.

Il n'y avait pas un nuage à l'horizon et, à haute altitude, le vent soufflait dans la direction idéale pour nous entraîner à bonne vitesse vers le jet-stream.

Hélas, tous ces présages favorables n'empêchèrent pas les choses de mal tourner.

Une demi-heure à peine après le décollage, une mauvaise répartition des pressions fit sauter un collier de serrage. Un de nos réservoirs de kérosène déborda, inondant l'intérieur de la capsule et contaminant nos réserves d'eau.

Les émanations allaient vite rendre l'atmosphère explosible et irrespirable. Malgré notre vitesse de 100 km/h et notre altitude de 9 000 m, il ne nous restait qu'une seule solution : redescendre.

À 15 heures, nous plongions dans la Méditerranée, au large de Montpellier.

Partis à 9 heures de Château-d'Oex, nous avions tenu l'air six heures exactement.

Assis comme des naufragés avec nos gilets de sauvetage sur le toit de la capsule, nous regardions passer en rase-mottes l'avion des garde-côtes qui nous avertissait de l'arrivée imminente des secours.

Mais, à cet instant, notre salut personnel nous semblait secondaire. Nous étions torturés par la déception, remplis d'une rage impuissante qui nous mettait au bord des larmes.

Notre rêve était en miettes.

Lorsqu'on récupéra la capsule, tout son équipement intérieur avait été détruit par l'eau de mer. L'enveloppe, elle, avait coulé. Un chalutier la repêcha deux mois plus tard, couverte d'algues et de coquillages.

On nous rapatria en jet privé. Nos combinaisons étaient encore humides, nous étions pieds nus, et nous n'avions pour tout bagage qu'un mètre carré de notre enveloppe, découpée en souvenir. Le soir même, je dormais dans mon lit, d'un sommeil peuplé de mauvais rêves.

Au matin, un coup de fil de Thedy Schneider me remonta un peu le moral.

– Ne te laisse pas abattre, dit-il. Le monde ne s'est pas construit en un jour, il faudra sûrement plusieurs tentatives pour en faire le tour...

Je trouvai la force de sourire :

– Tu as raison. Après tout, dans la vie, il n'y a que ceux qui ne tentent jamais rien qui ne connaissent jamais l'échec.

Trois jours plus tard, lors du *debriefing*, à Genève, Alan Noble posait la question de confiance :

– Alors, qu'est-ce qu'on fait ? On recommence ?

Les regards se tournèrent vers Thedy Schneider. Qui n'hésita pas une seconde :

– Bien sûr !

– Dans ce cas, poursuivit Alan, quand pouvons-nous mettre un nouveau ballon en chantier ?

– Dès que tu m'auras dit combien ça va coûter, répliqua Thedy en souriant.

La vivacité de son intelligence ne réclamait pas de longs moments de réflexion.

À la réunion suivante, Alan mit les chiffres sous le nez de Thedy, qui, comme la première fois, y jeta un coup d'œil averti avant de lancer :

– C'est bon ! On y va !

Personne n'accusa personne de la défaillance du système de carburant. Andy Elson fut à nouveau chargé de diriger la construction de la capsule, mais, cette fois, j'étais bien décidé à y participer encore davantage. Je demandai également à Wim, soutenu en cela par les représentants de Breitling, d'en faire autant. Je tenais à ce qu'il effectue de fréquents séjours à Bristol afin que nous supervisions dans les moindres détails l'évolution des travaux. Ainsi, nous serions l'un et l'autre mieux armés pour remédier à un nouveau problème technique en vol.

Nos concurrents, eux, ne s'endormaient pas non plus. Pendant que nous construisions *Breitling Orbiter 2*, Steve Fossett, qui avait réalisé un vol magnifique de Saint Louis jusqu'en Inde, mettait au point un nouveau ballon. Richard Branson aussi. Les Américains Dick Rutan et Dave Melton se préparaient à décoller d'Albuquerque, au Nouveau-Mexique. Kevin Uliassi, enfin, s'apprêtait à partir pour un vol en solitaire.

Dans notre camp, un problème ne tarda pas à se poser : Wim Verstraeten avait sa propre entreprise aérostatique, en Belgique, et celle-ci l'accaparait énormément. Faute de consacrer suffisamment de temps à *Orbiter*, il ne pourrait jamais en maîtriser à fond toutes les subtilités techniques.

Alan et moi décidâmes donc d'engager un troisième homme qui serait à la fois un pilote capable de tenir les commandes pendant mon sommeil, et un technicien assez compétent pour effectuer d'éventuelles réparations en vol.

Le choix d'Andy Elson s'imposa de lui-même. En été 1997, il rejoignit officiellement l'équipage d'*Orbiter 2*, dont la capsule fut modifiée pour accueillir un pilote supplémentaire.

Puis, au mois de mai 1998, quelqu'un d'autre entra en scène. C'était un ami d'Andy et un aéronaute chevronné.

Il s'appelait Brian Jones.

Brian

Mon itinéraire est très éloigné de celui de Bertrand. Je suis né à Bristol, où mon père, juriste, travaillait pour un cabinet spécialisé dans les affaires matrimoniales. Ma mère, originaire de Wick, au nord de l'Écosse, était assistante scolaire.

J'ai eu une enfance heureuse, malgré une timidité naturelle qui me valut de servir de tête de Turc à mes camarades de classe. Leurs mauvais traitements me poussèrent plus d'une fois à faire l'école buissonnière. J'en avais honte, et cette honte se mua en panique quand mes parents en furent avertis.

Je fuguai à l'âge de treize ans et marchai vers le nord, décidé à gagner l'Écosse. Après sept heures de marche, épuisé, je m'endormis dans une grange. Un fermier m'y découvrit et me livra à la police.

Chez les scouts, j'avais aimé la vie au grand air. Plus tard, l'École de formation aérienne me donna la passion de voler. Malheureusement, j'échouai lamentablement à mes examens, avec une seule bonne note : en anglais. Je me retrouvai employé de bureau chez British Aerospace à Filton, dans la banlieue nord de Bristol. Un cul-de-sac. Dans l'espoir d'en sortir, je présentai ma candidature à la Royal Air Force.

Il fallait avoir obtenu un minimum de cinq notes au-dessus de la moyenne à l'examen de sortie de l'École de formation aérienne pour être admis à suivre la formation de pilote. Avec une seule, je n'avais aucune chance. La RAF m'offrit un emploi de stagiaire dans l'administration. J'acceptai et me mis à suivre les cours du soir de la section éducative. Un an plus tard, j'obtenais les notes qui me manquaient et je me présentai de nouveau à l'École de pilotage. Où je fus recalé une fois de plus.

Je trouvai quand même le moyen de voler, mais en tant que responsable du chargement sur les avions-cargos Hercules C-130, puis sur les hélicoptères Puma.

Je passai sept ans à voler sur « Hercs », ce qui me donna l'occasion de voyager dans le monde entier et de participer à des missions parfois délicates, comme secourir le personnel de l'ambassade britannique de Phnom Penh, pendant la guerre du Vietnam. Ce jour-là, les Khmers rouges étaient si proches de l'aéroport que l'équipage portait des gilets pare-balles. Pour éviter de servir de cible durant l'approche, notre pilote avait exécuté ce que les Américains appelaient un atterrissage à la Ke Sanh : se maintenant à 400 m jusqu'au tout dernier moment, il avait plongé d'un seul coup, presque à la verticale, ailerons dressés et train sorti, le nez de l'appareil visant les bandes blanches et noires du seuil de piste. Nous avions percuté l'asphalte comme un bloc de béton après une chute libre. Le contraire d'un atterrissage en douceur.

Deux vols d'entraînement nous avaient fait faire le tour du monde. Le même équipage accomplissait le circuit complet, qui durait quinze jours, par tranches de huit ou dix heures, avec des escales de seize heures dont une plus longue à Hawaï.

Durant ma période de service sur hélicoptères, je participai à trois expéditions en Irlande du Nord, dans ces bandes frontalières que nous appelions entre nous le « territoire des bandits ». Des régions si dangereuses qu'il n'était pas question de s'y déplacer autrement que par la voie des airs, qu'il s'agisse de personnes ou de matériel. Nous larguions des patrouilles militaires et des commandos, nous embarquions des prisonniers, nous ravitaillions des avant-postes. L'équipage était toujours armé. Le pilote avait un fusil d'assaut. Moi, seul à l'arrière, j'avais une mitrailleuse et une arme de poing. À tout moment, nous risquions d'avoir à nous en servir.

J'avais trente ans lorsque je quittai la RAF, en 1977. Je fus d'abord vendeur, puis chargé de la formation des vendeurs dans l'industrie pharmaceutique, avant de créer avec ma sœur Pauline une entreprise de matériel pour restauration, Crocks, installée à Frome.

Les affaires ne marchaient pas mal. J'ouvris même deux magasins de détail. Mais mon plus grand bonheur, durant cette période, fut de rencontrer Jo, qui travaillait dans le même secteur et la même ville que moi. Et qui allait devenir ma deuxième femme.

C'est en 1986 que le ballon à air chaud entra dans ma vie. Je fus invité cette année-là au festival de montgolfières de Bristol, pour faire un vol en tant que passager.

Le coup de foudre fut immédiat.

Je vendis mes magasins et investis une partie du capital dans l'achat de mon propre ballon.

En 1989, la récession frappa durement le secteur de la restauration. Comme Crocks ne pouvait plus nous faire vivre tous les deux, ma sœur et moi, je lui abandonnai l'entreprise.

La même année, une petite révolution dans le monde de l'aéronautique me sauva la vie. Jusque-là, un permis de pilote amateur suffisait pour voler en ballon. En 1989, l'Aviation civile britannique créa la licence commerciale. Ce qui signifiait que seuls les titulaires de ce permis auraient désormais le droit d'embarquer des passagers payants. Dès cet instant, l'aérostation commerciale prit un essor fabuleux.

M'engouffrant dans la brèche, j'entrepris d'emmener des passagers dans ma nacelle, tout en devenant consultant pour les aérostiers qui désiraient en faire autant. D'instructeur, je devins examinateur, puis chef instructeur. Tout cela avec l'arrière-pensée de rendre ce sport plus professionnel.

En 1994, avec Andy Elson et Dave Seager-Thomas, je créai la firme High Profile Balloons, dont l'activité principale consistait à faire voler des ballons publicitaires pour Royal Mail, Mitsubishi Motors, et d'autres clients.

J'étais donc déjà un vieux routier de la montgolfière, lorsqu'en mai 1997 je rejoignis le projet Breitling.

Quand Andy me proposa de m'occuper du planning d'*Orbiter 2*, les choses allaient mal pour plusieurs raisons : d'une part, quoique bon technicien, lui-même était un piètre organisateur et se retrouvait souvent dans l'incapacité de tenir ses engagements ; d'autre part, son caractère difficile le rendait sujet à de violentes colères, et il n'était pas rare qu'il parte en claquant la porte au beau milieu d'une discussion.

Mon calme naturel devait avoir une influence stabilisatrice. Je crois que ma présence aida à mettre de l'huile dans les rouages.

Ayant été formé aux techniques de survie dans la RAF, j'en vins aussi tout naturellement à diriger l'entraînement des pilotes.

C'est au cours d'un de ces stages, chez Cameron, que je fis la connaissance de Bertrand Piccard.

Lors de nos premiers contacts, je ne pus m'empêcher d'être légèrement intimidé par cet homme mince, sérieux, avec son front dégarni respirant l'intelligence, et surtout son regard bleu-gris qui vous traversait de son intensité. Et puis c'était lui qui était à l'origine de tout le projet Orbiter. Mais je découvris bientôt un homme chaleureux, disponible et profondément humain. Un signe, chez lui, ne trompait pas : quand il entrait dans une pièce, il prenait soin de serrer la main de chacune des personnes présentes, qu'elles soient secrétaires, grands patrons, ou un simple anonyme lui tenant la porte, sans se limiter aux personnes importantes. Il avait en outre la qualité – inestimable pour moi qui ne parlais pas un mot de français – de parler un anglais impeccable, y compris dans le vocabulaire technique.

Selon les termes du « contrat », Jo et moi-même formerions l'une des trois équipes du PC basées à Genève pendant le vol d'*Orbiter 2*. Une fois le chantier installé en Suisse, je m'impliquai chaque jour un peu plus dans les préparatifs et, durant les dernières journées précédant le décollage, j'eus l'occasion de faire plus ample connaissance avec Bertrand.

Je continuais, bien sûr, à jouer les diplomates chaque fois qu'Andy piquait une crise. D'ailleurs, on m'appelait son « interface conviviale ».

Bertrand

L'histoire se répétait. Comme pour le premier *Orbiter*, les retards s'accumulaient, une date butoir chassant l'autre. Andy avait tous les plans dans la tête. Ils n'existaient d'ailleurs que là... Quand un détail me préoccupait et que je le questionnais, il me répondait systématiquement :

– Bertrand... fais-moi confiance, je ne suis pas un docteur !

Nous le prenions tel qu'il était, en faisant souvent contre mauvaise fortune bon cœur. La vérité est que nous n'osions pas le bousculer, par crainte de le voir claquer la porte et nous laisser en plan.

Quand il fut clair que toutes les affirmations péremptoires d'Andy n'étaient qu'un vaste bluff, il était trop tard pour lui tenir tête. À ce stade, nous n'avions plus d'autre choix que de le suivre.

Des problèmes relationnels vinrent s'ajouter aux autres.

Andy commença à répéter que Wim ne s'impliquait pas assez, qu'il ne s'était pas suffisamment entraîné, et qu'il était trop souvent pendu au téléphone pour son entreprise en Belgique. Il en arriva finalement à déclarer :

– Pour le vol, ce sera lui ou moi !

Je me retrouvai soudain dans une situation impossible. Avec tout ce que je devais à Wim, il n'était pas question de l'abandonner.

Je pris Andy à part :

– Écoute, lui dis-je. Si jamais je laisse tomber Wim pour ce vol et que nous réussissions sans lui, j'aurai peut-être ma photo dans les journaux... mais je ne pourrai plus jamais me regarder dans une glace. Il est donc hors de question que Wim ne vole pas !

Andy me fixa un moment, interloqué, puis :

– Je te comprends, fit-il. On partira tous les trois. Mais à une condition : toi et moi serons les seuls à piloter ! Wim s'occupera des communications et de la navigation.

La solution proposée par Andy n'était pas mauvaise, mais n'arrangerait pas ses rapports avec Wim. S'ils devaient perpétuellement se chamailler pendant le vol, la vie deviendrait impossible dans cet espace minuscule. Ce genre de friction avait déjà été fatal à d'autres équipages.

C'était le moment ou jamais de mettre à l'épreuve mes compétences de psychothérapeute.

J'organisai des séances à trois, au cours desquelles chacun de nous parlait de sa vie, de son caractère, de ses expériences. Nous mettions délibérément de côté tous les domaines où nous avions des points communs afin de nous concentrer sur nos différences. Nous sommes ainsi parvenus à faire vraiment connaissance, et, en valorisant la complémentarité de chacun au sein du groupe, à nous accepter et même à nous respecter tels que nous étions. Cela permit de restaurer un esprit d'équipage gravement compromis.

Comme toujours, Richard Branson semblait être notre principal concurrent. Et comme toujours, nous suivions du coin de l'œil ses préparatifs. On nous informait régulièrement du fait qu'il n'était pas prêt, mais nous avions des doutes. À dire vrai, nous le soupçonnions d'essayer de nous endormir pour gagner du temps.

Un jour, en décembre, son directeur de projet, Mike Kendrick, appela Alan pour nous prier de suspendre tout départ. Richard, disait-il, était sur le point de se rendre en Chine pour y négocier une autorisation de survol dont tout le monde profiterait. Il nous demandait de ne pas compromettre ses chances en décollant prématurément.

Mike Kendrick chargea aussi Alan de faire passer le message à Steve Fossett.

Richard, cependant, ne partit jamais pour la Chine. Au contraire, peu de temps après, il gonflait son ballon et se préparait à décoller...

L'étroitesse de sa fenêtre météo l'obligea à gonfler durant la journée, ce qui est dangereux en plein désert. En effet, l'air chaud qui monte du sol entraîne souvent des vents violents. Son enveloppe fut arrachée par une bourrasque, décolla toute seule du Maroc et retomba quelque part en Algérie, se déchirant au contact du sol.

Le moins qu'on puisse dire était que cette manœuvre ne forçait pas l'admiration et elle nous laissa des sentiments mitigés.

Il faut dire que nous étions en partie responsables – bien malgré nous, il est vrai – des mésaventures de Richard, puisque, sans le vouloir, nous-mêmes avions fait de la désinformation. Andy, toujours aussi optimiste que désorganisé, répétait à qui voulait l'entendre que nous étions prêts.

Il ne mentait pas : il se trompait.

– Juste deux ou trois détails à régler ! disait-il.

« Deux ou trois détails »... qui prirent deux mois.

Mais l'assurance dont Andy faisait preuve avait laissé croire à l'équipe Virgin que nous allions partir d'un jour à l'autre. D'où sa précipitation... et son échec...

Nous ne fûmes réellement prêts qu'en janvier 1998. Mais, quand on transporta le matériel jusqu'à l'aire de décollage, le sertissage des câbles de la capsule lâcha, et cette dernière retomba de la grue pour s'écraser sur sa remorque. Les brûleurs ainsi que le cadre de charge furent endommagés et les réparations retardèrent encore notre départ.

En tombant à l'eau avec *Orbiter 1*, j'avais cru toucher le fond de l'humiliation. Je m'étais trompé. Cette fois, c'était dans le ridicule le plus complet que je sombrais. Et devant deux cent soixante-dix journalistes ayant fait le voyage de Château-d'Oex...

Les réparations effectuées, nos spécialistes météo dénichèrent une nouvelle fenêtre favorable pour le 28 janvier.

Nous décollâmes – enfin ! – ce jour-là.

C'était l'anniversaire de mon grand-père et j'y voyais un présage favorable. Je ne savais pas encore qu'il me faudrait attendre treize mois – et mon propre anniversaire ! – pour m'envoler vers la réussite.

Nous venions à peine de refermer le hublot supérieur en atteignant les 2 000 m que le hublot arrière émit un sifflement révélateur.

Il n'était pas étanche.

La précipitation dont avait fait preuve Andy, le froid et la fatigue étaient responsables de cette négligence. Résultat : à moins de pouvoir réparer en vol, nous étions condamnés à voler à basse altitude, ce qui risquait de nous priver des courants les plus rapides.

L'histoire se répétait une fois de trop, puisque mon grand-père avait connu le même problème en décollant pour la stratosphère. Mais contrairement à lui, qui, comme je l'ai dit, avait réussi à colmater la fuite avec un mélange de chanvre et de vaseline, il nous fut impossible d'en faire autant avec ce que nous avions sous la main : un sac en plastique et du mastic au silicone.

Le moral, ce premier jour de vol, était aussi bas que notre altitude. Et rien ne s'arrangea le lendemain en découvrant que nous avions perdu le tiers de nos réserves de carburant !

Deux de nos six réservoirs, contenant chacun 500 l, s'étaient – Dieu sait comment ! – vidés pendant la nuit. Cette fuite-là était vraiment une fuite de trop !

J'étais furieux de voir que le nouveau système d'alimentation dont Andy était si fier n'était pas plus fiable que le premier. L'année précédente, il nous avait déjà valu un bain dans la Méditerranée, et voilà que maintenant le carburant coulait à l'extérieur au lieu de se répandre dans l'habitacle... Nous n'avions pas beaucoup avancé en un an. Je contenai ma rage, jugeant préférable, au point où nous en étions, de ne pas envenimer la situation. En revanche, je me fis la promesse formelle de ne plus jamais utiliser du kérosène.

Avec le peu de carburant qui nous restait, seuls des vents rapides et constamment favorables nous permettraient de faire le tour du monde. Mais la météo nous obligea pendant quatre jours à voler très bas... et très lentement pour garder la bonne direction. Pendant ce temps, à 2 000 m d'altitude, Andy, avec un courage forçant notre admiration, descendit sous la capsule, accroché au bout d'une corde, et démonta l'écoutille pour la réparer. Avec succès.

Malgré ce bel exploit, nous n'avions plus aucune chance de réussir. Les vents favorables, en effet, nous auraient conduits à travers l'espace aérien chinois. Et les autorités de Pékin continuaient d'interdire le survol de tout ballon à travers leur territoire.

Après plus d'un an de négociations, la bureaucratie se dressait devant nous comme un obstacle infranchissable ! De quoi se rendre malades de frustration. D'autant qu'en approchant de la frontière chinoise nous savions que devant nous se trouvait un courant de 270 km/h qui nous aurait emporté comme une plume à travers le Pacifique et jusqu'en Californie, en quatre jours à peine.

Mais les autorités chinoises demeuraient inflexibles et sourdes à nos appels.

Les accords internationaux autorisent en principe un aéronef civil à traverser n'importe quel pays, à condition qu'il s'agisse d'un vol occasionnel. Mais une clause stipule aussi que chaque pays peut imposer des restrictions, pour des raisons de sécurité.

C'est ce que fit la Chine, pour l'intégralité de son territoire et pour toute l'année.

Le hasard voulut que le vice-Premier ministre chinois se trouvait en voyage officiel en Suisse, au moment précis où nous étions confrontés à ces difficultés. Chaque fois qu'il regardait la télévision ou qu'il ouvrait un journal, il tombait sur des gros titres : LA CHINE REFUSE L'AUTORISATION DE SURVOL.

Finalement gagné par un mélange d'agacement et de culpabilité, il se sentit obligé d'intervenir. Il envoya des fax à Pékin, mais c'était le Nouvel An chinois et personne ne répondit. Lorsque l'autorisation nous parvint enfin, nous survolions la Birmanie et nous étions presque à court de carburant.

Faute de kérosène, nous n'avions pas les réserves nécessaires pour contourner la Chine. Cette fois, l'échec ne faisait plus aucun doute. À basse altitude, pour éviter d'être poussés en territoire interdit, nous continuâmes sur notre lancée... pour l'honneur.

Il n'y eut plus d'autres problèmes techniques. Quant à nos relations personnelles, elles s'étaient révélées bien meilleures qu'elles ne l'avaient été au sol. Mais les craintes d'Andy se confirmaient : à cause du manque de familiarisation de Wim avec notre matériel high-tech, nous ne pouvions pas le laisser seul aux commandes ; ainsi, Andy et moi avons dû nous relayer au pilotage.

J'étais désormais certain que la présence d'un troisième homme était superflue. Ce fut le moment où je me fis secrètement un second serment : si jamais il y avait un troisième *Orbiter*, je changerais l'équipage.

Pendant le vol, les messages envoyés par Brian Jones depuis le PC nous avaient souvent remonté le moral. Au moment où nous survolions l'Afghanistan, sa voix nous était parvenue : « Attention ! Les habitants de ce pays ont des coutumes étranges : durant les mariages, les hommes dansent autour des tables en tirant des coups de fusil en l'air. Si on vous invite, refusez et continuez votre route. » Ne perdant jamais son sang-froid, toujours de bonne humeur et débordant d'un humour typiquement « british », Brian avait largement contribué à créer une bonne ambiance à bord. Parfois, j'avais presque l'impression qu'il était là-haut, avec nous.

Toujours pour éviter les courants d'altitude qui nous auraient poussés vers la Chine, nous avons survolé à très basse altitude le Pakistan pendant une journée, l'Inde pendant trois jours et le golfe du Bengale vingt-quatre heures. Assis sur le toit de la capsule, entre 300 et 900 m du sol et dérivant à 30-40 km/h dans un silence absolu, nous percevions des odeurs de cuisine épicée et des parfums d'encens échappés des temples. Des cris d'enfants, parfois, montaient jusqu'à nous.

Nous aurions dû voler vite et haut, enfermés dans une cabine pressurisée, à la poursuite de notre rêve. Mais ce rêve-là était perdu et un autre nous consolait : en rase-mottes à très basse vitesse, comme sur un tapis volant, dérivant dans l'air tiède, nous vivions des heures magiques.

Sans enjeu, nous n'avions plus de stress. Une fois de plus, je réalisais l'importance de savoir accepter tout ce que la vie nous offre. Si nous nous étions révoltés contre le sort qui nous accablait, nous aurions souffert. Nous serions rentrés chez nous, amers et désespérés, pleins de rancune contre la terre entière et surtout la Chine. Mais, en acceptant de suivre le vent, nous acceptions de ne pas souffrir. Il me sembla soudain que la souffrance est, d'une certaine manière, un choix délibéré. Dans la vie, on « choisit » de souffrir lorsqu'on s'accroche à ce qui est irrémédiablement perdu, alors que l'acceptation est le premier pas vers le bonheur.

Wim était d'accord avec moi. Andy, lui, s'irritait de plus en plus. Il en avait par-dessus la tête de Breitling, de ses ballons et de notre aventure en général. Il n'avait plus qu'une idée : atterrir le plus vite possible et passer à autre chose.

Il savait pourquoi.

Il avait trouvé un autre sponsor en la personne de James Manclark, un magnat de l'immobilier écossais, ce qui signifiait, en clair, qu'Andy était d'ores et déjà, pour nous, un concurrent. Il était dans son intérêt que nous atterrissions le plus tôt possible. Et si, après cet échec, Breitling décidait d'arrêter les frais, cela ferait toujours pour lui un rival de moins.

Alan Noble pressentait lui aussi qu'un atterrissage prématuré non seulement nous couvrirait de ridicule, mais risquerait de décourager Breitling. C'est pourquoi, à coups de fax, il poussait Andy à continuer. Il eut même l'idée de génie – comme s'il devinait les sentiments de ce dernier – de nous faire savoir qu'il nous restait un record à battre : celui de Dick Rutan, qui, à bord de son avion *Voyager*, avait réalisé un tour du monde sans escale en neuf jours et une heure.

Ce record d'endurance était à notre portée. Faute d'atteindre notre but, nous avions au moins une chance de devenir les nouveaux détenteurs du plus long temps passé en vol.

Cet objectif méritait un effort supplémentaire.

Andy, ragaillardi par ce nouveau but à atteindre, reprit sa règle et son crayon et se replongea dans ses calculs.

Le voyage prit fin en Birmanie.

Nous avions quand même établi un nouveau record de durée de vol sans escale et sans ravitaillement, tous engins volants confondus, de 9 jours et 18 heures, plus précisément 233 heures et 55 minutes. Et, nous avions parcouru 8 472 km.

Certes, notre tentative de tour du monde se soldait par un échec et ce que nous avions réussi était plus philosophique que technique. Mais, malgré tout, j'étais heureux.

Et fier.

Brian

Quand il fut certain qu'*Orbiter 2* allait se poser en Birmanie, une équipe de récupération quitta la Suisse, direction Rangoon (renommé Yangon). Le Falcon 2000 privé affrété par Breitling (faute de vols directs Genève-Yangon) et piloté pas Stefano Albinati emporta Monika Pieren (la directrice du projet déléguée par Breitling), Alan Noble, moi-même et quelques journalistes. Malgré une escale ravitaillement à Bahreïn, nous atteignîmes Yangon avant que le ballon ne se pose. Les militaires birmans acceptèrent de nous louer un hélicoptère de récupération, mais exigèrent 60 000 francs de l'heure. Jugeant ce tarif exorbitant et inacceptable, Monika Pieren entama un marchandage serré, fixant un tarif qu'elle estimait raisonnable et refusant de payer un sou de plus. Ses talents de négociatrice l'emportèrent, mais tout cela nous avait mis en retard.

Nous arrivâmes juste à temps pour voir atterrir le ballon dans un champ de haricots, une centaine de kilomètres au nord de Yangon. Il avait à peine touché terre qu'il fut noyé dans une foule considérable, venue de tous les villages environnants. Des gens étaient tombés à genoux pour prier cet étrange dieu sphérique et lumineux, qu'ils voyaient passer au-dessus de leur tête.

Je retrouvai Bertrand en grande forme et d'humeur enjouée. Nous fîmes quelques pas ensemble, à l'écart des autres.

– Pendant ce vol, me confia-t-il soudain, je me suis fait deux promesses. Et je compte sur toi pour me les rappeler le cas échéant.

– D'accord. Lesquelles ?

– D'abord, de ne plus jamais voler au kérosène.

– Je te comprends. Quoi d'autre ?

– De changer d'équipiers.

Je lui jetai un regard en coin :

– Ça s'est mal passé ?

– Non, l'ambiance était bonne...

Il me fixa de ses yeux bleus et ajouta :

– Mais, la prochaine fois, je veux faire le tour du monde.

Dégonfler l'enveloppe ne fut pas une mince affaire. Nous ne pouvions évacuer l'hélium du ballonnet supérieur qu'en y faisant des trous. À notre demande, un soldat vida son chargeur sur le sommet de l'enveloppe. Sans résultat. Au bout du compte, les villageois nous aidèrent à la faire redescendre en s'accrochant à la toile. Puis ils s'acharnèrent dessus à coups de couteau, l'éventrant, la déchirant, jusqu'à la détruire complètement. Pendant toute l'opération, un vent violent s'était mis à souffler et l'on assista à des scènes cocasses, comme lorsqu'un vélo s'accrocha aux câbles et fut emporté dans les airs, sous le regard catastrophé de son propriétaire.

Les militaires emportèrent ce qui restait du ballon ; l'équipe de récupération et les spectateurs disparurent, me laissant m'occuper de la capsule. Je n'eus pas à attendre longtemps un énorme camion, qui souleva la nacelle au bout de sa grue et la chargea sur sa plate-forme. Les choses se compliquèrent en traversant les villages, où les brûleurs de la capsule n'arrêtaient pas de se prendre dans les câbles électriques affaissés entre les toits. C'est le moment que je choisis pour m'écrouler sur le siège passager, victime à la fois du décalage horaire et d'une violente insolation (il faisait près de 45°). Un Birman serviable, debout sur la cabine, écartait les câbles à l'aide d'un long bambou terminé par une fourche. Régulièrement, un fil électrique lui échappait et venait fouetter un des réservoirs de propane de la capsule. Cela produisait un éclair bleu et la lumière s'éteignait quelque part... Dans la nuit tombante, nous ne passions pas inaperçus.

Il nous fallut quatorze heures pour faire les 100 km nous séparant de Yangon !

Le lendemain, notre contact local dut refaire mon parcours à l'envers, les poches bourrées de kyats (la monnaie birmane) pour indemniser tous ceux que nous avions privés d'électricité.

Les dictateurs qui tenaient le pays étaient obsédés par les communications. En Birmanie, l'usage d'Internet était prohibé et toutes les conversations téléphoniques écoutées. Les militaires étaient fermement décidés à s'emparer de notre matériel, pour mettre la main sur le système de transmissions. Les prenant de vitesse, nous avons réussi à escamoter notre capsule en la cachant dans une usine. Un peu plus tard, soigneusement emballée dans une énorme caisse, elle embarquait pour Singapour.

4

Jamais deux sans trois...

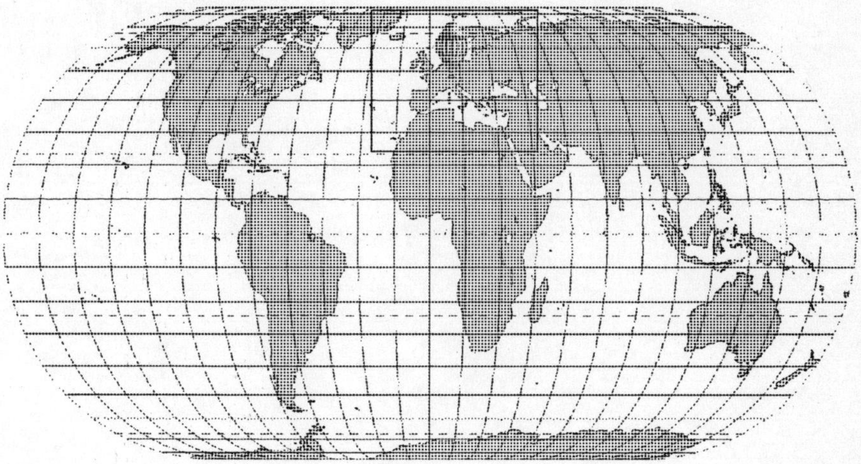

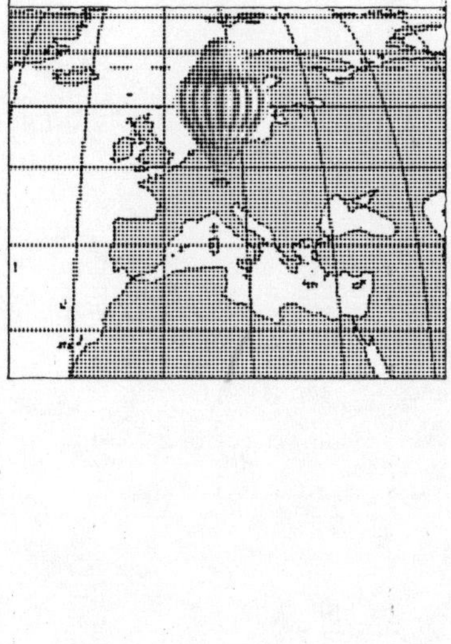

Château-d'Oex, Suisse

Bertrand

En Suisse, le retour fut triomphal.

Vingt-quatre heures plus tard, Thedy Schneider donnait le feu vert à *Orbiter 3*. Cette fois, il chargea Stefano Albinati, un homme issu du monde de l'aviation civile, de coordonner le projet côté Breitling.

Pour cette troisième tentative, comme je l'avais décidé, nous ne serions que deux pilotes. L'expérience m'avait prouvé que c'était suffisant. De plus, un homme supplémentaire, entre son propre poids, son eau, ses vivres, son oxygène et son équipement de survie, représentait environ 450 kg. C'était autant de carburant dont il faudrait nous priver.

J'étais sincèrement désolé pour Wim, mais on ne bâtit pas un tour du monde seulement sur une amitié, si précieuse soit-elle – et Dieu sait que la sienne l'était à mes yeux.

– Tu as amplement payé ta dette du Chrysler Challenge, me dirent tant Alan Noble que Thedy Schneider. Ton copilote doit pouvoir se consacrer à mi-temps – c'est un minimum ! – au projet, pendant une durée de un an.

Nos regards se tournèrent vers Tony Brown, la cinquantaine grisonnante et la moustache en broussaille, mécanicien de bord sur Concorde, où il avait 5 500 heures de vol à son actif. Autant dire de solides références.

Tony obtint sans peine un congé sabbatique. Malheureusement, il apparut très vite que lui et moi aurions les plus grandes difficultés à travailler ensemble.

Au moment où Tony rejoignit l'équipe, tout allait bien et – pour une fois – nous étions dans les délais. Mais il semblait convaincu qu'il devait se battre pour s'imposer. À ses yeux, j'avais trop tendance à jouer les petits chefs ; je ne le laissais pas s'exprimer ; j'avais une attitude arrogante et je ne tenais pas compte de ses avis. De mon côté, je trouvais que Tony se comportait un peu comme s'il détenait la vérité en toutes choses. Bon aéronaute, il n'avait cependant jamais parcouru de grandes distances, ce qui ne l'empêchait pas de nous faire la leçon sur l'art et la manière de réussir un tour du monde.

Ce genre d'état d'esprit ne facilite pas l'intégration dans une équipe. Cela dit, malgré ses « gros sabots », Tony avait le mérite d'être direct. En évoquant franchement nos différends, nous étions au moins d'accord sur le fait que nous avions du mal à nous entendre ! C'était un exercice psychologique intéressant à mener au sol, mais qui n'apportait rien au projet. Malgré cela nous avons décidé de tenter le coup ensemble.

Nos efforts à tous les deux cependant ne changèrent rien au problème. Il apparaissait de plus en plus clairement que Tony et moi ne serions jamais en synergie. Et que nous n'arriverions jamais à nous compléter d'une manière efficace.

Je me surprenais à regarder de plus en plus souvent du côté de Brian Jones. J'avais maintes fois pu constater à quel point il travaillait dur. J'admirais l'ingéniosité constructive avec laquelle il résolvait les problèmes. Il connaissait à fond le domaine aéronautique et possédait un solide sens de l'humour. En toute objectivité, il était difficile de lui trouver autre chose que des qualités. Début mars 1998, à son retour du Myanmar, il fut nommé directeur de projet sur *Breitling Orbiter 3*, plus particulièrement responsable de la construction de la capsule.

Brian était de ces gens avec lesquels, sans pourtant bien les connaître, on se sent tout de suite à l'aise. Il y avait une sorte d'accord parfait avec cet homme dont l'humeur toujours égale ne diminuait en rien l'efficacité. Avec lui, les choses avançaient et les problèmes se réglaient. Quand il repérait une anomalie, il écrivait « À REVOIR », en grosses lettres au tableau noir. Ce rappel-aide-mémoire s'adressait aussi bien à lui-même qu'aux techniciens. Mais Brian ne se défaussait sur personne et suivait l'affaire jusqu'au bout, veillant personnellement à ce que soit fait ce qui devait l'être. J'avais souvent tendance à noyer mes interlocuteurs sous des salves de questions simultanées, et il contribuait à mettre de l'ordre dans ma créativité bouillonnante.

Lors d'une de nos premières réunions, Brian se proposa lui-même comme pilote de réserve.

– Comme cette fois vous n'êtes que deux, il vous faut un remplaçant, dit-il.

Chacun approuva avec enthousiasme.

– Tout le monde est d'accord pour que je participe à l'ensemble de l'entraînement ?

Nouvelle approbation générale.

Quelque temps plus tard, je devinai chez Brian une envie grandissante de porter le même blouson de pilote que Tony et moi. Il n'osa pas le dire carrément, de peur, sans doute, que cette demande ne passe pour un caprice juvénile. Comme je souhaitais lui faire ce plaisir, j'appelai Breitling en leur demandant de faire fabriquer une troisième veste à son intention.

– Quand tout sera fini, argumentai-je, ce blouson sera le seul souvenir qui lui restera de sa brève carrière de pilote de réserve.

Quand Brian reçut sa veste, je lus sur son visage une joie qui me le rendit encore plus sympathique.

Notre complicité se développait au fil des jours, et je me surprenais à regretter qu'il ne parte pas avec moi.

Le 16 novembre, chargés sur deux semi-remorques de 15 m chacun, formant un double convoi exceptionnel, la nacelle, l'enveloppe et les équipements annexes prirent la route en direction de Château-d'Oex. L'équipe s'y installa à son tour et les préparatifs reprirent, en vue d'un départ qui pouvait intervenir à n'importe quel moment de la période des vents favorables, c'est-à-dire entre début décembre et fin février.

Plus je côtoyais Brian, et plus je me demandais pourquoi je ne lui avais pas demandé, à lui, d'être mon copilote ! Une question qui se posait avec une insistance croissante, à mesure que de jour en jour, l'ambiance se dégradait.

Je n'étais pas le seul à éprouver un sentiment de malaise. Je sus plus tard que Joanna, la femme de Brian, écrivait au même moment dans son journal intime :

L'agressivité qui règne entre les pilotes rend tout le monde nerveux et nous gâche le séjour à Château-d'Oex. Difficile de cerner les origines du problème. Mais l'atmosphère est de plus en plus pesante. À la limite du supportable.

Entre Tony et moi, l'abcès creva enfin le 23 novembre. Nous suivions un entraînement technique dans la capsule et le climat était très tendu. J'avais franchement peur qu'une relation aussi difficile au sol n'évolue de façon catastrophique une fois venu le stress du vol. Déjà, quelques semaines plus tôt, Tony avait déclaré que, si, en l'air, je ne le laissais pas prendre une part suffisamment importante aux décisions, il réglerait l'affaire à coups de poing.

Comme pour en avoir le cœur net, j'accentuai délibérément la pression lors de notre séance d'entraînement. Le soir même, pendant notre dîner à l'Hôtel de Ville, les frictions dégénérèrent en une violente dispute.

– Puisque c'est comme ça, s'exclama Tony en contenant difficilement son envie de frapper du poing sur la table, je ne vole pas ! Tu n'as qu'à faire équipe avec Brian !

« Quelle bonne idée ! » hurlai-je intérieurement. Mais en m'abstenant de tout commentaire.

Tony se tourna vers Brian :

– Vas-y ! Je te cède ma place !

– Ne m'implique pas dans cette histoire, répondit calmement – et sagement – Brian.

Le dîner terminé, il n'y avait plus l'ombre d'un doute : je devais changer de coéquipier. Mais j'avais peur de prendre cette décision moi-même.

Pierre Blanchoud, notre conseiller aéronautique, me pressa de trancher dans le vif :

– Il s'agit de ton projet, Bertrand ! C'est toi qui as obtenu la participation de Breitling. C'est à toi de décider !

– Je sais. Mais la difficulté est justement là. Si jamais je me trompe, les conséquences pourraient être gravissimes !

Pierre me posa la main sur l'épaule :

– Tu veux un conseil ? Va dormir. Tu y verras plus clair demain matin.

Je passai la première moitié de la nuit au téléphone avec Michèle et l'autre moitié à retourner toutes les solutions dans ma tête. Le lendemain matin, une évidence s'imposait, aveuglante : quelles qu'en soient les conséquences, je ne volerais pas avec Tony.

Il s'était calmé depuis la veille et se comportait comme si rien ne s'était passé... Cela ne changea rien à ma décision et je lui en fis part. Après le petit déjeuner, nous roulâmes ensemble jusqu'à l'atelier.

– Je crois sincèrement que tu es capable de réussir, me dit Tony en me serrant la main avec émotion. Je regrette que ça n'ait pas collé entre nous, mais je te souhaite bonne chance.

J'admirai son stoïcisme et son self-control.

Quelques minutes plus tard, j'appelai Thedy Schneider pour l'informer de la situation.

– La seule question que je me pose, me répondit-il, c'est : pourquoi n'as-tu pas choisi Brian en premier lieu ?

– Le fait que Tony soit technicien sur Concorde m'impressionnait..., comme nous tous d'ailleurs, soupirai-je.

Une certaine presse commenta longuement ce brutal changement de copilote. Elle qualifia cette décision de téméraire, pour le moins, à quelques jours d'un départ éventuel (si la météo le décidait), et se déchaîna contre moi. On cita Wim Verstraeten, qui aurait dit que j'étais incapable de conserver des relations d'amitié, que je ne supportais pas la concurrence et que j'éliminais systématiquement quiconque me critiquait. On me reprochait non seulement le renvoi de mes copilotes successifs, mais aussi certaines décisions d'ordre plus technique. Le choix de Château-d'Oex, par exemple. D'abord, parce que le temps, à ce moment précis, y était mauvais. Ensuite, parce qu'il ne s'agissait pas, géographiquement parlant, du meilleur endroit pour démarrer un tour du monde quand on avait – comme c'était à présent le cas – l'autorisation de ne survoler que l'extrême sud de la Chine.

Andy Elson se mit de la partie. Il s'était brouillé avec James Manclark, mais il avait trouvé un autre sponsor, Cable & Wireless, et se préparait à décoller d'Espagne d'un jour à l'autre. « Bertrand, disait-il, n'a aucune chance de réussir un tour du monde, pour la bonne raison qu'il n'a pas assez de carburant. Mes seuls réservoirs auxiliaires en contiennent plus que la totalité des réserves d'Orbiter ! »

Ce fut un moment d'autant plus difficile pour moi qu'il n'y avait qu'une seule manière de répondre à toutes ces attaques. Une seule manière : Réussir.

Le remplacement de Tony par Brian m'avait libéré d'un poids énorme. Mais je priais le ciel pour n'avoir pas, une seconde fois, fait un mauvais choix.

Brian

Quand Alan Noble me nomma directeur de projet sur *Orbiter 3*, à mon retour du Myanmar, je formai sans attendre une nouvelle équipe. Après quoi, je mis les choses au point à l'atelier. J'avais encore en mémoire les éclats d'Andy, qui déstabilisaient les autres techniciens au point, parfois, de les pousser eux aussi à partir en claquant la porte.

Cette fois, j'annonçai d'entrée de jeu :

– Les crises d'ego et les colères personnelles se font au détriment du moral de l'équipe, c'est pourquoi nous ne les accepterons plus à partir de maintenant. Si quelqu'un part sur un coup de tête, il ne revient pas !

Connaissant Tony depuis des années, je savais que Bertrand et lui ne s'entendraient pas. Un jour, en triant de la paperasse, je m'aperçus que Tony avait exigé que le titre de « copilote » soit défini avec précision dans des contrats. Que signifiait exactement ce terme ? demandait-il noir sur blanc. Et pourquoi Bertrand devait-il avoir le rôle de commandant de bord, ce qui faisait de lui son supérieur hiérarchique ?

« C'est n'importe quoi », me suis-je dit.

En suggérant à Tony et à Bertrand de me prendre comme pilote de réserve, je n'osais pas rêver de participer au vol d'*Orbi-*

ter 3. Je voyais les choses d'un point de vue purement pratique : l'un d'eux pouvait avoir un accident juste avant le départ. Dans ce cas, il faudrait le remplacer au pied levé. Après tout, au lancement d'*Orbiter 2*, il faisait − 16 °C et l'aire de décollage était couverte de glace. Quelqu'un aurait pu glisser et se casser la cheville.

N'étant pas du genre à me mettre en avant, je m'abstins de demander une veste de pilote, d'autant que je savais parfaitement que deux seulement avaient été prévues. Si je mentionnai ce détail au cours d'une conversation avec Bertrand, c'était pour montrer, à l'aide d'un exemple parmi d'autres, que personne ne semblait me prendre au sérieux en tant que pilote suppléant, ce qui m'attristait.

Je n'eus pas besoin d'en reparler. Quelques jours plus tard, on m'envoyait une veste *Breitling Orbiter 3* portant mon nom. Je reçus ce cadeau comme une preuve de plus de l'attention et de l'intérêt que Bertrand portait aux autres. Et j'appréciai ce dernier encore davantage.

La cabine d'*Orbiter 3* avait profité de l'expérience des deux autres. Semblable aux précédentes dans les grandes lignes, elle avait subi des améliorations. La coque comportait toujours deux couches de Kevlar tissé et de fibre de carbone avec, entre les deux, une couche de résine et une isolation à base de mousse. Un peu comme un gilet pare-balles. Mais on y avait ajouté deux hublots de 30 cm de diamètre, à double vitrage, situés de chaque côté du poste de pilotage. (Dans les vols précédents, quand les hublots principaux gelaient, le pilote ne voyait plus rien).

Il fallut aussi refaire les brûleurs, pour les adapter au propane par lequel Bertrand tenait plus que jamais à remplacer le kérosène. À cet effet, Pete Johnson, un des meilleurs spécialistes de chez Cameron, rejoignit l'équipe à plein temps.

Kieran Sturrock était lui aussi une star dans son domaine : celui de l'électronique de pointe. Ce qui ne l'empêchait pas d'avoir de solides connaissances en physique. Pete et Kieran étaient aussi efficaces, dans leur partie, que Luc et Pierre à la météo.

Étant donné le volume total du ballon (23 500 cm^3), il fallut vingt personnes pour le fabriquer et l'assembler. Une tâche d'une complexité inimaginable pour le profane. La cellule d'hélium faisait 16 500 m^3, c'est-à-dire 15 % de plus que celle d'*Orbiter 2*, et sa forme avait été modifiée pour obtenir un meilleur rendement.

Celle-ci était recouverte d'une enveloppe extérieure en Mylar aluminisé, un tissu très léger renforcé par un filet. Cette superposition de deux couches créait un effet de double vitrage et de climatisation. Il s'agissait de stabiliser autant que possible la température à l'intérieur du ballon, en limitant les échanges de chaleur. En clair : durant la journée, la chaleur du soleil rebondirait sur l'enveloppe, alors que, pendant la nuit, la couche d'air contenue entre les deux peaux contribueait à conserver la chaleur intérieure créée par les brûleurs.

Nous avions été aidés, pour sa conception, par l'École polytechnique fédérale de Lausanne, qui, à l'aide d'innombrables simulations informatiques, avait étudié les moyens de réduire la consommation d'énergie. En conclusion : pour éviter de perdre de l'hélium sous l'effet du soleil, il était plus important de refroidir le ballon durant la journée que de l'isoler contre le froid de la nuit. C'est pourquoi, autour du sommet, on doubla une partie du Mylar d'une fine couche de mousse à haute densité.

En plein jour, une partie de la chaleur solaire traverserait quand même la double peau de l'enveloppe, chaufferait le gaz et ferait monter le ballon. Pour évacuer toute chaleur excessive, les ingénieurs de chez Cameron imaginèrent des petits ventilateurs, placés autour du sommet du cône à air chaud. Ces ventilateurs fonctionnaient à l'énergie solaire. Ils s'allumaient donc automatiquement quand le soleil brillait, et évacuaient au-dehors le surplus d'air chaud. La nuit, bien sûr, ils ne fonctionnaient pas et la chaleur restait à l'intérieur.

L'enveloppe intérieure destinée à contenir le gaz était en Nylon, renforcé par une barrière à hélium laminée. Deux précautions valant mieux qu'une, les ingénieurs de chez Cameron firent des milliers de trous dans ce tissu hors de prix, pour en coudre les fuseaux avant d'étanchéifier les coutures en y soudant d'autres pièces du même tissu.

Orbiter 3 était le ballon le plus sophistiqué jamais construit. Paradoxalement, il ne put jamais être testé au sol d'une façon réellement satisfaisante. On dut fabriquer l'enveloppe en plusieurs parties distinctes, à cause de sa taille gigantesque. Et malgré toutes les simulations informatiques, il fallut attendre qu'elle prenne l'air pour être vraiment fixé sur son comportement en vol.

Dans un sursaut de népotisme, je fis de ma femme Jo notre assistante, responsable des achats et suppléante administrative.

Je fis suivre aux pilotes de nouveaux stages de survie, en insistant sur la survie en mer, où une chute éventuelle présentait les plus grands dangers. Tout était prévu, à bord, pour ce cas de figure, à commencer par des combinaisons de survie et des gilets de sauvetage, sur lesquels était attaché un sac contenant tout le matériel nécessaire : radeau gonflable, feux de position, sachets d'eau douce et barres énergétiques. Il y avait aussi de quoi permettre aux pilotes de se faire repérer : miroir lumineux, fusées éclairantes... et une EPIRB, c'est-à-dire une « balise personnelle d'urgence, d'identification et de sauvetage », qui communique directement avec les satellites. Ceux-ci, après avoir reçu le message, calculent la position exacte des naufragés et la transmettent simultanément à tous les centres de coordination de secours en mer.

Dans le pire des cas, en imaginant que les pilotes soient contraints de sauter en parachute vêtus de leur seul pyjama, il leur resterait toujours au poignet leur montre Breitling « Emergency », qui comporte une balise radio émettant sur la fréquence de détresse internationale 121.5 MHz. De quoi attirer l'attention d'un avion volant dans le secteur, ou même d'un satellite.

Bertrand ayant suivi cet entraînement l'année précédente, j'emmenai Tony à l'École des pilotes d'essai de la RAF, à Boscombe Down, puis à la piscine de la base de loisirs Oasis à Swindon. À Boscombe Down, dans la chambre de décompression, Tony subit les tests de privation d'oxygène et apprit à en reconnaître les symptômes. L'expérience se fait à plusieurs et en présence d'un médecin. Tout le monde porte un masque à oxygène et, après que la pression a été amenée à l'équivalent de 8 000 m d'altitude, le « cobaye » enlève son masque. Les autres guettent chez lui les signes de privation d'oxygène (lèvres pâles, ongles blancs...), pendant qu'il se livre à des exercices simples. Le danger, en conditions réelles, est l'effondrement des facultés mentales, dont le sujet ne prend pas conscience. Tony, à qui on avait demandé de compter à rebours, se concentrait sur cette tâche devenue si difficile qu'il n'entendit pas le médecin lui ordonner de remettre son masque.

L'année précédente, dans la même situation, Bertrand était devenu muet, s'était quelque peu « emmêlé les pinceaux » et regardait autour de lui avec un air hagard.

J'avais personnellement subi le test à plusieurs reprises. Les premières fois, je m'étais mis à ricaner bêtement, comme un homme ivre...

La baignade qui suivit n'eut rien d'une partie de plaisir. Et cette fois, je participai à l'exercice. Il s'agissait de nous débarrasser de nos parachutes, de gonfler nos radeaux individuels, de nous glisser à l'intérieur et de refermer la tente imperméable. Le tout en pleine tempête et sous une pluie battante, recréés en piscine grâce à une machine à vagues et un canon à eau.

À l'aéroport de Bristol, on nous imposa de nous extraire d'une boîte ayant à peu près la forme de notre capsule et remplie de fumée, tout en « secourant » un camarade figuré par un mannequin. Une équipe de pompiers-sauveteurs supervisait cette opération, qui mit nos nerfs à rude épreuve.

Quant au saut en parachute... je gardais de mes années dans la RAF le souvenir de la peur bleue qu'on éprouve au moment de sauter d'un avion... et je me dispensai d'entraînement. Bertrand, lui, était un parachutiste aguerri. Avant *Orbiter 1*, il avait même pratiqué la chute libre, pour apprendre à stabiliser sa trajectoire pendant la descente.

L'aviation moderne accorde une importance croissante au « management des ressources humaines ». Jadis, le commandant de bord régnait en maître absolu et personne ne se permettait de le critiquer ou de discuter ses décisions. Les choses ont beaucoup évolué depuis dix ans. De nos jours, l'équipage doit fonctionner comme une équipe et un simple steward a le devoir de s'exprimer, s'il estime avoir une bonne raison de le faire.

Pour nous aussi – et peut-être plus encore – la « gestion du facteur humain » était une question primordiale. À notre demande, un spécialiste vint nous entretenir sur la question.

Ce qui n'empêcha pas les relations entre Tony et Bertrand de se dégrader à vue d'œil.

Je faisais mon possible pour calmer le jeu, tout en restant en retrait. Intérieurement, je m'efforçais d'étouffer l'envie de voler qui me taraudait de plus en plus. Ma situation était délicate : en tant que directeur de projet, j'essayais d'arrondir les angles. Mais, en tant que pilote de réserve, je craignais que toute intervention de ma part ne soit interprétée comme une tentative de pousser Tony dehors pour prendre sa place.

Et puis, un soir, Bertrand et Tony s'affrontèrent violemment et ce fut la rupture. Tony se retira et Bertrand me demanda si j'étais d'accord pour le remplacer.

– Bien sûr !

Dans mon enthousiasme, j'avais presque crié.

Je comprenais soudain pourquoi, depuis plusieurs jours, Bertrand ne cessait de me fixer comme si j'avais un gros bouton sur le nez...

Il avait autant envie de partir avec moi que moi avec lui.

En rentrant à la maison, vers 1 heure du matin, j'appréhendais la réaction de Jo quand je lui annoncerais la nouvelle.

Sa réponse fut digne de son courage... et de son humour.

– La seule chose qui m'inquiète, dit-elle, c'est ce qui se passera s'il s'avère que la Terre est réellement plate !

Le sort du pilote de réserve se joue en ce moment, avait écrit Jo dans son journal juste avant l'éclat final entre Bertrand et Tony.

Pour être tout à fait honnête, je dois admettre avec le recul qu'à ce moment-là déjà je savais que j'allais prendre la place de Tony.

Le week-end suivant, Jo et moi fîmes un saut en Angleterre pour apprendre la nouvelle à nos familles et leur dire au revoir.

Ma nomination fut officiellement annoncée aux journalistes le 9 décembre 1998, lors d'une conférence de presse à Château-d'Oex. En mon absence, Jo n'aurait plus d'équipier au centre de contrôle. C'est pourquoi John Albury et Debbie Clarke prirent nos places, Jo assumant dorénavant un rôle d'appui.

Pour Bertrand et moi, l'entraînement reprit en accéléré. À nouveau, après une longue et sombre période, l'ambiance était à la fête dans l'atelier.

Début décembre, nous étions théoriquement prêts à partir.

Mais un double facteur empêchait ce départ dans l'immédiat. La guerre en Irak, d'abord, qui rendait dangereux le survol de ce pays. La météo, ensuite.

Luc Trullemans et Pierre Eckert ont beau être, selon moi, de véritables magiciens, ils ne pouvaient pas faire de miracles. À plusieurs reprises, ils téléphonèrent pour annoncer une ouverture favorable. Ajoutant que les vents, hélas, conduiraient inévitablement l'aéronef au-dessus de l'Irak.

La mort dans l'âme, il nous fallait renoncer.

Et attendre.

Mais, le 18 décembre, la nouvelle du décollage, à Marrakech, de Richard Branson et de son *ICO Global Challenger* nous assomma. C'était la troisième tentative de Branson. Il était secondé par deux vétérans expérimentés : Per Lindstrand et Steve Fossett.

En théorie, il avait toutes les chances de réussir.

J'ai beau savoir qu'il ne s'agit pas d'une course ordinaire où tout le monde est sur la même ligne de départ, écrivit ce jour-là Jo dans son journal, *j'éprouve quand même le sentiment frustrant que nous avons été laissés sur place.*

La semaine suivante, la concentration sur les préparatifs fut rendue encore plus difficile par le fait que tout le monde suivait Branson du coin de l'œil.

Arrivé au-dessus de l'Himalaya, *ICO Global Challenger* pénétra sans autorisation dans l'espace aérien tibétain et se mit à survoler le centre de la Chine. Aux autorités qui lui intimaient l'ordre d'atterrir, Richard répliqua non sans raison que c'était impossible au milieu de toutes ces montagnes.

Quelques mois plus tôt, Bertrand avait conduit une délégation en Chine où, à force de négociations, il avait obtenu pour *Breitling Orbiter 3* l'autorisation de traverser le pays. À condition de rester dans un couloir étroit et précisément délimité.

En réponse au coup de force de Branson, les Chinois interdirent immédiatement et jusqu'à nouvel ordre tout survol de leur territoire en ballon.

Des mois d'effort étaient du jour au lendemain réduits à néant.

Le jour de Noël, sept jours après son décollage, Richard Branson plongea dans le Pacifique, du côté d'Hawaï.

Le plus intéressant – si j'ose dire – c'est que Luc et Pierre savaient trente-six heures avant lui ce qui allait lui arriver. Ils avaient repéré qu'une branche du courant qui devait le pousser vers l'Amérique allait l'entraîner vers Hawaï. Pourquoi son expert météo ne lui avait-il pas dit de descendre, afin d'échapper au piège ? À nos yeux, c'était incompréhensible. S'il était redescendu de 11 000 à 6 000 m, ou même à 8 000, il aurait rencontré un vent plus lent, mais soufflant dans la bonne direction. Certaines rumeurs on laissé entendre que l'amerrissage avait été volontairement planifié en raison d'un manque de carburant.

Au contact de l'eau, le mécanisme destiné à libérer l'enveloppe refusa de fonctionner. La capsule fut donc traînée dans les vagues par le vent à une vitesse de 30 km/h. L'équipage, heureusement, parvint à s'en extraire et fut secouru. Mais l'aérostat entier coula et fut perdu à jamais.

L'échec de Branson illustrait parfaitement l'irrégularité des courants aériens. À leur origine se trouve de l'air compressé entre un front froid, un front chaud, et la tropopause, c'est-à-dire la couche d'inversion de température se trouvant juste sous la stratosphère. Si cet air est à l'étroit, il est comprimé et se déplace très vite. S'il a de la place, il se dilate, ralentit et se divise en plusieurs branches. *ICO Global Challenger* était parti sur l'une de ces branches.

Soulagés de voir Richard et ses équipiers s'en tirer vivants, nous ne pouvions néanmoins nous empêcher de leur en vouloir. Ces hommes que nous considérions malgré tout comme des concurrents amicaux venaient de faire surgir devant nous un nouvel obstacle particulièrement difficile à surmonter : la Chine.

Bertrand dut reprendre de zéro les négociations avec les autorités chinoises. Il ne lui fallut pas moins de six semaines de palabres ardus pour reconquérir de haute lutte notre autorisation de survol. Début février 1999, grâce au soutien inconditionnel des autorités suisses, les Chinois donnaient enfin à nouveau leur feu vert. À la condition expresse que le survol se limite à la partie méridionale de leur territoire, en dessous du 26e parallèle.

Pour nos météorologues, cela représentait une cible minuscule, d'autant plus difficile à atteindre qu'elle se trouvait à 10 000 km de notre lieu de décollage.

À partir de prédictions réelles et de simulations informatiques, Luc Trullemans et Pierre Eckert se mirent à la recherche d'une fenêtre météo qui mettrait *Orbiter 3* sur la bonne route. Il s'agissait de trouver la trajectoire idéale qui tiendrait compte des connexions et interactions entre les courants aériens. Une tâche d'une complexité défiant l'imagination.

Nous étions pratiquement les seuls à savoir que Richard Branson avait tenté de s'assurer les services de Luc Trullemans, lui offrant, ainsi qu'à son équipe de l'Institut royal de météorologie de Belgique, un an de salaire pour un mois de travail. Luc avait répondu qu'il travaillait pour nous bénévolement, à la fois par amitié et par passion, et qu'il n'était pas à vendre.

Le mardi 9 février, Luc et Pierre repérèrent une fenêtre possible pour les dimanche et lundi suivants. Le vendredi, l'avion Breitling ramena de Bristol l'équipe de lancement. Le samedi, dans une atmosphère d'excitation générale, on remplit les réservoirs de la capsule, et on déplia le ballon sur l'aire de départ. Pendant ce temps-là, un container d'hélium liquide quittait Paris pour un trajet de huit heures (avec une autorisation spéciale, les véhicules commerciaux étant interdits de route, en France, les fins de semaine).

Mais, le dimanche, la situation météorologique se dégrada au-dessus de l'Afrique du Nord, sur le premier tronçon prévu pour le vol.

On dut annuler une fois encore, à la déception générale.

Le veto chinois nous avantagea au moins d'une manière indirecte, en provoquant l'abandon de nos concurrents américains, Kevin Uliassi et Jacques Soukup. L'équipe australienne Remax, qui devait faire de son côté une tentative à bord d'un énorme ballon stratosphérique, venait d'annoncer son abandon pour des raisons météo. Nous n'avions plus qu'un seul concurrent : Andy Elson, l'ex-équipier de Bertrand sur Orbiter 2.

Le mercredi 17 février, Andy Elson et Colin Prescott décollèrent d'Almería, en Espagne, à bord de *Cable & Wireless.*

À nouveau, une équipe concurrente laissait *Orbiter 3* sur place. Chaque journée de vol accomplie par Elson et Prescott réduisait nos chances. Et augmentait notre frustration d'être cloués au sol.

Bertrand

Quelques mois plus tôt, je croyais dur comme fer à nos chances de réussite et rien ne pouvait altérer mon optimisme. À présent, cet optimisme fondait à mesure que les problèmes s'accumulaient. La météo était pire qu'elle n'aurait dû l'être en cette saison, et des avalanches meurtrières endeuillaient les Alpes. Avec la fin du mois de février, c'était le terme de la saison favorable aux tours du monde qui approchait. À partir de mars, en effet, les jet-streams commencent généralement à se fragmenter et la fréquence des orages augmente sur l'Asie.

Devant la quasi-certitude que nous ne trouverions plus de fenêtre idéale cette année, l'équipe technique de *Breitling Orbiter 3* se dispersa. C'était très douloureux de voir mon rêve s'effilocher. Désespéré par la tournure que prenaient les événements, j'emmenai ma famille faire du ski.

Confirmant mes craintes, Stefano Albinati m'appela de la part de Breitling pour me proposer d'annoncer officiellement que nous renoncions pour cette année.

La date de la conférence de presse fut fixée au 8 mars.

J'avais le moral en dessous de zéro.

Le lendemain, histoire de nous changer les idées, Michèle et moi conviâmes quelques bons amis à dîner. Cela faisait plusieurs semaines que nous vivions centrés sur ce projet, sans jamais oser nous laisser aller à la détente. Nos invités apportèrent plusieurs superbes bouteilles pour me remonter le moral, et la soirée fut chaleureuse.

C'est dans ces moments d'amitié que l'on se recentre sur ce qui est fondamental dans la vie. Ceux qui m'entouraient ce soir-là me donneraient la force de supporter les critiques qui, inévitablement, allaient pleuvoir après cet abandon.

Le lendemain de cette soirée, le 24 février, je reçus un coup de fil matinal de Luc Trullemans :

– Bertrand, écoute-moi ! Je viens de parler avec Pierre, il y a une fenêtre météo formidable qui s'annonce pour le 1er mars !

– Tu plaisantes ?

– Pas du tout ! Tu sais ce que je vois sur mon écran, en ce moment ?

– Quoi ?

– Une énorme dépression en train de se creuser au-dessus de la Méditerranée occidentale. Je suis certain de pouvoir vous la faire contourner dans le sens contraire des aiguilles d'une montre. Du coup, après avoir traversé la France et l'Espagne, vous seriez portés à travers l'Afrique, exactement sur la trajectoire désirée !

Et moi qui m'imaginais déjà que tout était fini...

Il était vrai, pourtant, qu'Andy Elson avait sept jours d'avance. À ce moment précis, il survolait le Soudan et se dirigeait vers l'Arabie saoudite.

Je mis du temps à me remettre de ma surprise.

Peu à peu, je me laissai convaincre par l'enthousiasme de Luc.

Tout redevenait possible.

Au fil de mes tentatives, nous avions mis au point un système d'alertes échelonnées. La première était donnée quatre jours avant le départ, si la météo s'annonçait favorable. Cette alerte était confirmée, le cas échéant, à « J » – 3. À ce stade, les huit membres de l'équipe de lancement partaient de Bristol pour rallier Château-d'Oex. À « J » – 2, le reste de l'équipe les rejoignait.

Le 25 février 1999, je lançai la première alerte.

Brian

Jo et moi étions installés à Château-d'Oex depuis le début du mois de novembre. Quand tout espoir de décoller fut perdu, nous nous résignâmes à faire nos bagages et à repartir pour l'Angleterre dans une voiture pleine à ras bord.

Nous venions à peine de franchir la frontière française quand mon portable sonna.

C'était Bertrand.

– Brian, ne conduis pas trop vite !

– Pourquoi ?

– Il se peut qu'on parte !

À moitié convaincus, nous nous arrêtâmes pour déjeuner du côté de Mâcon.

Peu après, ce fut au tour d'Alan Noble de téléphoner :

– Je crois que vous devriez faire demi-tour.

Puis Bertrand, de nouveau :

– En fin de compte, ne faites pas demi-tour tout de suite. Mieux vaut ne pas tenter le diable.

Ne sachant plus quoi faire, et démoralisés d'avance à la perspective de devoir redéfaire tous nos bagages, nous prîmes finalement la décision de continuer vers l'Angleterre.

– Autant repasser par chez nous, dis-je, quitte à devoir reprendre l'avion pour la Suisse le lendemain. Ce sera comme la fin d'un chapitre et un nouveau départ... avec des affaires propres !

Poussés par le sentiment presque superstitieux qu'une coupure nette serait de bon augure, nous renonçâmes à passer la nuit en France, pour filer directement chez nous, dans le Wiltshire.

Nous y étions à minuit.

À 10 heures le lendemain matin, nous décollions de Heathrow, direction Genève. En plus de Brian Smith et de sa femme, les membres de l'équipe technique – Kieran Sturrock, Pete Johnson et Bill Sly – nous accompagnaient. Les huit hommes de l'équipe de lancement étaient partis par la route, dans une camionnette bourrée de matériel.

L'équipage était de si bonne humeur que le steward, gagné par la contagion, nous fit son discours sur l'utilisation des masques à oxygène et des gilets de sauvetage en imitant la voix de Sean Connery. Avec un talent certain. On aurait dit que c'était James Bond lui-même qui nous donnait ses instructions. Quelques passagers échangèrent des regards interloqués. D'autres éclatèrent de rire...

Brian Smith profita de son statut d'ancien commandant de bord sur British Airways pour avertir son collègue de notre présence. Deux minutes plus tard, nous étions tous installés en première classe et noyés sous le champagne. Le commandant fit part à tous les passagers de son enthousiasme à l'idée de nous avoir parmi eux, et le chef de cabine m'offrit un ours en peluche en me demandant de l'emmener avec moi autour du monde.

– Si vous y arrivez, me dit-il, je vendrai cet ours une fortune aux enchères, au profit d'une œuvre pour les enfants.

Je mis dans mon sac le « teddy bear » avec son tee-shirt frappé de l'Union Jack. Tout naturellement, je décidai de le baptiser Sean.

De retour à Château-d'Oex, j'appelai Alan. À ma grande stupéfaction, je le trouvai beaucoup moins enthousiaste que ce que j'imaginais. Il semblait convaincu qu'à la suite de toutes nos difficultés de l'hiver – le mauvais temps, notre décollage avorté de mi-février, l'interdiction chinoise, le départ d'Andy Elson, le manque de fenêtres météo favorables... – notre motivation à Bertrand et moi n'était plus de nous lancer pour un tour du monde. Il pensait que notre ambition se bornait maintenant à nous contenter de décoller et de tenir en l'air quelques jours, histoire de marquer le coup. Sans plus.

Le plus incroyable était que le reste de l'équipe, tout comme la presse, partageait cet état d'esprit.

Sentant qu'il fallait d'urgence les remettre en selle, je m'adressai à eux avec toute la conviction dont j'étais capable :

– Écoutez-moi, nous ne plaisantons pas ! Bertrand et moi avons parlé aux experts météo, qui nous ont confirmé que les conditions étaient idéales. Vous pouvez me croire lorsque je vous dis que ni lui ni moi n'avons la moindre intention de décoller si ce n'est pour faire un tour complet !

Bertrand

C'était inimaginable que si peu de gens prennent cette alerte au sérieux.

Heureusement, nos météorologues revinrent à la charge :

– Jamais, depuis le début de l'année, nous n'avons eu d'ouverture aussi favorable !

– Vous dites ça parce que c'est maintenant ou jamais, suggéra ironiquement Alan. Si vous aviez déniché cette fenêtre au début de la saison, jamais vous ne l'auriez retenue.

– Bien sûr que si ! s'écrièrent en chœur Luc et Pierre.

Alan changea d'expression :

– Vous êtes vraiment sérieux ?

– Comme des papes !

Du coup, les préparatifs passèrent soudain à la vitesse supérieure. À l'atelier de Château-d'Oex, au-dessus de la nacelle posée sur son chariot métallique, se trouvait une galerie où, pendant trois mois, nous avions tenu toutes nos réunions, fait évoluer notre projet, résolu l'un après l'autre nos problèmes techniques... L'endroit reprit vie d'un seul coup avec l'analyse des modèles météo et le débat – animé – autour de la seule et unique question : fallait-il partir ou non ?

Le dimanche, on installa la capsule sur l'aire de décollage, mais on ne gonfla pas le ballon tout de suite. L'enveloppe restait là, allongée sur le sol, dans sa housse de protection qui la faisait apparaître comme un énorme salami. Quant à nous, enfermés dans l'atelier, nous n'arrivions pas à nous décider. Affalés dans des fauteuils sans pieds qui nous donnaient l'air d'être assis par terre, ou perchés sur des chaises trop hautes, nous avions l'impression de participer à une scène surréaliste.

Je n'arrivais pas à savoir vraiment ce que je voulais, tant j'étais tiraillé entre l'envie de partir et la peur de l'échec. J'avais même perdu cette étrange intuition de victoire qui m'avait accompagné tout l'hiver.

Brian réalisait comme moi que cette ouverture représentait notre dernière chance de l'année 1999. Le choix était à la fois simple et déchirant : soit nous remettions tout à l'annee prochaine, en gardant notre ballon intact mais avec la perspective de voir une autre équipe réussir avant nous (surtout dans l'hémisphère Sud, où nos adversaires profiteraient de l'été) ; soit nous prenions la décision de partir tout de suite. Auquel cas nous avions une chance d'être les premiers à réussir... mais de forts risques d'échouer et de perdre notre ballon si la météo n'évoluait pas dans le bon sens.

Partagé entre le pour et le contre, je ne savais plus quoi penser. Nous savions que Breitling ne financerait pas un quatrième *Orbiter*, alors fallait-il attendre l'année suivante ou tenter le tout pour le tout ?

Alan Noble et Don Cameron, le patron de l'entreprise qui avait construit notre ballon, restaient pour le moins sceptiques.

– Si j'en crois les cartes météo actuelles, dit Alan, je ne vois pas comment vous pourriez réussir un tour du monde.

– Vous ne réussirez pas en gardant le nez sur ces cartes, rétorqua Luc Trullemans. Vous n'y arriverez qu'avec l'aide d'un ordinateur qui calcule heure par heure votre trajectoire, car, pendant que le ballon avance, la situation météorologique se modifie. Les hautes et basses pressions évoluent en permanence. Dans ce domaine, aucune configuration n'est statique.

Il ajouta, à l'attention d'Alan :

– Fais-les décoller. Je me charge du reste.

Malgré la pression qui s'accumulait sur nos épaules, Brian et moi étions toujours convaincus qu'il ne fallait rien brusquer. Nous n'étions pas maîtres de l'avenir, mais quelque chose nous disait que, si nous restions en retrait au lieu de mêler nos voix au concert d'hésitations, le destin aurait une chance de pouvoir se manifester et de nous mener tout naturellement à la bonne décision.

Nous demeurions donc silencieux, laissant les météorologues débattre avec le directeur de vol.

Luc et Pierre confirmèrent une fois de plus que les conditions météo étaient idéales.

Alan, lui, restait sur ses gardes, en raison de l'immense détour par l'Afrique que les restrictions chinoises nous imposaient.

Soudain il demanda :

– Et quelle durée prévoyez-vous pour le vol ?

Les spécialistes se concertèrent à nouveau brièvement et lancèrent, avec une certaine assurance :

– Seize jours.

Des regards étonnés s'échangèrent. C'était deux ou trois jours de moins que ce que la plupart d'entre nous avaient envisagé.

Alan se décida enfin à sourire : il s'était secrètement fixé ce chiffre comme limite maximale.

– Si vous m'assurez seize jours, je vous réponds : allons-y !

Se tournant vers moi, il précisa :

– Au-delà de seize jours, vos réserves de carburant risquent d'être insuffisantes. Je ne veux pas vous voir plonger dans le

Pacifique ou l'Atlantique. Mais seize jours..., on peut tenter le coup.

– D'accord, lançai-je en me levant. Mais je tiens à ce que chacun donne clairement son avis sur la question. Si nous échouons, il ne faut pas que quelqu'un puisse dire : « J'ai toujours été contre. » Et inversement en cas de réussite.

À 13 heures précises, ce dimanche 28 février 1999, le vote eut lieu à main levée.

Le décollage fut décidé à l'unanimité.

– O.K., conclut Alan en s'emparant de son portable. J'ordonne immédiatement à l'équipe technique de continuer les préparatifs. Après la déception du départ annulé il y a quinze jours, ils tournent en rond comme des lions en cage. Je ne peux pas les laisser attendre notre décision plus longtemps.

Dans la matinée, Luc et Pierre nous avaient assurés qu'il ne pleuvrait pas avant une trentaine d'heures. Forts de cette certitude, les techniciens commencèrent à assembler, au moyen de soixante-dix mousquetons, les pièces de Velcro constituant l'enveloppe extérieure. Celle-ci se composait de la tente supérieure, du gilet et du cône à air chaud.

Les techniciens étaient toujours en plein travail quand un crachin inopiné leur posa de sérieux soucis.

Sur l'aire de décollage, nous avions damé la neige abondante tombée pendant l'hiver et étalé d'immenses carrés de polyéthylène afin d'empêcher le ballon d'être en contact avec l'humidité du sol. La pluie, soudain, risquait de tout compromettre.

Si l'enveloppe, trempée, gelait pendant la nuit, elle risquait de se déchirer au gonflage. De surcroît, le Velcro attache mal quand il est mouillé, ce qui avait déjà coûté la vie à deux aéronautes.

Ce départ représentait pour moi l'aboutissement de cinq années d'efforts soutenus, de problèmes à régler en permanence. Cinq années pendant lesquelles j'avais vécu avec ce projet au cœur et ce rêve en tête. J'en étais même arrivé à me culpabiliser chaque fois que je faisais autre chose que d'y penser. Même dans mes rares moments de détente, je me disais que je ferais mieux d'utiliser mon temps à chercher le petit détail que j'avais peut-être oublié de régler.

J'étais heureux d'avoir Brian à mes côtés. Il était le meilleur copilote que je puisse trouver, et surtout un partenaire d'une exceptionnelle qualité humaine. Nos longues conversations nous avaient fait mesurer nos différences. Caractère, origine familiale, parcours professionnel, itinéraire personnel, culture, langue... Tout aurait pu nous opposer. Mais nous avions l'essentiel en commun : la droiture alliée au goût des relations humaines de qualité, l'incapacité de mentir ou de tricher, et l'ouverture d'esprit.

Notre amitié s'était rapidement développée, et nous plaisantions de nos différences.

– Après tout, lui dis-je un jour, si nous étions exactement pareils, ce ne serait pas la peine d'être deux à bord.

Ces différences nous rendaient idéalement complémentaires. Comme chacun acceptait les particularités de l'autre, le respect mutuel s'ajoutait à l'amitié. Notre synergie nous permit peu à peu d'éliminer la notion de chef et de second.

Au bout du compte, nous formions un équipage à trois : il y avait Brian, moi... et « tous les deux ».

Et « tous les deux » allait devenir le pilote le plus efficace.

Brian

La veille du départ, Bertrand et moi évitâmes autant que possible l'aire de décollage, préférant faire nos derniers achats, nous promener, discuter en prenant un café... Passer cette journée ensemble nous permettait d'échapper à la pression des médias et du public, et d'être plus détendus au moment du départ que Bertrand ne l'avait été en décollant avec *Orbiter 1* et *2*.

La capsule était pleine de vivres, mais il fallait encore acheter du pain, du fromage, de la margarine et des fruits frais. Les cuisines de l'Hôtel de Ville, où nous séjournions, nous avaient fourni des repas précuits et emballés sous vide : saumon, poulet et steaks d'émeu [1]. Les produits frais, nous le savions, ne dure-

1. Variété d'autruche australienne, riche en protéines et très pauvre en cholestérol.

raient que quelques jours. Pour la suite, nous avions à bord dix-neuf jours de rations déshydratées et deux cent vingt-cinq litres d'eau en bouteilles, stockées sous le plancher de la cabine. Bertrand aurait préféré de l'eau gazeuse, mais nous avions craint que les bulles n'augmentent la quantité d'acide carbonique de l'habitacle et ne saturent les filtres de la capsule.

Au dernier moment, dans un souci d'allègement, nous nous sommes débarrassés de quelques desserts en conserve jugés superflus.

À bord, nous n'avions pas une goutte d'alcool. Même pas une bouteille de champagne pour fêter une éventuelle victoire. Notre seul luxe : deux petites boîtes de pâté truffé.

Il y avait tout de même un avantage à nous retrouver seuls sur la ligne de départ : Cameron Balloons, qui devait fournir des équipes de lancement à tous les concurrents pour lesquels il avait livré des Rozières, nous réservait à présent le dessus du panier. Les hommes qui débarquèrent de Bristol étaient ceux-là mêmes qui avaient construit notre ballon. Parmi eux, Don Cameron en personne, un Écossais rusé d'une soixantaine d'années, fondateur, PDG et propriétaire de la firme qui portait son nom. Il était accompagné de ses trois meilleurs hommes, Dave Boxall, Gavin Hailes et Andy Booth. Bertrand et moi étions particulièrement heureux de les avoir avec nous.

Le dimanche soir, notre dîner à l'Hôtel de Ville se déroula dans une atmosphère étrange, entre enthousiasme et angoisse. Ce dernier repas sur terre avait soudain des allures de dernier repas... tout court.

Après quoi, nous allâmes nous coucher. Il fallait être en forme pour le grand jour.

Nous savions que la nuit serait courte.

5

Cap au sud

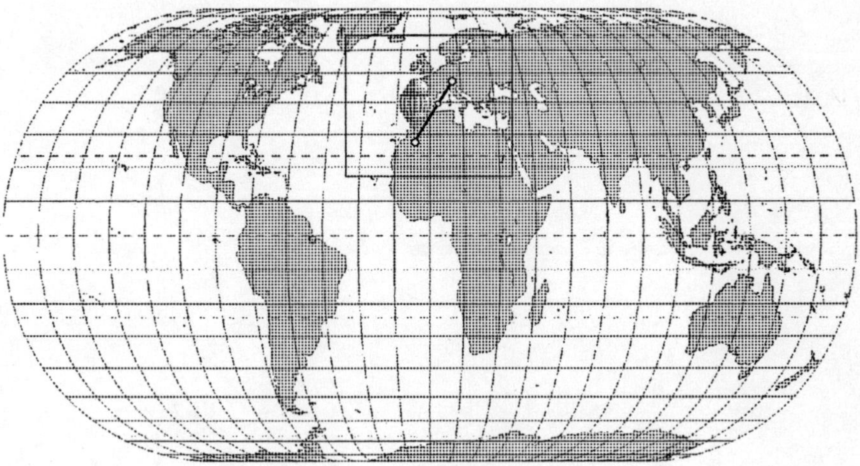

1er - 3 mars
De la Suisse au Maroc

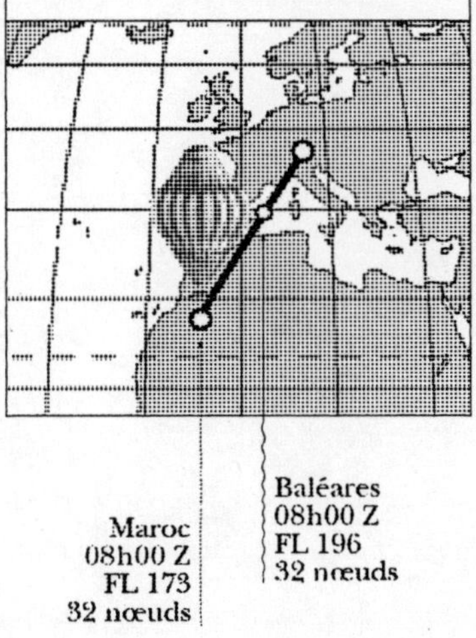

Bertrand

Tous ces souvenirs s'estompent déjà... Presque six heures que nous avons décollé ; il faut que je me concentre sur le pilotage. Je maintiens le ballon durant tout le premier après-midi entre 7 000 et 8 000 m. L'isolation thermique de l'enveloppe est d'une telle efficacité qu'elle coupe l'effet du soleil. Pour garder l'altitude, je suis obligé de brûler beaucoup de propane, ce qui est contrariant. Si je dois chauffer non seulement la nuit comme prévu, mais également la journée, nous risquons d'être à court de carburant avant d'atteindre le but.

Je comprendrai plus tard que ce raisonnement n'est pas juste. En effet, si l'isolation était moins efficace, le gaz se dilaterait davantage durant la journée, augmenterait notre portance et nous permettrait effectivement d'économiser un peu de propane. Mais une grande quantité d'hélium déborderait par les appendices et la nuit suivante, après avoir perdu cet hélium, nous consommerions infiniment plus de carburant, sans parler de la chaleur perdue par radiation à travers l'enveloppe.

Il est 15 heures quand Brian émerge de sa sieste et se plaint de céphalée. Je lui donne un analgésique. À 17 heures, il se recouche, pour se relever quatre-vingt-dix minutes plus tard.

Nous aurons en fait peu besoin de la trousse de secours, dans laquelle j'ai stocké une quantité impressionnante de médicaments : pour les poumons, les reins, le sang, pour les hémorroïdes, la diarrhée, la constipation... Je crois avoir prévu jusqu'à l'imprévisible. J'ai même de la morphine à bord.

Rien de tout cela ne servira. Tant mieux.

Nos premiers vrais problèmes surviennent au coucher du soleil, alors que nous sommes de nouveau réunis dans le cockpit : le fax a cessé de fonctionner et, à l'extérieur, l'antenne du téléphone par satellite a gelé, rendant celui-ci inutilisable. Mais le plus inquiétant, c'est que nous consommons encore plus de propane. Le soleil, en disparaissant derrière l'horizon, ne chauffe plus et nous sommes obligés d'utiliser massivement nos brûleurs avant même que l'obscurité ne soit complète. Pour couronner le tout, nos veilleuses se mettent à fonctionner de façon totalement erratique. Ces petites flammes à haute pression, sur le toit de la capsule, sont censées allumer automatiquement les brûleurs, eux-mêmes commandés par des minuteries sur le tableau de bord.

Comme leur nom l'indique, les veilleuses ne devraient jamais s'éteindre. C'est pourtant ce qu'elles ne cessent de faire, nous forçant à utiliser sans cesse un allumeur électronique pour les faire repartir. Régulièrement, l'un d'entre nous doit quitter son siège, faire deux pas vers l'arrière et tendre le bras vers le bouton du tableau de commande des brûleurs, fixé sur la paroi du couloir central, à côté des jauges de carburant. Un exercice qui devient vite exaspérant.

Je note dans mon livre de bord que nous sommes obligés de chauffer pendant 60 % du temps : toutes les dix secondes, un de nos doubles brûleurs crache le feu pendant six secondes.

Nous nous regardons, Brian et moi, sachant que nous pensons la même chose : « Nous sommes dans la m... ! »

Le fax, nous sommes capables de le réparer. Quant à l'antenne, elle finira bien par dégeler. Mais l'allumage manuel est un vrai cauchemar. Et cette histoire de carburant agite devant nous le spectre de la panne sèche à brève échéance.

Les calculs préalables dans ce domaine nous ont donné une fourchette de douze à vingt-quatre jours de carburant. Au rythme actuel, nous serons à sec en moins d'une semaine...

Il n'y a pas vingt-quatre heures que nous volons et déjà nos chances de réussite semblent gravement compromises.

D'un seul coup, nous ne savons plus où donner de la tête. Nous passons notre temps à rallumer les brûleurs pour équilibrer le ballon, tout en reprogrammant le fax et en tâchant d'établir des communications radio avec les contrôleurs aériens de la Côte d'Azur. La tour de contrôle de Marseille, débordée par l'intensité du trafic aérien, insiste pour que nous maintenions notre altitude de croisière. Mais nos problèmes de brûleurs nous font plonger ou remonter avec une amplitude qui avoisine les mille mètres. Nous demandons à Marseille de nous attribuer un couloir assez large pour que nous puissions continuer à y faire des bonds de dauphin... en attendant d'arriver à nous stabiliser.

Je me couche à 19 h 45, sans parvenir à trouver le sommeil. J'ai encore dans l'oreille le ronflement doux et continu des brûleurs à kérosène d'*Orbiter 2*, qui me berçait comme le grondement sourd des moteurs d'un avion de ligne. Le bruit plus agressif des jets de propane qui s'allument par intermittence me réveille chaque fois que je suis sur le point de m'endormir. Je suis obligé de m'enfoncer dans les oreilles une paire de tampons auriculaires. Notre consommation de carburant m'obsède et mon sommeil reste léger et agité. À un moment donné, je crois percevoir une brusque baisse d'altitude et j'imagine que Brian a dû passer sur la paire de réservoirs suivants. Si nous avons épuisé deux réservoirs sur trente-deux avant la fin de notre première nuit de vol, nous sommes perdus.

Tout a pourtant si bien commencé...

Moins de vingt-quatre heures après le départ, c'est la déconfiture.

Brian

À l'origine, nous avions prévu d'emporter vingt-huit réservoirs de carburant, disposés en quatorze paires, sept de chaque côté de la nacelle. Pour plus de commodité, nous avons appelé « vert » le côté droit, « jaune » le côté gauche. Mais, alors que les travaux étaient déjà bien avancés, Bertrand a insisté pour qu'on ajoute quatre cylindres auxiliaires, un à chaque angle, afin de nous donner une marge supplémentaire au cas où nous serions amenés à faire un détour par l'Afrique au début du vol.

C'est exactement ce qui est en train de se passer.

Chaque réservoir contient 125 kg de propane liquide mélangé à de l'éthane, un gaz plus volatile, de manière à accroître la pression exercée par le carburant à haute altitude. Le propane liquide se change en gaz au-dessus de – 40 °C, produisant la pression nécessaire pour pousser le liquide hors des réservoirs, jusque dans les brûleurs. Mais, aux températures souvent inférieures à – 50 °C qui règnent à très haute altitude, le propane ne se vaporise pas. D'où l'utilité de l'éthane (qui ne se liquéfie qu'à – 89 °C) pour renforcer la pression.

Chaque paire de réservoirs est suspendue à une jauge de contrainte qui doit nous indiquer à tout moment la quantité de propane restant. Voilà pour la théorie. En pratique, ces jauges s'affolent sous l'effet de nombreux changements de température, et passent en quelques instants de – 40 à + 200 kg. Bref, elles sont totalement inefficaces !

Sur le toit de la capsule se trouvent six brûleurs en deux rangées de trois, contrôlés depuis un tableau de commande, avec toutes les combinaisons possibles : allumer individuellement, d'un côté ou de l'autre, chaque brûleur numéro 1 ; faire fonctionner ensemble les numéros 2 et 3 ; ou alors les trois brûleurs 1, 2 et 3 simultanément d'un même côté. En cas d'urgence, bien sûr, il est toujours possible d'allumer les six brûleurs en même temps.

Cette première nuit nous fait craindre d'avoir vidé une grande partie de nos réservoirs initiaux. L'absence de fiabilité des jauges nous empêche de faire quelque calcul que ce soit. Il n'y a plus qu'à attendre que la première paire de réservoirs auxiliaires se vide. En fonction de sa durée de vie, nous pourrons calculer approximativement notre autonomie avec les quinze autres paires.

Le fax, au moins, s'est remis à fonctionner. Pendant mon quart, j'échange quelques messages avec Kieran Sturrock et Pete Johnson. Depuis l'Hôtel de Ville de Château-d'Oex, d'où nos techniciens n'ont pas bougé, ils m'envoient un mode d'emploi précis :

Voici comment régler la valve manuelle, pour remplacer la veilleuse par une flamme résiduelle sur les brûleurs eux-mêmes : il y a un boulon de verrouillage au bout du levier. Trouve la bonne clé Imbus (elle sera graduée en système métrique) et dévisse le boulon de deux ou trois tours dans le sens inverse des aiguilles d'une montre. Manipule l'interrupteur jusqu'à ce qu'il clique sur « on » et, avec la vis, règle la hauteur de la petite flamme. P.-S. : Quand vous serez sur pilotage automatique, cette flamme résiduelle risque de déclencher l'alarme.

Une telle minutie ressemble bien à Kieran et Pete. Nos deux techniciens-vedettes ont participé à chaque étape de la mise au point de notre capsule, et connaissent par cœur le moindre de ses circuits. À présent, avec un enthousiasme qui n'a pas faibli depuis le début, ils sont sur le qui-vive vingt-quatre heures sur vingt-quatre.

Ce qui n'empêche pas Kieran de faire preuve, parfois, d'un tempérament explosif. Surtout quand il a le sentiment d'être mal secondé. Alan ayant tardé à réagir à sa demande de faire réparer le fax, Kieran lui envoie à Genève un message cinglant (après avoir quand même prévenu par téléphone le reste de l'équipe que sa colère était dirigée contre Alan, et non contre eux) :

*Qu'est-ce que vous foutez au PC ? Vous êtes responsables de la vie de deux hommes dans un ballon expérimental, pas d'un club de rencontres. Si la qualité de nos prestations se résume à deux coupures complètes de plusieurs heures en trentre-six heures, vous avez intérêt à abandonner avant qu'*Orbiter *n'atteigne des zones dangereuses. Nous sommes censés trouver des solutions aux problèmes, pas attendre qu'ils se résolvent tout seuls !*

Apparemment, notre problème de fax est venu d'une surcharge à la station relayant nos messages, et d'une différence de puissance entre les différents modems utilisés. Une fois cela compris, tout peut rapidement rentrer dans l'ordre.

À 22 h 20, je faxe le message suivant au PC :

Salut à qui me reçoit. Brian aux commandes. Le départ a été plus qu'agité. C'est incroyable la quantité d'hélium que nous avons dû évacuer pour empêcher le ballon de grimper plus haut que 22 000 pieds (7 000 m). Il fallait laisser les deux soupapes ouvertes par tranches d'une minute. Quoi qu'il en soit, nous volons, Dieu sait pour combien de temps. Nous en aurons une idée quand la première paire de réservoirs sera vide. Pourvu que cela ne soit pas ce soir ! Nous sommes tous les deux un peu fatigués, mais, comme dit l'autre, « si tu ne trouves pas ça drôle, fallait pas jouer ». Si Jo est là, je l'embrasse tendrement.

La réponse arrive quelques minutes plus tard :

Hello, Brian, ici ta femme. Ton message est arrivé pile au moment où j'entrais dans la salle de PC avec John et Debs. Bravo pour ton timing. Je ne peux pas dormir, alors je vais passer une heure ou deux ici avant de regagner le Holiday Inn. Serai de retour demain au petit déjeuner. Votre départ était effectivement beaucoup plus agité que prévu. Je commence seulement à m'en remettre.

En bas, personne ne sait qu'une fois hors de portée des montagnes j'ai offert à Bertrand, pour son anniversaire, un ballon... de football miniature noir et blanc. À la moindre vibration reçue, celui-ci entonne d'une voix grésillante : « Olé ! Olé ! Olé ! Olé !... Nous sommes les champions, nous sommes les champions !... » Le tout quatre fois de suite. Dès que Bertrand a entendu cette chanson, il s'est écrié en riant :

– Oh non, surtout pas ! C'est trop tôt ! Il ne faut pas vendre la peau de l'ours !

Nous l'avons quand même accroché à l'une des lampes du cockpit. Désormais, chaque fois que l'un d'entre nous s'y cognera la tête par inadvertance, cette machine infernale se remettra à chanter, et nous hurlerons en chœur : « Non, pas maintenant ! Pas encore ! » Mais pas moyen de la faire taire. À moins de lui enlever ses piles.

Bertrand

Quand Brian me réveille à 1 h 45, ce 2 mars, mon premier réflexe est de lui demander avec angoisse :

– Tu es vraiment passé sur la deuxième paire de réservoirs ?

Il me rassure :

– Pas du tout. Nous sommes toujours sur la première.

Je respire à nouveau. L'espoir renaît. D'autant plus que nous progressons exactement selon les prévisions de nos experts météo. Nous volons à 7 000 m, sur une trajectoire de 210°, à une vitesse de 25 nœuds. Tout à fait ce que Luc et Pierre ont prévu !

Bientôt, nous virons encore plus vers l'ouest, à 222°, et, là encore, nous suivons le plan de vol préétabli.

Brian s'endort et je passe le reste de la nuit aux commandes. Avant le lever du jour, je n'ai besoin d'allumer les brûleurs que pendant 25 % du temps, c'est-à-dire par périodes de quatre secondes toutes les seize secondes. Aux premières lueurs, malgré notre grosse consommation du début de la nuit, la première paire de réservoirs n'est toujours pas épuisée. « C'est formidable ! pensé-je. En fin de compte, nous allons peut-être quand même pouvoir tenir au moins seize jours en l'air ! »

Avant l'aube, nous survolons les Baléares – Majorque et Minorque –, à l'est de la côte espagnole. C'est un moment magique. Il n'y a pas un nuage en vue, la pleine lune se reflète dans la mer et, sur les îles noires, les lumières scintillent.

Déjà, je ressens un état d'esprit différent, par rapport au vol précédent. Sur *Orbiter 2*, je ressentais les choses sous un angle plus... philosophique. Surtout lorsque, au bout de quelques jours, il était devenu certain que nous ne réussirions pas. N'ayant plus de but officiel, j'ai accepté l'idée de me laisser porter au hasard, au gré du vent.

Cette fois, les choses sont bien différentes. La victoire est non pas à portée de main, mais possible. Et je suis totalement tendu vers l'objectif, concentré sur chaque détail technique.

Orbiter 3 est peut-être le ballon le plus sophistiqué jamais construit, mais il effectue son baptême de l'air. Chez Cameron, on a évalué son futur comportement à travers d'innombrables simulations informatiques, mais personne n'a jamais pu le tester en conditions de vol réelles.

Le vrai test, c'est maintenant.

Le téléphone ne fonctionne toujours pas quand, à 6 h 15, le soleil apparaît au-dessus de l'horizon, derrière nous, sur notre gauche. Je coupe les brûleurs et fais les vérifications liées au lever du jour : j'enclenche les panneaux solaires, et j'éteins le phare stroboscopique ainsi que le feu de position rouge.

À 8 heures, Brian se réveille, se prépare un petit déjeuner et me rejoint dans le cockpit. Nous y passerons la journée.

Brian

Pour un claustrophobe, la capsule dans laquelle nous sommes enfermés représente le cauchemar absolu. Ce tube aux extrémités arrondies mesure 5,50 m de long et 2,50 m de diamètre. L'intérieur est tapissé de mousse ininflammable, à la fois pour insonoriser et pour empêcher la condensation. Le seul espace digne de ce nom est le poste de pilotage, avec ses deux confortables fauteuils pivotants à haut dossier, type « rallye », semblabes à ceux d'une voiture de course. Ils font face à une surface de travail, sorte de « bureau » en acrylique transparent, qui nous permet de voir directement à travers le dôme inférieur avant. Devant chacun de nous, à la hauteur du visage, se trouve un hublot de 30 cm de diamètre. Le tableau de bord est face à nous, à mi-hauteur, entre ces hublots et le plan de travail.

Derrière le siège de droite, nous disposons d'une kitchenette qui comporte un minuscule évier et un petit chauffe-eau encastré dans sa cloison. Cela constitue notre seul matériel de cuisine, avec deux petites bouilloires en plastique. Les premiers jours, pendant que durent encore les provisions fraîches, nous allumons le chauffe-eau, attendons une demi-heure et trempons dans l'eau bouillante un sachet de poisson ou de viande précuite.

Derrière la cuisine, des espaces de rangement encadrent la couchette tribord. Notre équipement de secours – parachutes, canots pneumatiques, combinaisons de survie, etc. – y est disposé en permanence, prêt à servir en cas d'urgence. Dans le couloir central (qui a environ 60 cm de large), on peut tout juste se tenir debout. Bertrand mesure 1,77 m, moi 1,74 m. Plus grands, il nous faudrait courber la tête en permanence. Nous dormons à tour de rôle sur la couchette bâbord, qui mesure 2,10 m sur seulement 60 cm. Avec les 50 cm qui séparent le lit du plafond, nous avons un peu l'impression d'être allongé dans un cercueil dès que nous tirons le rideau latéral pour nous isoler.

Les matelas sont en mousse et les couchettes comportent un harnais de sécurité pour que l'on puisse s'y attacher.

Nous avons ajouté cet élément après le crash spectaculaire de Steve Fossett en mer de Corail. L'été dernier, en pleine nuit, à

9 000 m d'altitude, il se retrouva au cœur d'une masse orageuse. Son ballon fut déchiré par les turbulences et tailladé par la grêle. Pendant sa chute, Steve eut le double réflexe d'allumer tous ses brûleurs à pleine puissance et de s'allonger à plat, le dos sur sa couchette, dans l'espoir d'amortir le choc de l'impact. Cette initiative lui a sauvé la vie.

Mais lors de l'impact son enveloppe prit feu, et c'est avec peine qu'il réussit à s'extraire de sa nacelle. Ballotté par les vagues, il se retrouva encerclé par les restes incandescents du ballon et risqua d'être asphyxié par leurs émanations toxiques. Son radeau gonflable dans une main, il voulut déclencher le signal de sa balise de détresse. Mais, dans sa panique, il appuya sur le bouton de vérification du système qui n'émit que deux ou trois malheureux « bip ». Par miracle, il se trouvait à la verticale exacte d'un satellite, lequel a enregistré sa transmission et a permis de le localiser.

Tous les volumes de rangement sont bourrés de vivres, de vêtements et d'équipements divers. L'autre espace où l'on peut évoluer librement se trouve à l'arrière. Les toilettes, placées d'un côté, sont – comme à peu près tout ici – d'une taille inférieure à la normale. En face, fixés à la paroi, des cylindres d'acier remplis d'azote et d'oxygène liquide. L'azote est prévu pour – le cas échéant – repressuriser la capsule et les réservoirs à haute altitude. Entre les W.-C. et les cylindres se trouve le hublot arrière.

Dans un espace aussi réduit, tout exercice physique est pratiquement impossible. Nous nous consolons grâce à la vue – sublime – que nous avons depuis... les toilettes !

Pour nous permettre de respirer, un système de ventilation fait circuler dans la capsule l'oxygène qui s'évapore progressivement des réservoirs. L'acide carbonique que nous rejetons est absorbé par des filtres d'hydroxyde de lithium. Une canalisation d'air enrichi d'oxygène court le long de la cabine en direction du cockpit. Comme elle passe au-dessus de la couchette, celui qui y est allongé a la possibilité, en ouvrant un clapet dans le tuyau, de se donner un peu d'air frais sous la forme d'une brise légère dirigée vers le visage.

Nous avons en fait trois systèmes de distribution d'oxygène. Le principal, qui maintient un équilibre constant et des conditions de vie terrestres, s'approvisionne au réservoir d'oxygène liquide et libère ce dernier dans l'atmosphère de la cabine (on peut également y brancher deux masques). Le deuxième envoie de l'oxygène pur (sous pression en cas de besoin) dans d'autres masques reliés à nos casques de protection. En cas de dépressurisation brutale, nous n'avons qu'à nous en recouvrir le visage. Le troisième et dernier système est incorporé à nos parachutes. En effet, un saut à 10 000 m sans matériel respiratoire peut entraîner des lésions cérébrales irrémédiables.

Le pourcentage d'oxygène dans l'air, que des capteurs indiquent en permanence, est réglé par le biais du système de distribution principal. Des jauges électroniques détectent la présence d'acide carbonique, de dioxyde de soufre et de propane dans la cabine. La pression intérieure doit correspondre à une altitude de 2 000 à 3 000 m et des voyants s'allument en cas de surpressurisation dans la capsule. D'autres témoins nous avertissent que les soupapes d'hélium sont ouvertes au sommet de l'enveloppe, ou que les veilleuses des brûleurs fonctionnent normalement.

Si nos conditions de vie sont plutôt sommaires, notre équipement, lui, est ce qui se fait de mieux en matière de haute technologie. Le courant électrique nous est fourni par vingt panneaux solaires fixés à un cadre suspendu sous le ballon. Leur assemblage évoque un cerf-volant à quatre côtés, l'un d'eux étant toujours face au soleil. Chaque matin, à l'instant précis où ce dernier fait son apparition, nos capteurs prennent vie d'un seul coup et les compteurs s'animent.

Nous stockons l'énergie solaire dans cinq batteries au plomb, sous le plancher de la cabine. Mais nous disposons aussi, en réserve, de piles auxiliaires au lithium, capables de durer dix-sept jours.

Ce système se révélera sans faille, ou presque. À une ou deux occasions, vers la fin du vol, les stratus masqueront le soleil et les panneaux solaires ne chargeront pas totalement les batteries. Ce qui nous obligera, dans la seconde partie de la nuit, à enclencher les piles au lithium.

De tous nos instruments, le plus précieux est sans conteste le Global Positioning System (GPS) qui, grâce à sa petite carte mobile, nous indique en permanence notre position, notre altitude, notre trajectoire et notre vitesse. Toutes ces données apparaissent digitalement au bas de l'écran. Ce dernier nous permet de voir la totalité du continent que nous survolons, et se trouve équipé d'une fonction zoom. Quand nos cartes nous apprennent que nous nous dirigeons vers un terrain d'aviation ou une balise, nous prenons l'un ou l'autre comme point de repère, et le GPS nous informe, par exemple, que la balise X est à 408 km, sur un cap de 85°. L'appareil nous indique également par une ligne la trajectoire que nous aurions en conservant le même cap. Cette ligne virtuelle se déplace, vers le nord ou vers le sud, en fonction de nos changements de direction.

Nos deux ordinateurs ainsi que le téléphone satellite intègrent également une fonction GPS qui nous permet de lire les données sur écran. Et notre équipement de survie comprend un cinquième GPS, portable celui-là.

Chaque centre de contrôle aérien situé le long de notre route doit pouvoir suivre notre progression par radar. C'est le rôle de nos deux transpondeurs de leur indiquer en permanence notre position et notre altitude. La procédure est simple : on nous demande d'introduire quatre chiffres – mettons 6351 – et, lorsque le contact est établi avec le radar, un témoin orange se met à clignoter sur notre appareil. Toutes nos données de vol apparaissent alors automatiquement sur les écrans radar des aiguilleurs du ciel.

Pour les communications vocales, nous avons la radio VHF (courte distance), HF (grande distance), et le téléphone par satellite. Bertrand l'utilise souvent pour parler à Luc et Pierre, en français, ce qui lui permet de mieux connaître le fond de leur pensée. Mais la plupart de nos communications avec le PC se font par l'intermédiaire d'un de nos deux « Capsat fax ». Nos messages, tapés sur les deux ordinateurs portables fournis par la société d'informatique Devillard, à Genève, sont transmis par satellite. Les réponses apparaissent sur les écrans. Nous n'avons pas d'imprimante à bord, mais les ordinateurs gardent en mémoire toutes les communications. Bertrand, qui n'a pas l'âme d'une dactylo, a tendance à faire court. Moi, à m'étendre.

Les communications radio ou téléphoniques sont parfois brouillées ou inaudibles, alors qu'un fax est toujours clair. C'est pourquoi Alan Noble a insisté pour que nous l'utilisions en priorité. Le fax se révélera fiable, en effet, sauf parfois, quand nous nous trouverons à la verticale directe d'un satellite. Le ballon, alors, fera écran entre notre antenne et le satellite, créant sa propre « zone d'ombre » et empêchant la transmission.

Un témoin lumineux nous avertit de l'arrivée d'un nouveau message. Quand nous attendons la réponse à une question importante, nous guettons cette lumière comme des enfants une lettre du Père Noël.

Par mesure de sécurité, nous avons doublé, voire triplé, tous nos instruments. Parmi nos altimètres, l'un est un modèle standard, à aiguilles tournantes, l'autre est électronique, à chiffres digitaux rouges. Notre équipement comprend aussi un radioaltimètre qui fonctionne comme un sonar en dessous de 850 m. Il envoie vers le bas un rayon vertical qui permet de mesurer la distance au sol en cas d'atterrissage sans visibilité. Le variomètre, lui, nous indique notre vitesse de montée ou de descente. Enfin, un barographe enregistre automatiquement notre altitude, à des intervalles de quelques secondes. Au bout du compte, cet appareil aura établi un profil complet de notre vol, à la manière d'une sorte de « boîte noire ». Il a été scellé avant notre départ par un observateur officiel, et nous ne pouvons pas y toucher.

Deux caméras vidéo sont fixées à l'extérieur de la capsule, et deux à l'intérieur, dont une qui nous sert à filmer manuellement. Une caméra digitale fournie par Logitech nous permet de transférer des images sur nos ordinateurs et, de là, d'envoyer par satellite des « vidéoclips » au PC.

Bertrand

Nous dépendons de notre matériel sophistiqué, mais plus encore des qualités de notre équipe au sol, dont les experts météo sont le fer de lance. Ni Brian ni moi n'avons encore totalement conscience du mal qu'ils se donnent pour nous. À l'origine, ils devaient travailler par tranches de douze heures, mais chacun s'est mis à déborder sur la tranche de l'autre. Luc par exemple ne se couche jamais avant 1 heure du matin, car les dernières cartes météo arrivent sur Internet à minuit. Et dès 6 heures ou 7 heures, il est de retour à son poste, pour analyser les cartes de la nuit.

Pierre est chez lui dans les locaux de Météo suisse, tandis que Luc n'aura pour seul bureau pendant toute la durée de notre expédition qu'un ordinateur posé sur une petite table empruntée au bar de l'aéroport. Ils travailleront d'arrache-pied, ne s'accordant de pause que lorsqu'il y aura quelque chose à arroser à coups de champagne dans la salle de presse.

Les trois contrôleurs aériens – Greg Moegli, Patrick Schelling et Niklaus Gerber –, qui ont proposé bénévolement leurs services, nous apportent eux aussi une aide précieuse. Leur trio commence déjà à être connu sous le nom de « mafia du ballon ». Ils sont tous les trois employés à plein temps par Swiss Control, l'organe officiel suisse des aiguilleurs du ciel, mais ils s'arrangent avec leurs emplois du temps pour se relayer au PC. Leur tâche consiste à nous obtenir le feu vert de la part de tous les centres de contrôle des pays que nous survolons. Chaque centre de contrôle doit être averti de notre arrivée, de façon à écarter le trafic aérien de notre trajectoire, ou à nous indiquer l'altitude à laquelle voler pour être en sécurité.

Tout pilote doit communiquer un plan de vol avant son décollage. Dans notre cas, c'était plus que difficile, pour la bonne raison que nous ne connaissions pas les détails de notre itinéraire. Le plan de vol enregistré par Greg – qui, soit dit en passant, ressemble comme un frère à Luciano Pavarotti – est une belle démonstration de flou artistique :

Château-d'Oex, Suisse – Traversée des Alpes – Nice – Îles Baléares – Maroc – Mauritanie – Mali – Niger – Tchad – Soudan – Arabie saoudite – Oman – Inde – Birmanie – Sud de la Chine – Océan Pacifique – Californie – Traversée des États-Unis – Traversée de l'océan Atlantique – Canaries – Atterrissage prévu en Afrique du Nord, à l'est de 10° de latitude.

À la question : « Durée de vol prévue ? », Greg a répondu : « Vingt jours. » À la question : « Couleur de l'appareil et inscriptions ? », il a répondu : « Enveloppe gris métallisé, capsule rouge, nom : *Breitling Orbiter 3.* »

En principe, chaque pays met le plan de vol à jour et, quand l'appareil quitte sa FIR, ou « région d'information de vol », il le transmet au prochain pays concerné. Mais, comme notre trajectoire est difficile à prévoir avec exactitude, Patrick et ses deux équipiers envoient leurs propres mises à jour. Ils les confient au centre de communications de Swiss Control, où une équipe de plus de trente personnes les transcrit dans la forme appropriée et les expédie par le biais de l'AFTN, le réseau de télécommunication aéronautique.

Les trois hommes donnent des centaines de coups de téléphone pour nous ouvrir la voie et la rendre plus facile. Vingt-quatre heures sur vingt-quatre, ils transmettent nos nouvelles coordonnées aux centres concernés. À longueur de journée, ils épinglent sur une vaste carte du monde les derniers ajustements de notre trajectoire, altitude, vitesse et position. L'une de leurs principales et constantes préoccupations est de nous faire bénéficier d'un volume d'espace aérien suffisant pour éviter tout risque de collision avec un avion de ligne. Ils se heurtent souvent à la difficulté de faire comprendre aux contrôleurs étrangers que notre ballon mesure 60 m de haut, pèse 9 tonnes, et qu'il ne se déplace pas sur une ligne horizontale comme un avion, mais plutôt par bonds successifs, comme un dauphin. C'est pourquoi ils demandent en moyenne une marge de sécurité de 800 m.

Quant à Luc et Pierre, leur principal objectif est d'arriver à nous placer sur une trajectoire qui, après une dizaine de jours de vol et 10 000 km parcourus, nous conduira exactement à l'endroit où nous sommes censés traverser la frontière chinoise, c'est-à-dire au sud-ouest du pays. Un observateur non averti pourrait s'interroger sur la logique de leurs méthodes, en nous voyant, à peine partis, plonger vers la Méditerranée et l'Afrique du Nord. À première vue, nous nous trompions de direction. À première vue seulement. Car Luc et Pierre savaient parfaitement ce qu'ils faisaient.

Sur les images satellite, ils ont repéré une grosse dépression dont le centre se situe sur les rives occidentales de la Méditerranée. Or, autour d'une zone de basse pression, les vents tournent toujours dans le sens contraire des aiguilles d'une montre. Par conséquent, si nous suivons ce courant, il nous dirigera successivement vers le sud-ouest, le sud, le sud-est, et nous poussera enfin vers l'est, à travers le Sahara.

Nous ne pouvons changer de trajectoire qu'en changeant d'altitude, à la recherche de vents qui nous pousseront dans la direction souhaitée. Nous pouvons monter en brûlant du propane et descendre en évacuant de l'hélium... à moins de laisser tout simplement le ballon refroidir et redescendre de lui-même. Pour nous maintenir sur la bonne route, Luc et Pierre nous conseillent régulièrement des niveaux. Et nous leur faisons un rapport sur les courants que nous y trouvons. L'échange de messages est pratiquement ininterrompu. Nous parlons le jargon aéronautique standard. « Flight level (FL) ou niveau de vol deux trois zéro » signifie 23 000 pieds ou 7 500 m. « Niveau de vol deux huit zéro » se traduit par 28 000 pieds ou 9 000 m, et ainsi de suite. À 10 h 25, le premier jour, alors que nous grimpions toujours sur la lancée du décollage, j'ai envoyé le premier rapport d'altitude, direction des vents et vitesse, rédigé ainsi :

FL 214 – direction 171 (degrés) m (magnétique) à 20 nœuds. FL 240 – direction 180 à 18 nœuds.

Le PC m'a adressé la réponse suivante :

Ai parlé à Pierre. Dit FL 210 bon pour la journée, mais conseillera probablement FL 180 pour cette nuit.

Une vitesse de 20 nœuds représente à peu près 36 km/h. Sachant que nous avons environ 40 000 km à parcourir... nous ne sommes pas encore arrivés !

En vol, le ballon a tendance à tourner lentement sur lui-même. Il semble que cette rotation soit due au fait que la pression du vent ne s'exerce pas de la même façon au sommet ou à la base des 55 m de notre enveloppe. Les courants varient fréquemment entre ces deux niveaux. Et s'inversent : après avoir tourné plusieurs heures dans le sens des aiguilles d'une montre, le ballon adopte parfois la rotation contraire. Ce mouvement n'est pas assez rapide pour nous donner le tournis. En revanche, il nous permet d'admirer une plus grande variété de paysages par les hublots.

C'est notre deuxième jour de vol et déjà le PC nous transmet des demandes d'interviews par téléphone. Nous répondrons – faisons-nous savoir – avec plaisir, dès que nous aurons un moment devant nous. À 10 h 17, j'informe que nous chauffons légèrement pour nous élever au-dessus d'une couche de brume et nous mettre au soleil. Trois minutes plus tard, constatant que notre vitesse est de 43 nœuds au niveau 232, je demande : « Est-ce trop rapide pour Luc ? »

La réponse de nos météorologues donne un aperçu de leur science :

Essayez de rester à FL 240, dont la direction devrait être de 235 degrés magnétiques jusqu'à 12 Zulu, et de 225 magnétique entre 12 Zulu et 18 Zulu. Votre vitesse devrait osciller entre 40 et 50 nœuds. Nous ferons des prédictions à plus long terme en début d'après-midi, afin d'évaluer la possibilité de vous faire survoler des régions plus exotiques (nous imaginons que vous connaissez déjà Majorque). Il n'y a pas d'obstacles météo sur votre route. Juste quelques nuages au-dessus des côtes nord-algériennes, les plus élevés se situant à FL 150. Restez à FL 240. Pas plus haut. Amitiés. Luc et Pierre.

Brian

Tout au long de ce deuxième jour, les brûleurs continuent à nous poser des problèmes. Nous les résolvons par tâtonnements et réglons les minuteries de manière à ce que la flamme résiduelle d'un coup de brûleur puisse allumer le jet de propane suivant malgré le dysfonctionnement des veilleuses.

Beaucoup plus préoccupante est la formation de glace sur l'unité de contrôle de carburant, située au plafond, tout près du hublot supérieur. Cet ensemble de manettes permet d'activer le système d'alimentation des brûleurs et se trouve fixé sur une plaque métallique emboîtée dans la coque de la capsule. Cette plaque de pénétration transmet le froid glacial de l'extérieur à sa face interne. Résultat : pendant la nuit, l'humidité produite par notre respiration gèle au contact de l'unité de contrôle et nous sommes obligés de casser la glace pour y accéder. Nous nous plaignons par fax de devoir nous infliger ce « boulot horrible, pire que de repeindre un plafond » !

De fines couches de glace se sont également formées sur le ballon, en raison de la combustion du propane, qui dégage beaucoup de vapeur d'eau.

J'envoie ce message à Alan :

La nacelle subit de petites averses de glace. Ça fait un drôle d'effet. On dirait que quelqu'un essaie d'entrer. Tu n'as remarqué personne qui serait resté coincé dans les câbles au décollage ?

Depuis le début, les relations entre Bertrand et moi sont empreintes de franchise et d'honnêteté. Il a toujours insisté sur le fait que nous puissions nous parler de façon ouverte et directe, et il l'a répété lors de notre premier jour de vol :

– Brian, si jamais je fais quelque chose qui te contrarie, ou bien si je me mets à transpirer ou avoir mauvaise haleine, je t'en supplie, dis-le-moi !

Je lui ai promis, en ajoutant que cela devait aussi être valable dans l'autre sens.

Même chose pour le sommeil. Celui qui est fatigué doit l'exprimer franchement. Si nous sommes fatigués tous les deux, nous déciderons lequel est le plus épuisé et il ira dormir, pendant que l'autre tiendra les commandes.

Durant la journée, quand les conditions de vol sont normales, le ballon est si parfaitement stable que nous avons souvent la sensation d'être absolument immobiles. Quand l'air circule dans l'habitacle de la nacelle, les ventilateurs émettent un ronronnement perceptible. Autrement, c'est le silence absolu. Passé les difficultés de nos premières vingt-quatre heures, nous dormons comme des loirs sur ce matelas de mousse qui se révèle assez confortable. Je trouve plus agréable de dormir nu. Bertrand, lui, est un adepte du pyjama.

Beaucoup de gens estimaient que nous serions fous de nous déshabiller pour dormir : dans une situation critique, pensaient-ils, celui qui serait couché se trouverait dramatiquement handicapé. Le temps perdu à se rhabiller pour sortir ou sauter en parachute pourrait lui coûter la vie.

Ils ont tort, car de toute façon, à haute altitude, sauter en simple tenue de vol serait tout aussi fatal que de sauter en pyjama... ou tout nu. Seule notre combinaison de survie – comme son nom l'indique – pourrait nous sauver la vie.

Quoi qu'il en soit, nous sommes enfermés dans cette cellule pour un vol-marathon de trois semaines (espérons-le !), et le seul moyen de rendre cette épreuve supportable est de vivre aussi naturellement que cet espace confiné nous le permet. C'est pourquoi nous continuons à nous déshabiller pour dormir, à faire notre toilette et à nous brosser les dents... comme à la maison.

Nous partageons un duvet, mais chacun à son propre sac de couchage, confectionné avec un drap. Bertrand dort sur l'un des oreillers de l'hôtel Town and Country, à Bristol, où il est souvent descendu. Séduit par le confort de la literie, il a demandé à Sue Tatford de lui procurer l'un des oreillers de l'établissement, ce qu'elle a fait de bonne grâce malgré le ridicule de la situation. La direction lui en a offert un, et voilà cet oreiller parti pour un tour du monde en ballon...

Dans notre « home, sweet home », nous faisons preuve d'attentions réciproques. En se levant, chacun prépare le lit pour l'autre. Un soir, Bertrand déposera même un chocolat sur mon oreiller, à la manière des grands hôtels ! C'est également – en partie – par respect mutuel que nous soignons notre hygiène. Il n'est évidemment pas question de prendre une douche, mais, avant et après le coucher, nous faisons une toilette complète à l'aide de serviettes humides, comme celles qu'on utilise pour les bébés. En vertu de quoi, aucun de nous ne se plaindra jamais de mauvaises odeurs. Par ailleurs, il n'y a pratiquement pas une once de poussière dans notre habitat. Nos quelques vêtements se salissent à peine, bien que nous les portions quatre ou cinq jours d'affilée.

Nous nous installons dans nos nouvelles habitudes. Il nous faut chacun nos huit heures de sommeil. Bertrand, qui préfère dormir la nuit, se couche en début de soirée. Je le réveille quelques heures avant le lever du soleil et me couche à mon tour, jusque vers midi. Cet arrangement me convient, car il m'évite d'avoir à me tirer du lit et à m'habiller dans le froid et l'obscurité. Le plus souvent, quand Bertrand se lève, je lui fais une tasse de thé pendant qu'il me prépare le lit. Il boit son thé, avale un jus d'orange et se met aux commandes. Il attend l'aube, quelques heures plus tard, pour prendre son petit déjeuner.

Je prends le mien vers la mi-journée, à mon réveil. Nous passons l'après-midi ensemble et Bertrand me fait l'amitié de trouver ces moments « très agréables ».

Bertrand dîne en fin d'après-midi. Question nourriture, les premiers jours, nous vivons comme des rois. Nous jetons un sachet dans la bouilloire préalablement chauffée pendant une demi-heure et, vingt minutes plus tard, nous dégustons un cœur de filet, une pièce d'émeu, du poulet ou du saumon, accompagné de riz aux légumes. Les couverts sont en métal, mais les assiettes en plastique. Nous avons aussi des pommes, des bananes et des noix. Pour la boisson, nous avons le choix entre de l'eau et du jus d'orange. Nous ne mangeons pas à heures fixes, mais seulement quand nous avons faim. Une faim que nous avons intérêt à anticiper étant donné le temps que met l'eau à chauffer. Et aussi parce que le récipient ne peut contenir qu'une seule portion de nourriture à la fois. Heureusement que nous ne mangeons pas aux mêmes heures ! Ce décalage a un autre avantage : si la nourriture contient quelque chose de douteux, ou si elle est avariée, un seul d'entre nous sera malade. D'ailleurs, nous adoptons généralement des menus différents.

Les vivres sont stockés sous les couchettes, dans des espaces prévus à cet effet. Bertrand s'est procuré des boîtes en plastique ondulé, légères mais très résistantes, qu'il a transformées de façon qu'elles s'adaptent parfaitement aux étagères. Un espace situé à l'arrière, sous le plancher, nous sert de réfrigérateur. La température y avoisine 0 °C en permanence (même quand il fait chaud dans la cabine) et nous y conservons le beurre, le fromage et le jus d'orange.

Bertrand, tout mince qu'il est, a un beaucoup plus gros appétit que moi. J'ai même l'impression qu'il mange deux fois plus. Ce qui ne pose aucun problème, puisque nous avons largement de quoi. Personnellement, je mange pour rester en forme, mais je n'ai jamais très faim. Mon petit déjeuner se limite à une portion de muesli ou de *panettone*. À part ça, je ne fais qu'un vrai repas par vingt-quatre heures. Bertrand, lui, s'octroie un petit déjeuner colossal : un énorme bol de céréales, accompagné de lait en poudre et de panettone, et se prépare souvent des rations doubles pour le dîner.

Le chauffe-eau sert essentiellement à la nourriture, mais aussi à la toilette. Le tuyau de vidange, maintenu au-dessus du minuscule évier, nous permet de nous laver les mains. L'eau de l'évier s'évacue dans une bouteille en plastique que nous vidons dans les toilettes quand elle est pleine. Nous rangeons sous l'évier nos assiettes, tasses, boîtes de lait en poudre, etc.

Les toilettes consistent en une cuvette avec un couvercle hermétique et une valve d'évacuation située dans le fond. Elles nous servent aussi de poubelle. Pour jeter quelque chose, nous le déposons dans la cuvette, scellons le couvercle et ouvrons la valve. La pression dans la cuvette pousse les détritus vers le bas, puis à l'extérieur de la capsule. L'intérieur de la cuvette est revêtu de Teflon, pour éviter toute adhérence, mais Bertrand sait par expérience que la méthode la plus efficace consiste à tapisser l'intérieur de la cuvette avec un sac en plastique. Il en a trouvé, dans un supermarché français, qui ont la taille idéale et en a apporté plusieurs rouleaux. Chaque fois, nous utilisons un nouveau sac, dont nous rabattons simplement les bords, après usage. La pression projette ensuite le contenu dans l'atmosphère, où il se vaporise.

Chaque utilisation des toilettes nous coûte un peu de pression. C'est pourquoi nous urinons dans des bouteilles en plastique rouge prévues à cet effet. Ensuite, le premier à répondre à un appel intestinal en profite pour vider la bouteille dans la cuvette.

Ce genre de corvée n'a rien d'appétissant et ce n'est pas l'aspect de notre expédition qui m'enchante le plus. Pourtant, je me surprends vite à y trouver un intérêt d'ordre... médical.

– Bertrand!... Ton urine est trop sombre. Tu ne bois pas assez !

Il rit, enchanté de me voir prendre ainsi sa santé à cœur.

Nos poubelles sont des petits sacs en plastique gris que nous rangeons près des toilettes, avant de les évacuer. D'une manière générale, nous faisons attention à ne pas jeter n'importe quoi n'importe où. Cela dit, nous avons un moment caressé l'idée d'attacher à chacun de nos sacs-poubelle une étiquette portant la mention : « Virgin Atlantic Airline »...

Bertrand

Dans l'ensemble, la vie à bord est agréable. À l'intérieur, il faut chaud durant la journée. La vue est extraordinaire et change constamment.

Entre 7 000 et 8 000 m, il fait – 35 °C à l'extérieur et l'humidité de l'habitacle se condense à l'intérieur des hublots. Elle gèle la nuit, mais fond pendant le jour, à la chaleur du soleil.

Tant que nous nous dirigeons vers le sud, il s'écoule vingt-quatre heures d'un coucher de soleil à l'autre. Mais, à partir du moment où nous ferons route à l'est à une vitesse de 100 nœuds, l'intervalle entre deux crépuscules se réduira à une vingtaine d'heures. En dormant chacun huit heures, cela ne nous laissera plus que quatre heures par jour à passer ensemble. Nous aurons l'impression de ne pas nous voir assez.

Nous enregistrons minutieusement la plus grande quantité possible de données. Les deux vols précédents n'ont pas laissé de rapports détaillés et Brian a tenu à ce que, cette fois, nous conservions autant d'informations techniques que possible. Kieran Sturrock a construit des capteurs automatiques de données. Nous avons aussi des livres de bord dans lesquels nous devons consigner toutes les heures notre niveau de carburant, la pression des réservoirs d'oxygène et d'azote, les paramètres vitaux, les températures extérieure et intérieure, etc. Comme je tape sur le clavier avec trois doigts (un de plus à chaque mission *Orbiter*), je note à la main, dans un petit carnet vert, mes impressions personnelles. Brian, lui, utilise l'ordinateur.

Vu de l'extérieur, on pourrait penser que des aéronautes, même pilotant un ballon à la pointe de la technologie, n'ont pas grand-chose à faire. On aurait tort. Quand nous ne dormons pas, Brian et moi sommes occupés en permanence. Chacun de nous a emporté un livre... mais ni lui, ni moi n'aurons le temps de l'ouvrir.

En guise de porte-bonheur, nous avons avec nous un exemplaire de *Une vie*, de Guy de Maupassant, dédicacé et offert par l'auteur à Jules Verne. L'homme du *Tour du monde en quatre-vingts jours* aimait tellement ce livre qu'il l'a fait relier en fine peau, avec ses initiales en or sur la couverture. Cet exemplaire nous a été confié par l'arrière-petit-fils de Jules Verne, Jean-Jules, qui se consacre à promouvoir l'esprit de son ancêtre. À ses yeux, parce que nous ne courions ni après l'argent ni après les records, nous étions les seuls aéronautes incarnant véritablement la passion de l'aventure désintéressée qui caractérisait son arrière-grand-père. C'est pourquoi il a tenu à ce qu'un objet lui ayant appartenu nous accompagne autour du monde.

Jean-Jules Verne nous a solennellement remis ce livre symbole lors d'une cérémonie au « Jules Verne », le restaurant de la tour Eiffel. La vie a voulu que cela tombe à une période où j'étais rongé par le doute. Je m'interrogeais sur l'attitude à adopter avec Tony Brown, sur les chances du prochain vol, sur la sagesse de toute cette entreprise... Ce soir-là, j'ai confié mes états d'âme à Jean-Christophe Jeauffre, fondateur et président de l'association Jules-Verne Aventure :

– Qu'en penses-tu ?... Est-ce que j'ai vraiment le droit de prendre autant de risques ? De mettre en danger ma famille, mon travail, ma vie agréable ?...

Sa réponse ne s'est pas fait attendre :

– La question ne se pose même pas de savoir si tu as le « droit » ! Tu DOIS le faire. C'est ton devoir ! L'humanité a besoin de gens capables d'accomplir ce type de chose. Le monde entier va rêver avec toi. Et nous te confions ce livre unique pour te montrer à quel point nous avons confiance en toi.

J'étais bouleversé. Quand je suis rentré en Suisse, toute ma foi, toute mon énergie étaient restaurées. Soudain, tout était redevenu clair.

Quand j'y repense, je me dis que ce livre a été l'un des éléments qui ont propulsé *Breitling Orbiter 3* vers le ciel... et m'ont arraché à l'océan de doutes où je me noyais.

L'après-midi du deuxième jour, nous atteignons une vitesse de 49 nœuds. C'est notre record. L'œil rivé sur le GPS, nous guettons l'instant où nous franchirons la barre des 50.

C'est à cet instant précis qu'Alan téléphone :

– Ralentissez !... Ralentissez !

Obéissant, nous descendons de 8 000 à 5 000 m. Notre vitesse tombe alors à 31 nœuds, puis à 25, au moment où nous entrons dans l'espace aérien marocain. Notre équipe n'ignore pas que, psychologiquement, il nous est difficile d'accepter de ralentir volontairement. Mais les « frères météo » savent, d'après leurs cartes, que c'est la seule chose à faire.

Alan nous le confirme :

– Ne vous inquiétez pas. Si vous allez plus vite, vous foncerez vers la mer Noire et vous entrerez en Chine au mauvais endroit.

Nous sommes soulagés de recevoir cette explication, car le plus pénible, ce sont les ordres incompréhensibles. Dans ces cas-là, nous demandons par retour de fax un rapport sur la situation, de manière à pouvoir en évaluer nous-mêmes tous les éléments. Nous détestons avoir le sentiment d'être téléguidés. Le sachant, Genève prend vite l'habitude de nous fournir un panel d'informations : tout d'abord, une vue d'ensemble, puis un tracé de notre itinéraire calculé en fonction des prévisions météo, et, pour terminer, la trajectoire qu'on aimerait idéalement nous voir emprunter. Ces deux routes sont parfois différentes. Il arrive que nous réussissions à faire mieux que ce que nos experts météo ont prévu, quand nous dénichons un courant qui nous rapproche de quelques degrés de l'itinéraire idéal. Dans ces cas-là, c'est avec un plaisir immense que nous demandons au PC : « On le prend ? » ... et que je les entends s'exclamer :

– Et comment ! C'est formidable ! Allez-y !

À partir de là, c'est à nous de coller à cette route idéale en faisant légèrement monter ou descendre le ballon. Si nous nous en écartons, nous tâchons de comprendre pourquoi, et changeons d'altitude pour la retrouver. Les nuages ne nous aident pas à évaluer notre vitesse ou notre direction : ils sont posés là, derrière les hublots, évoluant à la même vitesse que nous. Seul le GPS, qui nous indique notre cap au degré près et notre vitesse au nœud près, nous permet de naviguer avec précision. En tenant un registre de nos trajectoires et de nos vitesses aux différentes altitudes, nous obtenons un profil détaillé des vents. Dans notre livre de bord s'accumulent les traces de modifications infimes ·

Niveau 157, 185°, 24 nœuds. Niveau 160, 180°, 23 nœuds [1]...

À cent mètres d'altitude près, la direction du vent change parfois de 5°. Ce qui, projeté sur la distance que nous avons à parcourir, signifie au bout du compte des écarts considérables.

Au soir du deuxième jour, ne dépassant toujours pas les 25 nœuds, nous survolons en douceur Almería, d'où Andy Elson a décollé il y a douze jours. Avant notre départ, Luc et Pierre ont soigneusement étudié sa trajectoire, la superposant à leurs modèles informatiques. Ils ont anticipé avec exactitude chacun de ses déplacements. À l'heure actuelle, Andy survole l'Inde. En clair, il a des milliers de kilomètres d'avance sur nous.

J'ai cessé de me préoccuper de lui dès l'instant où nous avons pris l'air, estimant plus judicieux de me concentrer sur notre vol à nous. Nous faisons de notre mieux et les choses se présentent bien. Ça ne changerait rien de se mettre martel en tête à propos d'Andy. Ce qui arrivera... arrivera. Au jour d'aujourd'hui, il y a des chances pour que, si nous réussissons le tour du monde, nous soyons deuxièmes. Tant pis. J'ai toujours rêvé d'accomplir cet exploit, même si je n'étais pas le premier à y parvenir. Si je suis deuxième, je serai au moins allé jusqu'au bout de mon rêve, j'aurai donné mon maximum et j'aurai vécu quelque chose d'extraordinaire.

Nous traversons la Méditerranée à l'est de Gibraltar et entrons dans l'espace aérien marocain, accompagnés sur notre droite par un somptueux coucher de soleil. Comme toujours, le ballon tourne lentement sur lui-même (une rotation toutes les deux ou trois minutes), et l'horizon incandescent passe à tour de rôle devant chacun de nos hublots. Nous apprendrons plus tard que nous sommes en train de survoler une zone interdite, ce qui nous vaudra de recevoir une plainte nuancée des autorités marocaines. Le message se terminait par : « Ça ira pour cette fois, mais ne recommencez pas. »

De nouveau en proie à son mal de tête, Brian a dormi deux heures cet après-midi. J'ai pris les commandes et les ai gardées jusqu'à la nuit. À 20 heures, je me suis couché et Brian a pris le

1. Rappelons que le niveau 157 signifie altitude 15 700 pieds, soit environ 5 000 m.

relais. Dans mon carnet vert, je noterai avoir dormi profondément pendant cinq heures, puis avoir traînassé dans un demi-sommeil pendant les deux dernières heures.

Brian

Je passe une grande partie de la nuit à me débattre avec le système de sécurité des brûleurs, qui subit des coupures électriques intermittentes. Les brûleurs sont – en principe – coupés automatiquement quand le propane ne s'enflamme pas avant de pénétrer dans l'enveloppe, ou si les brûleurs surchauffent – ce qui arrive quand un réservoir est presque vide et que ce n'est plus du propane liquide, mais de la vapeur qui sort des becs. Ce système étant défaillant, je suis obligé de m'en passer. Résultat : lorsque les brûleurs n'enflamment pas le gaz qu'ils reçoivent, un nuage de carburant liquide se vaporise dans le cône à air chaud, où il finit par s'allumer, en produisant une explosion qui secoue tout le ballon et fait pleuvoir des particules de glace sur la capsule.

Les choses deviennent particulièrement angoissantes quand deux ou trois explosions se produisent à la suite. Je me concentre pour régler la minuterie, quand, d'un seul coup, je réalise que les brûleurs se sont éteints. Je dois alors bondir de mon siège pour enfoncer le bouton d'allumage électrique, avant qu'un autre jet de propane liquide ne monte dans l'enveloppe.

Bertrand, lui, supporte beaucoup mieux que moi ces déficiences des systèmes de sécurité automatiques. En fait, il est tellement heureux d'avoir enfin – après *Orbiter 1* et *2* – des brûleurs efficaces qu'il ferait volontiers le tour du monde en allumage manuel !

Cette nuit – qui est décidément très agitée – nous voit aussi connaître nos premiers problèmes de variomètre.

Alors que nous avons tout en double ou en triple, nous ne disposons que d'un seul variomètre. Rappelons que cet instrument, dont l'appellation officielle est Flytec, mesure la vitesse à laquelle nous montons ou descendons. Le voilà soudain qui s'affole, indiquant par exemple une ascension vertigineuse, alors que nous sommes parfaitement stables.

Cette fois, la situation est sérieusement préoccupante : le Flytec est aussi important pour nous que le volant dans une voiture. Je demande par fax au PC de contacter d'urgence le fabricant et de lui décrire la panne, afin qu'on nous indique le plus vite possible le moyen de la réparer.

Il se trouve, par chance, que lors d'un test de pressurisation de la capsule avant le décollage Bertrand a remarqué un sifflement dont il a pu localiser la provenance : derrière le tableau de bord, là où les tuyaux de connexion du Flytec se perdent dans un enchevêtrement de câbles et de fils. Il a compris l'origine du dysfonctionnement, réparé la fuite, et pense maintenant que le problème se situe sûrement à ce niveau. En déconnectant le tuyau statique qui le relie à l'atmosphère extérieure et en y envoyant quelques jets de l'atmosphère pressurisée de la capsule, nous parvenons à remettre le variomètre en fonction. Il s'avère en fait que le problème ne vient pas de l'appareil lui-même, qui est de la plus haute qualité technologique, mais d'une condensation d'humidité dans le tuyau d'extension que nos ingénieurs lui avaient ajouté. Le phénomène est malheureusement récurrent et inévitable : tous les deux jours environ, une nouvelle condensation aura le même effet sur le variomètre. Mais, au moins, nous serons désormais en mesure d'y remédier.

C'est également toutes les quarante-huit heures que nous devons changer ces filtres d'hydroxyde de lithium qu'on appelle en anglais les *scrubbers* (« nettoyeurs »), parce qu'ils purifient l'air de l'acide carbonique. J'apprends au passage à Bertrand que *scrubber*, en argot, signifie « prostituée ». Du coup, nous ne ratons plus une occasion de le placer dans nos messages : *Nous venons de changer de scrubber parce qu'« elle » était trop vieille...* ou, comme Bertrand l'annoncera lui-même : *J'ai changé de scrubber, histoire d'avoir quelqu'un d'autre avec qui converser...*

Dans la soirée du deuxième jour, plusieurs pilotes de Swissair nous appellent pour nous souhaiter bonne chance. Leurs voix amicales surgies de la nuit nous réconfortent.

À 20 heures, ce même soir, la paire de réservoirs numéro 1 délivre ses dernières gouttes de carburant. Elle a duré deux jours et une nuit, c'est-à-dire au-delà de nos espérances.

C'est plus qu'encourageant.

Bertrand

À minuit, Brian va se coucher et je prends le relais. J'ai droit à l'un des plus magnifiques spectacles que j'aie jamais eu l'occasion de contempler. Pris du désir de partager mon enthousiasme, je faxe à 04 h 48 :

Incroyable vue sur les montagnes de l'Atlas, éclairées par la pleine lune. Tout est noir, à l'exception de taches de neige blanche, qui luisent dans l'obscurité et accentuent les reliefs, comme dans une image en trois dimensions. J'ai l'impression de voir cette scène comme en plein jour, mais à travers des verres fumés. Dans la clarté lunaire qui les fait briller, les sommets enneigés striés de roches sombres semblent plus proches de nous qu'ils ne le sont réellement. Très loin, je vois scintiller les lumières de Marrakech.

Nous faisons toujours route au sud-ouest, selon la stratégie définie par nos météorologues. Le ballon avance bien et je ne suis obligé de chauffer que trois secondes et demie toutes les seize secondes : moins de 25 % du temps. J'ai coupé toutes les alarmes automatiques et je surveille attentivement le fonctionnement des brûleurs.

À l'aube se produit un événement d'importance : ma première visite aux toilettes. La vue qu'on a de cet endroit est véritablement à couper le souffle et, comme aucun avion ne vole dans les parages, nous n'avons pas besoin de rideaux pour éviter les regards indiscrets ! C'est en fin d'opération que les choses se gâtent soudain.

Les toilettes se bouchent... Je suis obligé d'activer plusieurs fois de suite le système d'évacuation, courant entre deux tentatives au poste de pilotage pour m'assurer que le ballon n'en profite pas pour redescendre. Je suis gêné d'avoir obstrué les toilettes à ma première utilisation. Heureusement, dans un « tssschhh » sonore, l'évacuation s'opère enfin !

Sur l'Atlas, le lever de soleil est somptueux. Nous sommes plus au sud et les montagnes d'un rouge sombre ont perdu leur couronne neigeuse. Mais, loin vers le nord, je distingue encore des sommets blancs. Ce n'est pas sans une pointe d'angoisse que je découvre que, pendant la nuit, des stalactites ont poussé tout autour du bas de l'enveloppe et que les câbles sont gainés de glace. Celle-ci commence à fondre sous le soleil, mais l'eau qui en résulte tombe sur la capsule et gèle à nouveau, obstruant partiellement les hublots et gênant notre vue.

Les hublots latéraux, dans l'ensemble, résistent bien à l'épreuve du froid intense. Ils sont à double vitrage, et des cristaux de gel de silice absorbent toute l'humidité qui pourrait s'introduire entre les deux surfaces d'acrylique. Mais les dômes, formés seulement d'une couche de Plexiglas, condensent la vapeur d'eau et gèlent toutes les nuits. L'avantage, c'est que cela constitue un système simple d'assèchement de l'air de la cabine. Il nous suffit, deux ou trois fois par jour, de les éponger et d'évacuer l'eau dans l'évier, d'où elle se déverse dans la bouteille prévue à cet effet. Nous avons calculé qu'en trois semaines deux pilotes produiraient quarante litres d'eau par leur seule respiration.

Ma description du magnifique lever de soleil a mis Alan de bonne humeur :

Bonjour, Bertrand. Top niveau, les ballons de chez Cameron, tu ne trouves pas ? Au fait : le CIO demande que vous commenciez à envoyer le message de paix.

Je réponds :

Cher Alan, quitte à te rendre jaloux, je crois que j'ai une touche avec une charmante contrôleuse marocaine, qui n'arrête pas de m'appeler avec sa voix de velours. Elle adore me recevoir cinq sur cinq et m'interroge sans cesse sur ma position... En ce qui concerne les messages de paix signés par Brian et moi, je te demande d'attendre que nous ayons dépassé la Libye. Je ne veux pas que Tripoli croie à une provocation de notre part. Je propose que nous commencions à les envoyer depuis le ciel égyptien. Pour ce qui est du message de Juan Antonio Samaranch [1]*, nous allons l'envoyer tout de suite aux pays que nous avons déjà survolés, et nous l'enverrons au fur et à mesure à ceux que nous survolerons à partir de maintenant. Je te prie de transmettre au CIO.*

Quelques heures plus tard, Alan commence à s'inquiéter à propos de la glace accumulée sur le ballon, qui risque de nous alourdir, et nous fait la proposition suivante :

1. Président du Comité international olympique.

Suggérons que vous descendiez demain jusqu'à 3 000 m, pour que la glace fonde et que l'enveloppe sèche. Vous pourriez aussi en profiter pour faire une petite promenade et prendre un peu l'air. Si vous êtes d'accord, laissez-vous descendre tout seul un peu avant l'aube. Passez ensuite deux heures à basse altitude, avant de remonter. D'après nos gourous de la météo, cela ne devrait pas affecter votre trajectoire et vous ne perdrez que peu de vitesse.

Brian

Le troisième après-midi de vol renforce encore notre impressoin de ne pas avancer. Il faut dire que tout, dans cette expédition, prend du temps. Nous avons passé des heures à nous débattre avec le Flytec. Quand nous envoyons un message au PC, nous attendons parfois vingt minutes la réponse, car les communications transitent par un relais terrestre qui est souvent débordé... La patience devient vite une règle de vie.

Nous avons naturellement hâte de virer à l'est et d'accélérer. Enfin, dans la soirée, nous commençons à tourner, degré par degré, exactement comme Luc et Pierre l'avaient annoncé. À 22 h 30, nous sommes à 6 000 m, sur une trajectoire de 115°, mais à 22 nœuds seulement. Toutes les heures, le fax transmet automatiquement notre position et, toutes les demi-heures, nous envoyons nous-mêmes à Genève un petit signal, histoire de rappeler que nous sommes toujours en vie. C'est sérieux : si nous étions morts tous les deux, le ballon continuerait à voler jusqu'à la nuit. Ensuite seulement, faute de soleil pour chauffer le gaz, et faute de quelqu'un pour allumer les brûleurs, il redescendrait doucement jusqu'à la terre ferme.

L'avance considérable d'Andy Elson est légèrement déprimante, il faut bien l'avouer. Mais il semble progresser encore plus lentement que nous. Le PC nous tient au courant de ses progrès. Nous apprenons ainsi que, cette nuit – la quatorzième de son vol –, il se trouve quelque part au nord de Bangkok. Voulant avoir plus d'informations, j'envoie le message suivant :

Quand vous aurez Luc en ligne, demandez-lui une mise à jour de la trajectoire d'Andy et ce qu'il en pense. Il me semble que, de Bangkok, il est plutôt bien placé pour contourner la Chine.

Ce qui motive mon inquiétude, c'est que nous avons toujours pensé que notre seule chance de battre Andy était de le voir se heurter à la partie interdite de la frontière chinoise.

Il y mettra le temps, mais au bout du compte il réussira l'exploit d'éviter complètement l'empire du Milieu.

Les petits ennuis techniques continuent à nous empoisonner la vie. Le système de surveillance de l'air dans la cabine déclenche une alarme et indique avoir repéré un pourcentage de dioxyde de soufre de 0,4 part par million. Je me dis que ce gaz s'est peut-être échappé des piles au lithium. Comme je n'en suis pas sûr, je consulte notre équipe, qui soumet le problème à Kieran, lequel me suggère d'extraire les piles et de les passer une par une au détecteur manuel. Il ajoute :

Une fois identifiée la fautive, isole-la dans un sac en plastique scellé, en attendant de pouvoir t'en débarrasser. De toute façon, l'alarme se déclenche à un niveau infime. Alors, pas de panique.

Rassuré, je coupe provisoirement le système d'alarme. Mais, dans un sursaut d'humour légèrement amer, je réponds :

Si le deuxième niveau d'alarme se déclenche, le seul moyen d'empêcher la sirène de nous vriller les tympans sera de démolir le haut-parleur à coups de hache.

L'incident finit par tourner à la farce. Nous sortons le détecteur manuel, l'agitons d'innombrables fois au-dessus des piles, mais rien ne se produit. Ce n'est qu'au-dessus de la couchette qu'il se déclenche. En fin de compte, je pose la question cruciale :

Est-ce que le fait de péter au lit a pu déclencher l'alarme ?

La réponse est laconique :

C'est possible.

Je réplique, sur la défensive :

C'est Bertrand qui était couché au moment incriminé. D'ailleurs, mes pets sentent le numéro 5 de Chanel...

Nouveau problème : la prise qui sert à connecter une de nos bouilloires sur l'alimentation de 12 volts a surchauffé et fondu. Dans la nuit, j'appelle Kieran pour discuter de la possibilité de brancher la bouilloire sur l'interrupteur du chauffe-eau. Devant son approbation, je m'y emploie. Avec succès. Mes talents de soudeur me valent l'admiration de Bertrand. Secrètement, je suis stupéfait de constater que ça marche.

Bertrand

Je me couche, bercé par le ronflement parfaitement régulier des brûleurs : toutes les seize secondes, la minuterie les allume pendant quatre secondes. Cela a quelque chose d'apaisant. Mais chaque fois que le ballon monte un peu trop, Brian doit intervenir en sautant un ou deux allumages, ce qui casse le rythme et me réveille dans l'angoisse : « Les brûleurs sont éteints ! Est-ce que Brian s'est endormi aux commandes ? Est-ce que nous avons un problème ? »

Et le rythme reprend, régulier... rassurant.

Peu à peu, ce ronronnement cadencé s'imprime profondément dans mon subconscient. À tel point que, notre aventure terminée, il m'arrivera pendant deux semaines encore d'être réveillé en pleine nuit par le silence, pris de panique à l'idée que les brûleurs sont tombés en panne ! Ce n'est qu'en allumant ma lampe de chevet que je réaliserai que je suis chez moi et que tout va bien... avant de me rendormir avec le sourire.

Brian

Peu après minuit, je reçois de Pierre Eckert – toujours à son poste à Météo suisse – une nouvelle qui me fait oublier tous mes soucis. C'est une confirmation éclatante de ce que Luc et lui avaient annoncé :

Votre virage vers l'est s'est produit plus vite que prévu, mais en accord total avec la dernière conclusion de notre modèle numérique. Vous êtes en plein sur la latitude visée, pile dans le timing évoqué lors de notre conversation de dimanche, avant votre départ.

À partir de maintenant, vos trajectoires devraient se situer entre 90° et 100° magnétique, à toutes les altitudes supérieures à FL 180. Je vous suggère de rester à FL 180 (ou plus bas, si vous ne perdez pas trop de vitesse), jusqu'à ce que vous descendiez pour le dégivrage et le bol d'air frais. Quoi qu'il en soit, la suite se présente bien. Je pense que nous vous ferons remonter à FL 240, dès que la glace aura fondu. À partir de là, vous maintiendrez le cap à l'est à environ 25° de latitude nord jusqu'à la mer Rouge. Vous devriez atteindre Oman samedi.

J'assure le service de nuit et je commence à ressentir la fatigue. Au-dessus de Genève, ça remue. Je viens d'annoncer un risque d'orage. Mais je ne vois aucun problème sur votre route. Au fait : combien de chameaux avez-vous croisés jusqu'à présent ? Amitiés, Pierre.

6

Un souffle d'air frais sur l'Afrique

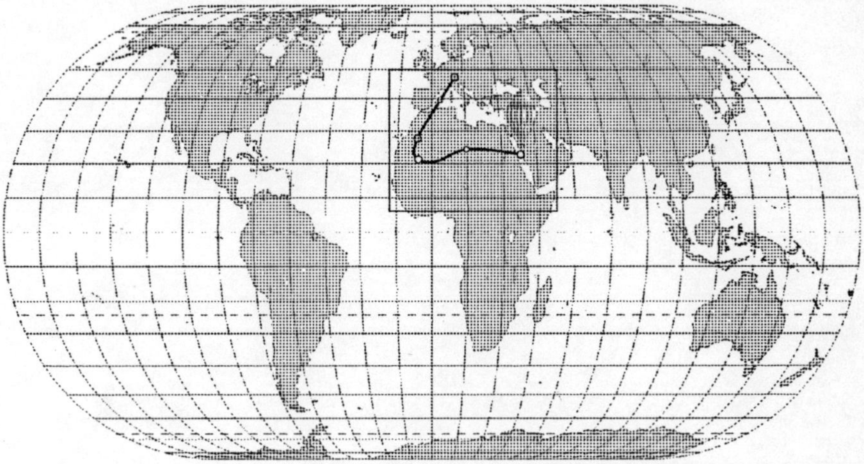

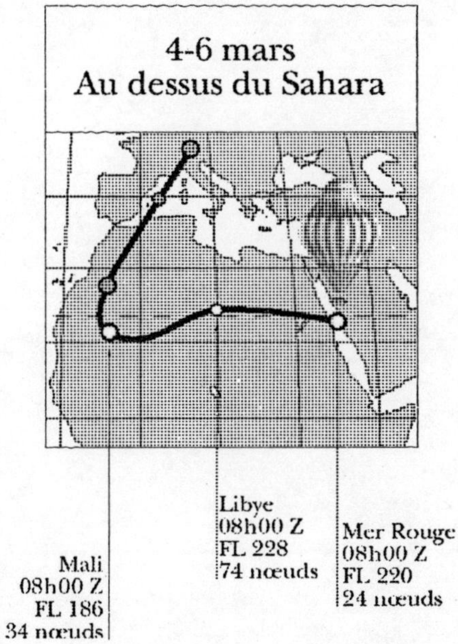

Brian

Le 4 mars à 01 h 44, j'envoie un fax à John Albury, au PC, pour m'assurer que nous sommes bien d'accord sur les manœuvres à venir :

J'en parlerai avec Bertrand dès son réveil, mais je propose d'opérer de la façon suivante : à l'aube, nous descendrons assez bas pour faire fondre la glace. Après quoi, nous remonterons à 8 000 m. J'ai envie de laisser les blocs de polystyrène suspendus sous la capsule : ils amortiront le choc en cas d'atterrissage avec les réservoirs. Mais je pense me débarrasser des réservoirs auxiliaires vides. Nous transportons une quantité de glace impressionnante, sous forme de gros stalactites accrochés tout autour du bas de l'enveloppe. La glace tombe régulièrement, comme de la grêle, sur la capsule, sans doute à cause des frémissements du ballon.

As-tu trouvé le temps d'essayer avec Debs le confortable canapé de votre bureau ? Bon, d'accord, ça ne me regarde pas.

Je vais signer Bertrand, pour éviter les ennuis...

Amitiés, Bertrand.

Bertrand

Au moment où je prends le relais, un peu avant l'aube, la lune brille sur le Sahara et la nuit s'illumine de millions d'étoiles. Pour mieux les voir, je tamise l'éclairage intérieur.

Je réalise alors que nous suivons la vieille route de l'Aéropostale, cette première ligne aérienne qui transportait le courrier de Paris à Dakar, au Sénégal, via Toulouse, avant de traverser l'Atlantique Sud jusqu'au Brésil. Ses pilotes – Jean Mermoz, Henri Guillaumet, et surtout Antoine de Saint-Exupéry – étaient les vrais pionniers de l'aviation civile. Dans leurs livres, que je dévorais étant enfant, ils évoquaient les régions mêmes que nous survolons à notre tour, le Sahara occidental, la Mauritanie. Je me demande soudain laquelle de ces millions d'étoiles est celle du Petit Prince.

Installé dans le siège de droite, je prends connaissance des messages arrivés pendant mon sommeil. Certaines informations techniques essentielles sont libellées sous forme de plaisanteries. À plus forte raison depuis que notre premier vidéoclip a été diffusé par la télévision suisse, CNN et d'autres. Des amis nous envoient maintenant des messages personnels. En parcourant le fichier, je vois apparaître un fax de Michèle. Soudain, plus rien d'autre ne compte pour moi que ses quelques lignes qui illuminent mon écran :

Je suis maintenant au centre de contrôle avec les enfants. Nous sommes très heureuses de nous sentir ainsi plus près de toi et de mieux te suivre des yeux... sur les cartes, et du cœur... en pensées et informations partagées avec toute l'équipe ici. Nous sommes ravies de savoir que tout continue de bien se passer pour vous. Transmets à Brian toutes nos amitiés et dis-lui qu'il est très photogénique « with his american hair cut [1] ». Les filles sont très confiantes dans la réussite de votre vol et elles adressent leurs prières aux vents, pour la réussite de votre projet et l'aboutissement de votre rêve. « Bonjour, papa », de Solange, « J'espère que tu réussiras », d'Estelle, « J'aimerais que tu réussisses ton tour du monde et je te donne trois baisers », tapés avec l'index d'Oriane. Nous vous embrassons tous les deux. Michèle & Co.

Ces prières aux vents... Plus tard, Michèle me racontera que, chaque soir, les enfants et elle se retrouvaient dans le calme pour un moment de prière. Les cœurs s'ouvraient... Le ballon dans le ciel se retrouvait au centre des pensées. Chaque souhait, chaque espoir, chaque crainte aussi prenait le chemin du vent pour venir jusqu'à nous. Et, pour s'associer au dieu Éole, et nous aider à

1. « Avec sa coupe de cheveux américaine. »

poursuivre notre route dans la bonne direction, c'est ensemble que toutes les quatre soufflaient très fort... vers l'est à la fin de leur prière.

Je suis un peu remué de sentir soudain Michèle et les enfants si proches. Il est plus facile pour Brian et pour moi de rester émotionnellement stables quand nous ne pensons pas à nos familles. Seul dans la nuit, en « entendant » soudain la voix de ceux que j'aime, je ne peux empêcher les larmes de me venir aux yeux.

Je les imagine dans leur quotidien de ces jours. J'apprendrai également plus tard que Michèle a acheté une grande carte du monde, pour y dessiner notre route à coups d'épingles, comme ma mère, en son temps, l'avait fait pour mon frère Thierry, ma sœur Marie-Laure et moi-même, lorsque mon père avait dérivé pendant un mois dans le Gulf Stream. Mais, une fois la carte déployée, le chemin à parcourir sembla infini par rapport aux deux ou trois malheureux centimètres ajoutés chaque jour. Craignant que les filles ne s'affolent, Michèle rangea la carte dans une armoire et ne la ressortira pour l'afficher sur un mur de notre maison que lorsque nous aurons pratiquement traversé le Pacifique. Elle retracera tout le parcours avec Estelle, Oriane et Solange en leur faisant remarquer : « Regardez tout le chemin que papa et Brian ont déjà parcouru ! Il ne leur reste plus que l'Amérique centrale et l'Atlantique à traverser ! »

Le soleil levant du quatrième jour dessine des mosaïques de lumière sur les hublots givrés. Je filme d'une main avec la caméra vidéo ; de l'autre, j'attaque la glace avec un racloir, faisant surgir des formes curieuses qui, fugitivement, évoquent la Terre vue de l'espace.

Plus bas, la lumière rehausse les somptueux rouges sang et ocre du désert. Quelqu'un nous a prédit que notre interminable survol du Sahara serait ennuyeux à mourir, vu l'uniformité du paysage. C'est tout le contraire. Non seulement la vue est spectaculaire, mais elle change continuellement. Tous les quelque cent kilomètres surgissent devant nos yeux de nouvelles couleurs, de nouvelles formes, des sables et des rocs d'une texture différente et imprévue.. Il me paraît tout à coup évident que le désert est quelque chose de vivant ! Le monde minéral est aussi vivant que le monde végétal ou animal. La lumière est vivante. Le sable est vivant. La plupart des paysages habituels, doublement travaillés par l'érosion et la main de l'homme, ont l'inertie d'une sculpture achevée. Le désert, lui, semble au début de son évolution, bouillonnant d'une vie prête à éclore.

Il est frappant de penser que toute vie terrestre trouve son origine dans la mince couche d'humus originellement posée sur un désert. Il suffit d'un peu d'eau pour que poussent des végétaux, dont les feuilles, en se décomposant, forment de l'humus. On a tort de croire que notre planète n'est qu'une énorme masse fertile. L'humus est un miracle : une fine couche en équilibre fragile qui recouvre un désert. Ce matin, le miracle de la vie m'apparaît dans toute sa splendeur. Et je réalise qu'il s'en faut de très peu pour que la terre entière ne soit un désert, comme la planète Mars. D'ailleurs, à cet instant, j'ai le sentiment de survoler une autre planète. Raison de plus, me dis-je, pour respecter et protéger la nature.

Ce premier jour au-dessus du désert est pour moi une expérience nouvelle, si frappante que je ne résiste pas à l'envie de noter mes impressions. Je prends mon stylo et mon carnet pour écrire :

Au-dessous de nous, le désert ressemble au fond d'un océan. Ici et là surgissent du sable d'incroyables reliefs qui s'étendent sur des kilomètres, évoquant l'arête dorsale de dinosaures gigantesques. Les formes ne cessent de changer. La palette des couleurs est infinie, allant du jaune au noir, en passant par chaque nuance de rouge, avec des taches de bleu vif et cuivré qui ont l'air gorgées d'eau.

Devant ce vide infini, ce rien éternel, qui ne serait pas saisi par l'inspiration ? Je pense à Saint-Exupéry, échoué là par la faute d'un ennui mécanique, assis face au désert et à lui-même, laissant le sable s'écouler entre ses doigts et écrivant de grandes œuvres. Il faut toute l'arrogance des êtres humains pour s'imaginer qu'un désert est vide. C'est notre façon de penser qui nous fait croire que, parce qu'il n'y a personne, il n'y a rien. Un minimum d'observation permet de constater que le désert est un univers plein – rempli de sable, rempli d'air, rempli de sécheresse, de couleurs, de lumières, de dunes... Et donc de potentiel. C'est tout cela qui le rend vivant. Le désert est plein..., plein de vide. Et voir pour une fois la plénitude du vide est une expérience absolument merveilleuse.

Je passe des heures à contempler le Sahara, à ressentir son étrangeté, à raconter par écrit ce qu'il m'inspire.

Des heures... qui resteront parmi les plus inoubliables de ce vol.

Brian

Mes sentiments devant le désert sont assez proches de ceux de Bertrand. D'autant qu'à l'émerveillement s'ajoute l'effet de surprise. Les Caraïbes ressembleront à la carte postale de nos rêves. L'Inde du Nord aura bien ce côté tragique que nous avions prévu. Mais rien ne nous a préparés, en arrivant au-dessus du Sahara, à découvrir le plus fascinant de tous les spectacles offerts par notre aventure. La beauté du désert apparaît comme une véritable révélation.

Il fait jour depuis peu lorsque notre trajectoire s'infléchit de nouveau vers le sud. Je demande au PC de me rassurer : ne devrions-nous pas virer à l'est et monter pour attraper le jet-stream, plutôt que descendre pour dégivrer ? Je reçois d'Alan son premier message de la journée :

Aucun de nos experts météo n'est encore arrivé, mais je crois comprendre que les questions d'altitude, de vitesse et de direction ne sont pas primordiales pour l'instant. Elles le deviendront dans les prochains jours. Il me semble donc que le moment est bien choisi pour dégivrer, en laissant descendre spontanément le ballon en fin de nuit. Peut-être pourriez-vous profiter de ce que vous serez à basse altitude, avec une vue dégagée au sol, pour larguer les cylindres vides...

Contrairement à la batterie des vingt-huit principaux cylindres de propane, nos quatre réservoirs auxiliaires n'ont pas de mécanisme de largage. Le seul moyen de nous en débarrasser consiste à sortir de la capsule et à couper leurs attaches. Ce genre d'exercice fait partie de ce que nous appelons l'activité extra-véhiculaire (EVA). Nous n'avons prévu qu'une seule EVA, à condition bien sûr que le vol se déroule dans des conditions normales. Le largage doit impérativement avoir lieu au-dessus d'une région désertique, où la chute des réservoirs ne risque pas de faire de dégâts. Et sans nuages en-dessous de nous, de manière à distinguer parfaitement le sol, toujours pour des raisons évidentes de sécurité. L'idéal est d'effectuer l'EVA dans une phase lente du vol, de manière à éviter de perdre des heures précieuses à descendre et remonter. Des heures qui se chiffreraient en centaines de kilomètres si nous quittions un jet-stream pour stagner à basse altitude.

Nous voulons aussi profiter de l'occasion pour nous débarrasser de toute la glace possible, en particulier celle qui s'est déposée sur les hublots.

La perspective d'une EVA nous fait battre le cœur un peu plus vite. Tout en laissant le ballon descendre doucement à 3 000 m, nous ressentons tous les deux une certaine excitation.

Mais, lorsque nous ouvrons le dôme supérieur et que nous nous hissons sur le toit de la capsule, nous n'éprouvons plus, soudain, que la joie toute simple d'être installés en plein air, à respirer de l'air frais, dans le sentiment enivrant d'une immobilité absolue au milieu du ciel. Il suffit de baisser les yeux pour avoir une vue directe sur l'infinité sablonneuse, dont rien d'autre ne nous sépare que 3 000 m d'air pur. Évidemment, il vaut mieux ne pas être sujet au vertige. Ce qui, heureusement, n'est ni le cas de Bertrand ni le mien. À tel point qu'aucun de nous n'éprouve même le besoin d'enfiler son harnais de sécurité.

La quantité de glace est stupéfiante. Elle a déjà commencé à fondre et de véritables torrents dégoulinent du ballon. L'eau qui tombe sur les réservoirs de propane gèle à nouveau, instantanément. Des stalactites de trois mètres relient le bas de l'enveloppe à la capsule...

Il n'y a pas de risque d'être assommé par la chute d'un mini-iceberg : la glace, à l'intérieur de l'enveloppe, s'est accumulée en couches très minces qui fondent partiellement avant de tomber.

Kieran a émis l'hypothèse qu'un court-circuit dans l'un des détecteurs était à l'origine des problèmes d'allumage d'une partie de nos brûleurs. Il se révèle qu'il a vu juste. J'entreprends la réparation, pendant que Bertrand attaque les stalactites à la hache et frappe les câbles avec le manche pour faire tomber leur gaine glacée. Tout à coup, il est redevenu l'adolescent qui fracassait les coulées de cristal accrochées au toit du chalet familial, et à qui ses parents disaient qu'il est dommage de détruire d'aussi jolies créations de la nature. Aujourd'hui, il s'en donne à cœur joie, faisant pleuvoir des cascades de glace sur le désert.

– Cela doit être la première fois depuis plusieurs millions d'années qu'il neige sur le Sahara ! me lance-t-il joyeusement.

À 25 nœuds, nous avons l'impression d'être arrêtés en plein ciel. Il fait délicieusement tiède et c'est un vrai plaisir de respirer de l'air qui ne sort pas d'une bouteille. Au-dessus, il n'y a pas un nuage. Au-dessous, du sable et des rochers s'étendent à perte de vue. Les brûleurs sont éteints et pas un bruit ne vient troubler le silence. Environnés par la lourde infrastructure métallique et ses mâts extérieurs, nous nous sentons en parfaite sécurité. Bertrand me tient quand même par la cheville lorsque je m'allonge et me penche par-dessus l'angle arrière droit pour couper le ruban de Nylon blanc et libérer l'un des réservoirs auxiliaires. Mais nos précautions s'arrêtent là.

Caméras armées pour immortaliser l'événement, nous lançons un compte à rebours à la fin duquel je dois trancher le ruban au couteau. Il résiste. Je m'y reprends avec une paire de tenailles et le réservoir se détache. Il plonge gracieusement dans une chute interminable, tournoyant sur lui-même en réfléchissant par moments l'intense éclat du soleil. Nous le suivons du regard. Son ombre le rejoint à la fin de sa course, au moment où il frappe le sol en soulevant un nuage de sable. Nous nous plaisons à imaginer ce qu'il va devenir. S'il reste à la surface, il se désintégrera sans doute peu à peu sous l'effet des tempêtes de sable successives. Mais, s'il s'enfonce, il restera peut-être intact pendant des millénaires, jusqu'à ce qu'un archéologue le découvre et se demande à quelle civilisation disparue ce mystérieux objet a bien pu appartenir.

Les quatre réservoirs auxiliaires largués l'un après l'autre laissent derrière eux pas mal de tuyauterie et de connexions. On nous a conseillé de nous en débarrasser aussi, toujours dans un souci d'allégement, mais nous nous consultons d'un regard et tombons d'accord : cet équipement, on ne sait jamais, peut toujours servir.

Il reste encore du travail à faire dehors. Une fois les brûleurs réparés, j'installe une seconde antenne téléphonique, pendant que Bertrand nettoie l'extérieur des hublots. Il a bricolé un ustensile pour laver les vitres en assemblant une gaffe télescopique et une antenne radio, au bout desquelles il a fixé une éponge. Et ce n'est pas sans une certaine fierté que ce MacGyver du ciel joue les laveurs de carreaux, à 3 000 m d'altitude !

Nous nous amusons comme des gamins. Je filme mon coéquipier en commentant à voix haute :

– Et voilà Bertrand en train d'essayer de nettoyer des crottes d'oiseaux avec sa peau de chamois spéciale !

– Je n'essaie pas... me répond Bertrand sur le même ton. Je nettoie !

Cette séquence sera plus tard projetée en Suisse, avec un certain succès, mais le public ne comprit pas que la référence aux crottes d'oiseaux n'était rien d'autre que de l'humour anglais, et commença à spéculer sur la façon dont ces saletés avaient pu arriver là !

La récréation s'achève et il est temps de se remettre aux choses sérieuses. Tout va bien jusqu'à présent et nous avons la situation bien en main. Pendant notre sortie, le ballon a pris de la hauteur sous la chaleur du soleil. Quand nous réintégrons la capsule, nous sommes à 4 000 m. Plutôt que de redescendre à très basse altitude pour faire le plein de pression atmosphérique, nous choisirons de repressuriser l'habitacle en utilisant nos réservoirs cryogéniques d'azote liquide et d'oxygène. À nouveau, avec le plus grand soin, nous nettoyons le tour du hublot avant de le refermer. Une fois les clapets actionnés, nous tendons l'oreille.

C'est le silence absolu.

À 11 h 13, j'exprime dans un fax l'enthousiasme que nous a procuré notre petite excursion à l'air libre. Après un rapport sur nos menus travaux, je conclus :

Avons offert en cadeau aux Touaregs quatre réservoirs vides, un filtre de lithium, plusieurs bouteilles d'eau et un sac-poubelle. Espérons qu'ils en feront bon usage. J'imagine qu'Alan comptabilisera ça sous la rubrique : don pour œuvre humanitaire. Pris plusieurs photos. Le chat n'a pas voulu rentrer. Tant pis pour lui : la sale bête passera la nuit dehors. Attendons avec impatience la prochaine EVA. Le désert est magnifique. Vu les réservoirs percuter le sol. Déboutez quiconque porte plainte pour blessures.

Réponse de Sue Tatford :

Salut, les garçons ! Ici Sue. Dernières nouvelles d'Andy : 15 jours 22 h 44 min de vol jusqu'à présent. Altitude 6 000 m, 19.06° nord / 112.12° est, au large de Hainan, survole le sud de la mer de Chine.

Votre altitude idéale pour les prochaines 24 heures : FL 220. Le jet-stream se trouve aux alentours de FL 260. D'après Luc, sa vitesse est trop élevée et sa trajectoire trop au nord pour les prochaines 48 heures. Il vous ferait dévier de la route idéale. Pour l'heure, votre cible, à atteindre samedi soir, se situe à l'intersection des frontières Arabie saoudite – Yémen – Oman.

Reçu à l'instant une lettre de Uday Saddam Hussein, fils du leader irakien, transmise par le CIO. Je cite : « C'est avec grand plaisir que nous participerons au succès de ce voyage de paix. » Il ne vous interdit pas de traverser son pays, mais il ajoute : « Nous regrettons de ne pouvoir garantir la sécurité des aéronautes. »

Bertrand

On nous demande souvent pourquoi nous ne sommes pas partis d'Europe méridionale ou même d'Afrique du Nord, ce qui nous aurait évité de passer trois jours à descendre lentement vers le sud. La réponse est simple : dans la plupart de ces pays surgissent trop souvent des difficultés imprévues. Nous ne voulions pas risquer de nous entendre dire au moment des derniers préparatifs : « Désolé, il fait trop chaud pour travailler... » Ou : « C'est le mariage de ma sœur, je ne peux pas venir... » Je tenais à décoller d'un pays où nous étions certains de tout contrôler. Le sud des États-Unis était un choix envisageable. Là-bas, tout fonctionne avec efficacité et les jet-streams passent à la verticale. Mais nous nous serions trouvés face au Pacifique vers la fin de notre vol, et nous préférions affronter cette immense étendue océane un peu plus tôt. D'autre part, viser le sud de la Chine depuis l'Amérique aurait été encore plus difficile.

Pour toutes ces raisons, la Suisse nous a semblé un excellent compromis et ce choix n'a pas été dicté en fonction d'une quelconque stratégie publicitaire de Breitling, comme certains ont pu le penser. Quant à Château-d'Oex, c'est son expérience aéronautique et son microclimat favorable, ajoutés à l'enthousiasme et à l'amitié des villageois, qui nous ont fait préférer cette vallée à toute autre.

De toute façon, maintenant, nous nous dirigeons enfin vers l'est, et nos réservoirs principaux sont pleins ! Nous n'avons guère le temps de faire la causette avec le fils de Saddam Hussein ; en revanche, nous tenons à contacter Andy Elson et Colin Prescott, à bord de *Cable & Wireless*. S'ils survolent le sud de la mer de Chine, c'est qu'ils ont trouvé le moyen de contourner le territoire chinois. Et cet exploit nous remplit d'admiration. Après avoir vainement essayé de les joindre directement, nous demandons au PC de leur faire parvenir le double message suivant, écrit à l'aube :

Cher Andy,

Le soleil se lève sur le désert du Mali, mais, là où vous êtes, il doit être sur le point de se coucher. C'est l'inconvénient d'avoir autant d'avance. Ça fait un drôle d'effet de te parler par fax, en pleine tentative de tour du monde : j'avais pris l'habitude d'être avec toi dans le même ballon.

J'espère que ton PC t'a fait parvenir mes félicitations, quand tu as battu le record de durée de vol. Merci d'avoir amené Brian dans le projet Breitling. Entre nous, je crois qu'il n'a toujours pas réalisé qu'il est maintenant DANS *le ballon. Après toute cette attente, j'ai moi-même du mal à en prendre pleinement conscience. Transmets mon meilleur souvenir à Colin. Prends soin de toi. Meilleurs vœux, Bertrand.*

Salut, les gars ! Ici Brian. Avons survolé votre aire de décollage il y a deux jours. Décidément, il faut toujours que je nettoie derrière vous ! J'espère que vous avez reçu mes e-mails. Sinon, il va falloir que je réécrive toutes mes lettres d'insultes... Appris hier soir que vous étiez au-dessus de la Thaïlande. Je n'en reviens pas que vous survoliez toutes ces créatures de rêve sans vous arrêter. Après tout ce que j'ai fait pour vous, le moins que vous puissiez faire est de ralentir et de nous attendre, non ? Bonne chance, les gars. Et faites gaffe.

P.-S. : Ne mettez pas les fermiers en colère sur votre passage. N'oubliez pas que nous arrivons derrière vous !

J'essaie aussi d'entrer en contact avec *Mata Rangi*, le bateau de papyrus à bord duquel Kittin Munos tente la traversée du Pacifique, depuis l'Amérique du Sud jusqu'au Japon. Le projet est également parrainé par Breitling. L'objectif de Munos n'est pas de gagner une course mais de vérifier certaines théories sur les migrations, un peu comme Thor Heyerdahl l'a fait avec son radeau *Kon-Tiki*, dans les années quarante. En 1997, au moment où le premier Orbiter plongeait dans la Méditerranée, Kittin était pris dans une terrible tempête, au large de l'île de Pâques. Son bateau a été détruit et il n'a dû sa survie qu'à sa montre « Emergency » équipée d'une balise de détresse. Perdu en pleine mer, il a sorti l'antenne, s'est fait repérer et a pu être sauvé.

Je pense beaucoup à lui. Nous partons l'un et l'autre à la conquête de territoires inexplorés, lui sur la mer, moi dans les airs.

J'essaie en vain de le joindre par téléphone. Ce n'est que trois jours plus tard que j'obtiendrai une liaison. Et serai heureux d'apprendre que tout va aussi bien pour lui que pour nous.

À 13 h 15, j'avertis que « nous essayons de stabiliser le monstre » aux alentours de 7 000 m. Notre trajectoire (085°, pratiquement plein est) est parfaite et nous faisons du 40 nœuds. Vingt minutes plus tard, nous sommes descendus de 200 m et le vent s'est légèrement infléchi vers le nord, à 078°. Mais nous sommes à 48 nœuds. Sue Tatford me rassure :

Votre trajectoire est excellente. Vous pouvez dès maintenant grimper à FL 230, mais pas plus haut. À ce niveau, vers 18 heures, votre vitesse passera à 50-60 nœuds, ce qui est parfait.

À 15 h 19 Zulu, nous traversons le méridien de Greenwich, ce qui nous donne le sentiment d'avoir franchi une étape décisive. Je faxe au PC :

Cette fois, nous avons l'impression d'être vraiment partis pour faire le tour du monde. Nous avons effectué le virage à 180° annoncé par nos deux anges gardiens et fonçons plein est, réservoirs pleins. Vitesse 55 nœuds. Mangeons toujours la délicieuse cuisine préparée par l'Hôtel de Ville. Nous avons encore des produits frais pour quelques jours. Après quoi, nous passerons aux rations Nestlé lyophilisées.

Apparemment, je me suis montré un peu trop optimiste. Le jour même, notre viande fraîche commence à dégager une odeur douteuse, malgré son emballage sous vide. Après examen, nous optons pour le risque zéro et nous emballons la viande dans des sacs en plastique que nous stockons sous le plancher. Le poulet, lui, se maintient encore deux jours. Ensuite, nous consommerons des hamburgers de viande végétale, accompagnés de purée de pommes de terre. Pour relever le tout, nous avons du sel, du poivre, du ketchup, et du *mango chutney*.

Plus j'y pense, plus je trouve extraordinaire – je l'écris dans mon journal – d'être suspendu en l'air... par de l'air ! Le principe consistant à enfermer dans un ballon un mélange d'air chaud et de gaz est relativement simple. Ce qui est terriblement compliqué, c'est de faire voler ce ballon correctement. Dans l'après-midi, pourtant – sans doute par esprit de contradiction –, le ballon se dirige et se stabilise tout seul, si parfaitement que, pour la première fois depuis le départ, je me sens suffisamment détendu pour écouter un CD. Pendant que Brian fait la sieste, je contemple le désert en compagnie du groupe Era, dont la musique à la fois mythique, religieuse et mystérieuse agit sur moi comme une caresse relaxante.

Dans la soirée, nos météorologues nous conseillent de maintenir notre trajectoire le plus au sud possible. Après avoir tourné autour de la dépression, les vents tendent à s'orienter désormais vers le nord-est, entre 72° et 78°. Nous battons notre propre record de vitesse en filant soudain 65 nœuds.

Luc m'appelle, surexcité :

– Bertrand, je suis tellement fou de joie que j'en ai les larmes aux yeux ! Je crois vraiment que, cette fois, vous allez vous retrouver pile au sud de la Chine et que vous allez réussir !

Je souris, ému moi aussi. Brian et moi dans les airs, Luc, Pierre et toute l'équipe au sol à des milliers de kilomètres, nous vivons ensemble les mêmes choses aux mêmes moments. Nous éprouvons les mêmes sentiments et partageons les mêmes émotions.

Brian

Le jour J + 4 est aussi celui où l'ours Sean sort de son rôle de passager clandestin. Le retrouvant au fond de mon sac – où je l'avais complètement oublié – je l'installe sur la table de pilotage. Ayant reçu une photo de l'ours aux commandes de notre aérostat, John Albury réplique :

J'espère qu'il n'a pas le mal de l'air et qu'il apprécie ton humour douteux.

Chez Breitling, en revanche, on trouve ça moins drôle. Aux yeux de nos sponsors, le fait de s'amuser avec un ours en peluche ne donne pas une image très professionnelle. Ils ne feront pas pression – c'est le moins qu'on puisse dire – pour que la photo circule dans les médias.

Leur réaction ne diminue en rien notre honne humeur. D'ailleurs, dans l'état d'euphorie où nous sommes, tout devient amusant et nous voyons la vie en rose. Encouragés par notre trajectoire idéale, notre bonne vitesse et notre faible consommation de carburant, nous commençons à rêver : peut-être sommes-nous partis pour un rendez-vous avec l'Histoire.

Ce regain de confiance vient aussi de la certitude que nous ne risquons plus de nous couvrir de ridicule. Ce qui aurait été le cas si, au bout de tant de préparatifs et d'agitation médiatique, nous nous étions crashés quelques heures après le décollage. L'espoir qui nous anime l'un et l'autre est si intense qu'il nous étouffe parfois physiquement, nous obligeant à respirer profondément pour retrouver un équilibre émotionnel.

À partir de maintenant, il s'agit de nous concentrer et de ne pas commettre d'erreurs.

Souvent, la couche de vent favorable est plus mince que la hauteur de l'enveloppe. Il incombe alors au pilote de manœuvrer en permanence pour rester le plus précisément possible à la bonne altitude. Livrée à lui-même, la Rozière descendrait lentement mais inexorablement. C'est pourquoi, même durant la journée, nous devons chauffer toutes les deux ou trois minutes. Bref, nous ne pouvons jamais le quitter des yeux.

Notre maîtrise s'affirme en même temps que nous prenons de plus en plus de plaisir à piloter notre engin. Chaque aérostat réagit différemment. Et, pour ma part, je n'en ai jamais piloté un de cette taille. Un bon aéronaute doit faire corps avec son ballon, le piloter à l'instinct, anticiper ses moindres réactions, afin d'éviter de se faire entraîner par son inertie. C'est à cela que nous sommes en train de parvenir, Bertrand et moi, avec une certaine fierté.

Bertrand

Je ne me laisse pas aller pour autant. Je sens que j'ai une responsabilité envers celles et ceux qui m'ont suivi et appuyé tout au long de ces trois tentatives, en particulier Breitling, les employés de Cameron qui ont construit notre engin, nos parrains du Comité olympique, l'équipe du PC, les contrôleurs du trafic aérien, sans oublier nos experts météo. Envers et contre tout, ils ont gardé leur confiance en moi et il n'est pas question que je la trahisse. Je me sens particulièrement redevable aux ministères suisses de la Défense et des Affaires étrangères tout comme aux diplomates en poste en Chine, qui se sont battus sans relâche pour m'obtenir le droit de survoler le sud du pays. Après tout le mal qu'ils se sont donné, ce serait une véritable calamité d'être obligés de se poser avant même d'avoir atteint la frontière chinoise.

Le soir du quatrième jour nous offre un nouveau fabuleux coucher de soleil sur le désert. Le ciel rougeoyant se confond avec le sable ocre du Sahara au point de faire disparaître l'horizon. La nuit tombée, Luc nous fait parvenir le dernier rapport météo. Il nous conseille de nous maintenir à 7 000 m, moyennant quoi notre route s'infléchira au sud pendant la nuit (de 080° à 115°) et notre vitesse évoluera entre 55 et 68 nœuds. Tout cela est parfait, et je peux me coucher tranquille.

Brian

Jusqu'à présent, notre itinéraire ne risquait pas de nous attirer des ennuis sur le plan politique. Mais devant nous s'étendent la Libye, l'Égypte et d'autres pays du Moyen-Orient, tous beaucoup plus chatouilleux quant à d'éventuelles intrusions dans leur espace aérien. Bien sûr, nous leur avons à tous, par les voies officielles, demandé une autorisation de survol. Mais n'oublions pas que les derniers appareils alliés à pénétrer en Libye ont été les F-111 qui ont bombardé Tripoli dans une tentative manquée pour éliminer Kadhafi. Le moins qu'on puisse dire, c'est que, depuis, les appareils volants américains ou britanniques ne soulèvent pas des cris de liesse. Branson et Fossett ont fait les frais de cette impopularité. Certes, notre ballon est suisse. Mais sous le ton enjoué de la note que j'envoie à 20 h 35 se dissimule une pointe d'anxiété :

Pensez-vous que le cher colonel va nous laisser passer sans nous faire d'ennuis ? Peut-être pourrions-nous lui réserver un de nos petits sacs verts, au cas où nous verrions sa tente... Assurez-vous quand même que la Suisse ne soit pas sur le point de déclarer la guerre à un quelconque pays arabe.

Pour l'instant, nous sommes encore au-dessus de l'Algérie, à quelque 180 km au nord de Tamanrasset. Nos amis me demandent d'appeler le contrôle aérien de cette ville et me communiquent un numéro de téléphone, ainsi que deux fréquences radio. Une sonorité continue m'indique que la ligne téléphonique est hors service. Les fréquences radio ne donnent rien non plus. Ne voulant pas arriver en Libye sans être annoncé, je communique ma position à un avion qui passe dans le secteur, et demande au pilote de bien vouloir la relayer. John, qui est de permanence au PC, me donne d'autres fréquences radio et j'obtiens enfin quelqu'un à 23 h 37. La communication est si mauvaise que je me demande quand même si les Libyens sont au courant de notre arrivée.

L'ambiance est soudain tendue. Entre le PC et le ballon, les messages se succèdent à un rythme rapide.

PC :

Confirme réception rapport météo de Luc et Pierre il y a quelques minutes. Contrôle aérien satisfait. Alger vous remet aux Libyens par les voies normales, sur la fréquence habituelle (que Greg va me communiquer d'un instant à l'autre). Soyez certains que tout va bien. John.

Un instant plus tard :

Greg vient de m'appeler. Le relais se fera le moment venu entre Alger et Tripoli. Via Tunis, apparemment. Semble que Tripoli soit réticent à donner sa fréquence à Alger, à ce stade, mais Greg ne voit pas de vrai problème à l'horizon. Je dois envoyer un fax à l'ATC[1] *quand vous serez à 20 mn de la frontière libyenne. Par conséquent, je ne vous perds pas de vue. John.*

Orbiter 3 :

Bien reçu le rapport météo. Merci John. Grimpons pour trouver courant plus rapide. Pense trajectoire changera un peu et entrerons en Libye autour de 25.5 N, vers 02 h 10 z. Dépassons FL 191.086 M(agnétique). 49 kts. Brian.

PC :

Es-tu content de mon petit message, concernant Tripoli via Alger ? Ton ami très cher, John.

1. Contrôle du trafic aérien.

Orbiter 3 :

Gros malin, va ! Oui, j'ai eu tes messages. Sommes à FL 220. Avons sacrifié 6° à l'est pour passer à 64 nœuds. Je suppose que c'est raisonnable. Brian.

Notre accélération nous conduit à la frontière libyenne plus vite que prévu, et nous la franchissons à 01 h 57. Alger a annoncé qu'il passait le relais à Tripoli sur la radio HF, mais la réception est toujours aussi mauvaise et je me demande si je vais enfin pouvoir leur parler directement.

Orbiter 3 :

Aucun contact avec Tripoli sur VHF. Appelez Greg au secours.

Quelques minutes plus tard, John me répond :

Brian, Greg essaie de joindre Tripoli. Reste avec nous. Je te rappelle.

L'équipe du PC a dû réveiller Greg à 02 h 30 pour lui demander de l'aide. Tripoli, pour des raisons qui demeureront mystérieuses, a refusé de donner la moindre fréquence radio, et Greg doit nous frayer un chemin avec les moyens du bord. Les choses finissent par s'arranger, comme il me le raconte lui-même :

Ça tient du miracle ! Alger s'est montré coopératif et m'a donné un numéro de téléphone. J'ai appelé Tripoli à 3 heures du matin. Je suis tombé sur un type sympa, qui m'a dit : « Le ballon est trop au sud pour que nous puissions communiquer avec lui. Il y a des tours de contrôle, là-bas. Je vous donne les fréquences. »

Toute la nuit, nous aurons des problèmes de communication. Mais, au moins, personne ne nous donna l'ordre d'atterrir.

Bertrand

J'ai particulièrement bien dormi et, quand Brian me réveille à 7 heures avec une tasse de thé, je me sens en pleine forme. Sauf que, comme chaque matin, j'ai le trac. J'ai hâte de reprendre ma place dans le cockpit, d'avoir les nouvelles de la nuit et de lire les messages.

Nous survolons toujours le désert et je note dans mon journal : *Encore plus de sable que d'habitude.*

Un moment plus tard, j'ai une bonne raison d'envoyer au PC un fax enthousiaste :

Bonjour, Sue ! De retour aux commandes après un sommeil réparateur. FL 228, trajectoire 086° à 74 nœuds. Position : N 26.29/E 16.43. Si un jet-stream se définit comme un courant aérien soufflant à plus de 70 nœuds, tu peux annoncer aux médias que nous en chevauchons un pour la première fois !

Je me sens très fier, jusqu'à la réponse qui fait office de douche froide :

Ralentissez ! Merci pour votre message, mais on vous avait demandé de ne PAS dépasser les 70 nœuds ! Quoique... Luc vous fait dire que votre altitude et votre vitesse actuelles sont peut-être bonnes. Il vérifie.

Fort de cet encouragement en demi-teinte, je ne résiste pas à la tentation de continuer sur ma lancée. J'appelle à 08 h 36 :

Salut ! Le ballon se maintient sur une trajectoire parfaitement stable, sans que j'aie besoin de chauffer ou de soupaper. Malheureusement, je fais de l'excès de vitesse : 75-76 nœuds. Si Pierre et Luc insistent pour que je ralentisse, je peux évacuer un peu d'hélium, mais nous savons par expérience qu'il ne sera pas facile, plus bas, de nous stabiliser à nouveau. La trajectoire est plus proche de 80° que de 86°.

Luc et Pierre se montrent inflexibles et restent sur leurs positions initiales. Nous sommes toujours sur la frange de la grande dépression méditerranéenne qui nous a véhiculés depuis le départ. Si nous allons trop vite, nous risquons de nous retrouver à l'avant de ce système et d'être projetés vers le nord. Notre stratégie doit consister à nous déplacer vers l'est à la même vitesse que la basse pression, en restant le plus au sud possible.

Nous sommes donc obligés de redescendre. Mais seulement de quelques centaines de mètres. J'ouvre la soupape principale trois fois de suite – vingt secondes chaque fois – et nous perdons 400 m. Je m'adresse à Sue :

Suivant tes instructions, je suis descendu à FL 214, où j'ai trouvé un courant de 63 nœuds et 91°. Je constate qu'il est facile de jouer avec la direction et la vitesse en modifiant très légèrement notre altitude. Fais-moi connaître la route et la vitesse idéales, j'essaierai de les trouver de cette manière.

Alan me répond que notre trajectoire actuelle est parfaite. Nous poursuivons notre route, stabilisés à 7 000 m. L'isolation du ballon est si efficace que vous volons très loin en dessous du « plafond » : Ce terme définit l'altitude à laquelle la dilatation de l'hélium le hisserait dans la chaleur du soleil, avant que la pression excessive ne fasse déborder le gaz par les appendices.

Nous avons découvert par hasard qu'en nous allongeant sur le dos, la tête dans le renflement du hublot arrière (un à la fois, faute de place), nous pouvions apercevoir l'appendice situé de ce côté-là. Même chose à l'autre bout, en renversant la tête devant l'un des hublots du poste de pilotage. Du coup, chaque fois que la cellule d'hélium est particulièrement tendue, nous nous mettons à surveiller les appendices. Quand le ballon approche de son plafond, nous voyons littéralement descendre l'hélium, poussé depuis le sommet le long des tuyaux, qui se gonflent à son passage.

Tant que le dernier mètre de tuyau reste inerte, c'est que nous ne perdons pas de gaz.

Brian

Je suis de plus en plus agacé, cet après-midi, par l'inconstance du variomètre et l'incapacité de nos techniciens à résoudre le problème de façon définitive. Mon humeur transpire dans les commentaires que j'envoie à Alan :

Ici Brian le râleur. Bertrand installe la caméra Logitech pour faire un vidéoclip. Peut-être aimeriez-vous le recevoir, avant de regagner le confort de votre hôtel pour boire un bon whisky...

Cher Brian, me répond Alan, *je veux bien que tu sois de mauvaise humeur, mais tu connais la règle : nous sommes quelques-uns, ici, à attendre que tu nous confirmes que tout va bien. Oui, j'aimerais beaucoup voir ce que vous avez à nous envoyer, de préférence dans l'heure qui suit, afin que je puisse vite retrouver mon confortable lit king size avec couette en duvet et table de chevet-minibar. En ce qui concerne le Flytec : Tous les deux, vous n'arrivez pas à vous mettre d'accord pour m'expliquer avec précision si le problème varie entre le jour et la nuit.*

J'insiste sans me laisser intimider et je demande à Alan d'appeler Peter Joder, chez Flytec, pour lui demander conseil, avant que nous ne passions au plan B. Je précise :

Le plan B consiste à le démonter. Le plan C à l'attaquer à la hache...

Pendant qu'Alan part à la recherche de Joder, nous nous attelons à contacter la tour de contrôle du Caire. Nous y parvenons finalement, grâce au relais effectué par un avion de ligne égyptien.

En fin d'après-midi, parfaitement équilibré, le ballon vole tout seul, et nous prenons le temps de donner quelques interviews.

Bertrand

Alors que nous survolons toujours la Libye, j'entre en contact téléphonique avec le CIO. J'avais conservé la confiance de son président, qui a accepté de parrainer également notre troisième tentative, même si pour des raisons d'exclusivité commerciales nous ne pouvions plus arborer les cinq anneaux. Il s'agit maintenant d'envoyer à tous les comités olympiques nationaux le message de paix signé par Brian et moi. À eux ensuite de transmettre ce texte à leurs gouvernements respectifs, aux médias, etc.

Nous aurions voulu l'envoyer nous-mêmes depuis la capsule. Mais ces quelque cent quatre-vingt-dix fax nous auraient pris des heures... et consommé toute notre électricité.

Le message est rédigé en ces termes :

Notre ballon vient de décoller de Suisse, où se trouve le siège du Comité international olympique, qui parraine notre tentative d'effectuer sans escale le premier tour de notre Terre. Nous devrions plutôt dire de notre planète car, vus du ciel, les ensembles de formes et de couleurs que dessinent les plaines, les montagnes, les rivières et les océans inspirent le respect.

Nous n'avons aucun moteur à bord, et c'est uniquement le souffle du vent qui nous pousse vers votre pays. Il se peut que nous le survolions. Il se peut aussi que les courants aériens nous entraînent dans une autre direction. Quoi qu'il arrive, notre ballon devient, par la grâce des vents et pendant quelques jours, un trait d'union entre tous les pays du monde, ainsi qu'un ambassadeur des idéaux olympiques faits de paix, de compréhension mutuelle et de solidarité.

Mais, surtout, nous sommes portés par le désir d'entrer en contact avec les habitants de chaque pays, afin de leur décrire ce que nous voyons depuis le ciel.

En contemplant l'immensité du firmament auquel notre ballon est suspendu, nous ne pouvons qu'admirer avec humilité et modestie cet ensemble sans limites auquel l'humanité appartient. Dans un petit coin de l'Univers se trouve notre planète, et c'est avec affection que nous contemplons la nature, ce berceau dans lequel les humains naissent, vivent et meurent. Nous ne pouvons nous empêcher de penser à la chance extraordinaire que nous avons de pouvoir vivre ici. Ou plutôt à la chance que nous aurions si nous étions capables d'y vivre en harmonie avec notre environnement, nos voisins et nous-mêmes.

Vue du ciel, aucune montagne n'est semblable à une autre, aucune rivière ne suit le même tracé, et nous savons bien qu'aucun être humain ne ressemble à son voisin. Cette diversité, qui fonde la fabuleuse richesse de notre planète, est aussi à l'origine, parfois, des plus terribles conflits. Pourtant, chaque homme a les pieds sur la terre et la tête dans le ciel, comme chaque rivière prend sa source dans les montagnes. De même que les fleuves se dirigent vers la mer, tous les hommes suivent leur destin. Ils s'efforcent de parcourir, à leur façon, le chemin de leur vie. Ils peuvent le faire dans la guerre et le sang, ou dans l'épanouissement qu'offrent la tolérance, le sport, ou le sourire innocent d'un enfant. Chacun a le pouvoir de choisir sa voie, de prendre l'altitude nécessaire pour mieux comprendre le sens profond de son existence.

Aujourd'hui, notre chemin croise le vôtre. Demain, le vent nous poussera vers un autre pays. Nous poursuivrons notre vol et vous continuerez votre vie, qui est, elle aussi, une grande aventure.

En fin de compte, nous sommes peut-être tous à la recherche de ce qui guide nos pas.

Déjà, nous vous disons au revoir. Mais, plus que tout, nous vous demandons de nous aider à répandre ce message de paix sur toute la planète. Elle en a tant besoin.

De nombreux comités nationaux répondront à notre missive par des lettres souvent émouvantes.

C'est avec un immense soulagement que nous traversons la Libye sans difficultés. Devant nous s'étend l'Égypte. Où tout, en principe, devrait bien se passer.

À 19 heures, je vais me coucher sans arrière-pensées.

Et sans me douter que Brian s'apprête à passer une première partie de nuit très agitée.

Brian

Une menace possible se profile à l'horizon. Selon toute probabilité, nous allons survoler l'angle nord-est du Soudan, un pays que nous avions espéré pouvoir éviter. Ses réglementations stipulent en effet que tout appareil volant doit avertir au moins soixante-douze heures à l'avance de son entrée dans l'espace aérien. Pour autant que je sache, personne n'a rempli cette formalité en notre nom.

Enfin... tout va bien pour l'instant. À 21 heures, j'expédie un fax enjoué :

Mes chers amis John et Debbie,

J'espère que je n'ai pas rendu les choses plus compliquées, eu égard au Soudan. Nous prévoyons d'en couper un angle, comme quoi notre trajectoire est idéalement orientée au sud. Encore un pays à notre palmarès ! Oh ! Vous avez vu passer ce cochon volant, à l'instant ? Bertrand est couché. Nous nous sommes battus pour avoir l'ours en peluche. FL 230, 114°, 52 nœuds. J'ai décidé de vous envoyer au moins une lettre aimable, sans aucune insulte. Vous pourrez l'encadrer. Tendresses, Brian.

Une demi-heure plus tard, les perspectives s'assombrissent d'un seul coup. En regardant la carte de l'Égypte, je m'aperçois trop tard que nous fonçons droit sur une zone interdite : le grand barrage d'Assouan et ses environs. Le vent nous pousse à l'intérieur de ce périmètre d'un rayon de 50 km, rigoureusement fermé à tout appareil volant. On peut comprendre les Égyptiens : si un ennemi réussissait à bombarder le barrage, il noierait probablement la moitié du pays sous un raz de marée. Mais ira-t-on jusqu'à croire que notre ballon représente une réelle menace ?...

Le contrôleur aérien du Caire insiste de plus en plus lourdement :

Quelle est votre trajectoire ?... Combien de temps passerez-vous dans ma zone ?...

J'ai haussé les épaules avec une moue ignorante, à la manière arabe, écris-je à John, *mais cette réponse ne leur suffit pas de la part d'un infidèle.*

C'est le moment que les brûleurs choisissent pour s'éteindre. Le ballon perd rapidement de l'altitude. Je comprends que les deux réservoirs sur lesquels nous volions sont vides, et je me branche sur la paire suivante. Autre découverte : une valve d'une importance vitale a gelé et la veilleuse ne s'allume pas. De plus, communiquer par radio tout en m'occupant des brûleurs est une gymnastique pénible : le câble du casque ne mesure que 90 cm, et je dois l'enlever chaque fois que je vais me battre à l'arrière avec le tableau de contrôle des brûleurs. Une telle quantité de propane liquide se mit à gicler dans le cône à air chaud que, lorsque le gaz s'enflamme enfin, une véritable explosion secoue le ballon.

Là-dessus, Le Caire me demande de préciser ma position. Ce que je suis incapable de faire dans l'immédiat, ayant passé les dix dernières minutes à me battre avec les brûleurs. Changeant alors de ton, le contrôleur égyptien m'ordonne de modifier ma route, afin d'éviter la zone interdite. Je saute sur le téléphone et je demande à John de faire en sorte que nos propres contrôleurs, à Genève, contactent leur homologue égyptien et se débrouillent avec lui.

Heureusement pour moi, je ne connaîtrai que plus tard le détail de ces négociations.

Normalement, le trafic aérien doit suivre des procédures préétablies de façon rigoureuse. Les contrôleurs donnent les trajectoires et maintiennent les distances entre les appareils. Les pilotes obéissent sans poser de questions. Tout se passe en anglais, dans un jargon technique international.

– Dans ce cas précis, me dira plus tard Greg Moegli, il a fallu improviser, s'adapter au jeu de l'adversaire. Un vrai marchandage de bazar !

Après qu'on l'a, une fois de plus, réveillé au milieu de la nuit, Greg appelle Le Caire pour prévenir de l'arrivée du ballon. La réponse est instantanée et sans appel :

– Il vous est rigoureusement interdit de survoler le barrage ! Vous devez absolument le contourner à 50 km au moins, au sud ou au nord. Si vous passez outre, les chasseurs interviendront.

– Écoutez, dit Greg après avoir pris une profonde inspiration, les aéronautes ne peuvent pas diriger le ballon. C'est le vent qui décide, vous comprenez ? Vous savez, je suis moi aussi contrôleur aérien, c'est pourquoi j'ai pensé que, confraternellement, vous pourriez me donner un coup de main.

– Pas possible ! s'écrie l'Égyptien. Vous êtes contrôleur, vous aussi ! Formidable ! Où est-ce que vous travaillez ?

– À Genève. Ici aussi, le trafic est infernal...

– Bon, dit l'autre. Écoutez... parce que c'est vous, je réduis l'interdiction à 30 km autour du barrage... Oh, et puis... disons 20 km !

Finalement, nous passerons à 30 km au sud d'Assouan et les problèmes s'arrêteront là. Si ce n'est que le contrôleur du Caire, complètement amadoué par Greg, n'arrête plus de me faire le conversation :

Ne vous inquiétez pas... Je vous ai sur mon écran radar... Tout va bien...

N'empêche qu'à 22 h 32 j'envoie un fax râleur à Brian Smith à propos des événements de la nuit :

Bonjour, Smiffy ! Bienvenue dans l'enfer de Dante. Pourquoi donc fallait-il que ces sacrés réservoirs, qui contiennent plus de trente-six heures de carburant, se retrouvent à sec au moment précis où le contrôle du Caire m'ordonne de changer de route pour éviter ce damné barrage ? Je plongeais de 220 m à la minute, tout en essayant de faire fonctionner la valve archigelée, et c'est la veilleuse qui refuse soudain de s'allumer ! Il a fallu que je mette en marche les doubles brûleurs. J'ai pratiquement fondu l'enveloppe de bas en haut ! Enfin... Il paraît que ce sont les joies de l'aérostation !

Les bonnes nouvelles ? Les caméras ne tournaient pas et Bertrand ne s'est pas réveillé. Merci bien pour votre aide, vous tous ! C'est le règne des poules soûles, ou quoi ? Je me demande ce qu'on pourra encore trouver à faire pour s'amuser quand tout cela sera fini. Je reste à FL 217, ayant récemment essayé plusieurs autres niveaux.

C'est une règle que nous avions fixée entre nous : on ne réveille pas celui qui dort, à moins d'une urgence absolue. Je suis content d'avoir pu la respecter. La crise, après tout, était mineure. Nous n'avons jamais couru de grave danger, même si notre soudaine perte d'altitude nous a probablement fait descendre 300 m en dessous de notre plancher autorisé. Vu les circonstances, je me suis abstenu de le signaler au contrôle du Caire et je suis remonté le plus vite possible.

Prochaine visite : le Soudan. J'essaie de contacter le contrôle de Khartoum sur la radio HF. Pas de réponse.

J'interroge notre PC :

Pensez-vous qu'on puisse se glisser ni vu ni connu à travers le pays ? J'y ai fait jadis une opération de sauvetage avec la RAF. Appelez-les et dites que Jumima de Juba dit que c'est OK.

Smiffy, qui vient de prendre le relais, a sa propre idée :

Vous avez peut-être une fois « opéré » au Soudan, lieutenant, mais ça ne nous avance à rien aujourd'hui. Quant à « se glisser ni vu ni connu », ce n'est absolument pas dans la manière anglaise. Allez-y tous brûleurs allumés et crachant le feu!

C'est ce que nous décidons de faire. À notre grand étonnement, pas un mot des Soudanais. Notre transpondeur ne cesse de leur communiquer les détails de notre position. Ils savent donc que nous sommes là, mais nous n'entendrons jamais le son de leurs voix.

Peu avant minuit, j'ai l'agréable surprise de recevoir un message du ballon *Cable & Wireless*, rédigé dans le style inimitable d'Andy Elson :

Bonjour brian et bertie,

Bravo pour nous avoir rejoints dans les airs. Paraît que votre gonflage a été légèrement chaotique? Évidemment, dès que je ne suis pas là...

On nous dit maintenant que vous avez des problèmes de glace. Pourquoi? pas assez de gin?

Alors comme ça, vous avez décidé de nous suivre et de finir seconds, bravo, faisons la fête ensemble à l'arrivée! Aux frais de Cameron balloons, après tout, ce sont eux qui se seront le plus enrichis dans toute cette histoire.

Désolés que vous ayez raté le jet-stream pour l'Irak. Et maintenant?... Nous prévoyons quant à nous un vol d'une durée totale de 26 à 28 jours, en fonction du temps passé à attendre les vents favorables au-dessus du Pacifique et de l'Atlantique. Attendons pour l'instant au-dessus de Taïwan que s'ouvre la route du Pacifique.

Tous nos vœux pour un vol agréable et sans problème.

Colin et Andy.

P.-S. : Désolés perdu votre numéro puis trop épuisés en remontant le détroit de Formose à la nage en tirant un ballon n'a rien à voir avec la piscine à Swindon grosses bises Andy.

Ces tournures farfelues m'ouvrent soudain des perspectives qui me font frissonner d'excitation.

Andy est coincé au-dessus de Taïwan, obligé de faire du surplace pendant deux jours par crainte que le vent ne l'entraîne au sud et ne le fasse plonger vers Hawaï, comme Branson. De notre côté, nous devrions atteindre la Chine d'ici quarante-huit heures.

On dirait que nous rattrapons notre retard à toute allure...

Le comportement de nos réservoirs principaux est plus que satisfaisant. La première paire de réservoirs auxiliaires a duré trente-six heures ; la seconde trente-trois. Mais nos deux premiers réservoirs principaux ont tenu quarante et une heures. Un record que je trouve particulièrement encourageant.

Je me couche à 03 h 30, ce 6 mars. J'ai eu ma dose pour la nuit. Un dernier message à Smiffy :

Je sens que je vais rêver de contrôleurs aériens tombant d'un barrage parce que leurs moteurs ne s'allument pas...

Bertrand

Nous survolons toujours le Soudan, quand je prends le relais aux commandes, un peu avant l'aube du sixième jour. Une fois de plus, je suis ébloui par le spectacle du soleil levant sur le désert. J'ouvre mon petit carnet vert pour écrire :

*Je vais bientôt devenir un expert en matière de déserts. Celui-ci, le désert nubien, est encore différent des autres. Les montagnes sont très sombres, contrastant avec le sable gris clair tassé au fond des vallées. Il s'y accumule probablement sous l'effet de pluies occasionnelles violentes. Même entièrement minérale, la nature ne cesse d'être magnifique. Aux origines, la Terre entière devait ressembler à cela. Pendant la course transatlantique, en 1992, je n'ai survolé que de l'eau. À bord d'*Orbiter 3, *nous n'aurons vu que du sable pendant cinq jours. Mais cette traversée du vrai désert est infiniment plus motivante que la traversée du désert de ces trois derniers mois... Celle-là a été réellement éprouvante.*

Une montagne, couronnée de nuages, domine toutes les autres. Au PC, je raconte :

Je viens de voir le Fuji-Yama local, mais celui-là a un chapeau de nuages posé sur son sommet, en lieu et place de la neige. Il surplombe, de sa solitude immense, tout le désert soudanais.

Lorsque, à 6 heures, nous franchissons les côtes de la mer Rouge, je constate que le désert se jette directement dans l'eau. C'est magnifique à voir. Je reprends mon journal :

Nous sommes de grands privilégiés, Brian et moi, de voir défiler ces paysages tous plus extraordinaires les uns que les autres.

Nous nous dirigeons vers l'Arabie Saoudite. À moins que les vents ne nous entraînent au Yémen. Le PC nous avertit par téléphone de ne pas descendre trop au sud, vers l'Érythrée et l'Éthiopie, où la guerre fait rage.

Un sentiment de révolte me prend en entendant ces mots. Il est à peine imaginable que des hommes puissent être en train de s'entre-tuer, là en bas, alors même que nous les survolons dans une sorte de paradis.

Je continue d'écrire pour moi :

En dessous de nous, des gens se battent et meurent sans même savoir pourquoi. Pour la plupart d'entre nous, la guerre n'est qu'une péripétie lointaine, une information de plus, entrevue dans un journal ou aperçue au « 20 heures ». Nous voyons des gens mourir et nous zappons. Nous oublions alors que les victimes continueront à souffrir pour le reste de leur vie, que les blessés sont mutilés de façon permanente et que l'existence sera affreuse pour ceux qui ont perdu leurs proches. Nous ne saisissons pas l'horreur de ces blessures inguérissables. Les cris de ceux qui souffrent devraient nous empêcher de dormir. Par quel hasard sommes-nous venus au monde dans un tel confort que nous pouvons nous offrir le luxe de consacrer notre énergie à faire le tour de la Terre en ballon. Pendant ce temps, d'autres luttent pour survivre, ou courent pour échapper à ceux qui veulent les massacrer. S'il y a des réponses, je ne les connais pas. Je ne peux que me sentir de plus en plus soucieux du sort de notre planète, de plus en plus préoccupé par la façon dont on vit dans ce monde.

Le premier fax matinal d'Alan me parvient :

D'après notre expérience, le contrôle d'Arabie saoudite devrait se montrer plus présent et plus coopératif que celui du Soudan. Quand vous aurez établi le contact avec Djeddah, faites-nous un rapport de routine sur la fréquence et la station, pour que le contrôle suisse ne se sente pas exclu.

Avez-vous revu l'insecte que Kieran a repéré dans la capsule avant le décollage ? A-t-il profité de votre sortie pour s'échapper ? Cette question préoccupe les médias.

Ma femme me dit qu'elle a entendu Brian, la nuit dernière. Elle me reproche d'en savoir plus par la télévision que par moi. Navré d'apprendre que vos aliments frais sont épuisés. Vous pourrez toujours manger la mouche...

Pour une fois, quelque chose lui a échappé :

Si tu écoutais plus attentivement la radio suisse romande, tu saurais que le petit moustique qui a tenté de s'offrir un voyage vers le sud dans notre capsule est décédé quelques heures après le décollage. Je l'ai mordu le premier.

Près de la côte saoudienne, juste en face de La Mecque, nous entrons en contact avec le contrôle aérien de Djeddah. Même si une brume de chaleur nous empêche de la voir, je sais que je suis tout près de la ville sainte, et je note : *Cela force le respect de Dieu, quelle que soit sa religion, et quel que soit le nom qu'on Lui donne.*

Brian se réveille indigné, sur le coup de midi, et ne perd pas un instant pour en expliquer la raison au PC.

Notre foutue couchette est mouillée ! Bertrand et moi avons échangé des regards inquisiteurs, et nous avons même soupçonné Sean. Enquête faite, il s'avère que l'isolation interne s'arrête en haut du matelas et que l'humidité se condense sur la paroi à côté de la couchette. Notre literie est maintenant suspendue dans la nacelle. On se croirait dans un pressing !

Il fait une température agréable dans la capsule. Comme toujours, Brian semble moins frileux que moi. Nous portons tous les deux des pantalons Karrimor doublés, mais, là où Brian se contente d'une chemise, j'enfile un sweat-shirt Breitling bleu et même, souvent, une laine polaire par-dessus. C'était déjà comme ça avec Andy sur *Orbiter 2* : je portais toujours quatre ou cinq couches de vêtements, alors qu'il était pratiquement nu.

Cet après-midi restera l'un des plus agréables de tout le vol. Nous le passerons ensemble dans le cockpit, sans être débordés de travail, les messages radio étant rares. Nous prenons beaucoup de plaisir à observer les gros cumulus qui flottent autour du ballon, à boire du thé et à nous faire des confidences. Brian évoque les endroits où il a vécu et les moments importants de sa vie. Je parle de mes propres expériences. Nous voyageons en pleine sérénité.

Parfois, nous profitons d'un silence dans la conversation pour donner un coup de brûleurs et passer par-dessus un cumulus. Ces nuages ne représentent aucun danger, mais en les traversant, le ballon se couvrirait d'humidité, ou même de glace. Alors, nous préférons les éviter autant que possible. Il arrive que nous nous déplacions plus vite qu'eux et nous jouons à saute-mouton avec ces grosses masses cotonneuses, prenant notre élan et retombant de l'autre côté en souplesse.

Au coucher du soleil, nous apercevons de minuscules villages nichés au fond des vallées : les premières habitations humaines depuis cinq jours. Levant les yeux, un autochtone identifierait certainement cet objet rond et argenté traversant le ciel comme étant un ballon. Nous faisons du 46 nœuds et nous ne sommes qu'à 6 000 m. Je me souviens de Per Lindstrand disant que, quand il volait à 40 nœuds, il avait l'impression d'aller beaucoup trop lentement pour avoir une chance de faire le tour du monde. Pourtant, notre vitesse moyenne depuis le décollage est exactement celle-là. Et nous comptons bien avoir assez de carburant pour aller jusqu'au bout. Nous commençons à avoir la confirmation que la bonne méthode pour réussir n'est pas de voler vite et haut en permanence, mais de jouer avec la superposition des courants, quitte parfois à nous déplacer lentement.

Mais ce serait trop beau si la vitesse et le carburant étaient les seuls paramètres. La politique s'en mêle une fois de plus, comme le révèle soudain un nouveau message d'Alan :

Attention ! Votre trajectoire actuelle risque de couper une vaste zone dangereuse au Yémen. Nous essayons de calculer une nouvelle route, qui vous permettrait d'éviter presque complètement le pays. Il s'agit de réduire au minimum la composante sud, jusqu'à ce que vous soyez hors d'atteinte. Ne descendez pas au dessous de FL 220 et ne montez pas à plus de FL 240 pour l'instant. Nouveau rapport météo dans 30 minutes.

Je réponds :

Bien reçu l'avertissement. Montons à 220-230. De là, vous décrirons la trajectoire observée. Suis un peu inquiet car allons légèrement moins vite que ce qui était prévu par la météo du 4 mars. Est-ce un inconvénient ou un avantage ?

Luc dit que c'est un avantage, nous rassure tout de suite Alan en nous informant des caps et des vitesses que nous sommes susceptibles de rencontrer selon les niveaux.

Mais, rassurés, nous ne le sommes qu'à moitié.

Devant nous s'étend un territoire prohibé au-dessus duquel, d'après nos cartes aéronautiques, tout intrus risque d'être abattu sans sommation.

7

Danger en vue

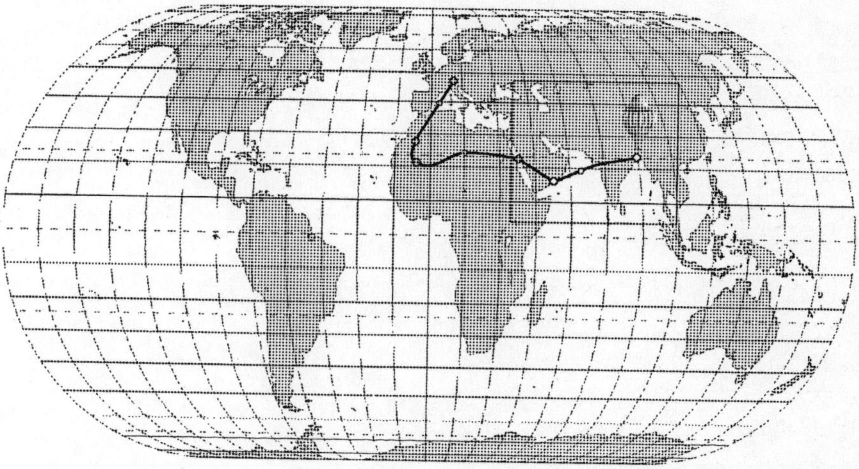

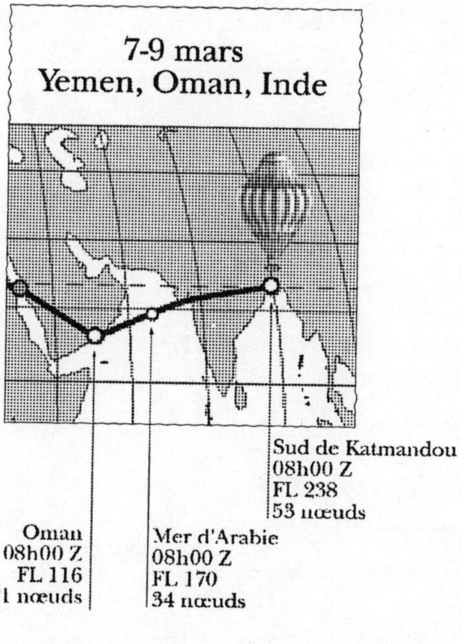

Brian

Entourée de rouge sur nos cartes, la zone dangereuse qui s'étend devant nous est une longue bande de territoire qui va du sud-ouest au nord-est du Yémen. Elle coupe pratiquement le pays en deux. De l'avis de nos spécialistes, il est clair que nous allons avoir du mal à l'éviter, même en prenant de l'altitude pour gagner des degrés vers le nord.

Personne ne peut nous dire pourquoi les Yéménites ont déclaré cette zone interdite. Nous supposons qu'elle doit servir à des manœuvres militaires. Bertrand, lui, ne s'affole pas. Avec un certain cynisme, il émet des doutes quant à la capacité des chasseurs yéménites à évoluer en conditions nocturnes à haute altitude. À l'entendre, leurs armes les plus sophistiquées doivent être des fusils anti-émeutes !

Je me laisse convaincre · à 7 000 m, nous devrions être à l'abri.

Même si nous allons traverser cette région en pleine nuit, nos contrôleurs genevois ne sont pas tranquilles. Comme le lance Patrick Schelling : « Avec le nombre de fanatiques en liberté dans des pays comme celui-là, on peut s'attendre à tout, y compris à ce qu'ils tirent à vue en vous apercevant. »

Il n'exagère pas : il pense au drame de l'une des Gordon Bennett, prestigieuse course de ballons à gaz qui se tient chaque année. Partis de Suisse, deux concurrents se retrouvèrent au-dessus de la Biélorussie. Les organisateurs avaient obtenu une autorisation de survol de la part des autorités civiles, mais celles-ci avaient négligé d'en avertir l'armée. Un hélicoptère militaire força un ballon à atterrir et en abattit un autre, tuant les deux pilotes...

Si les Yéménites ne nous donnent pas l'autorisation de franchir leur zone interdite, ou tout au moins l'assurance qu'on ne nous attaquera pas, notre PC est décidé à mettre un terme à notre expédition.

Alors que nous survolons la mer Rouge et que nous sommes encore à 240 km des côtes, Patrick voit venir les ennuis et tente de résoudre la situation par les voies administratives. Comme nous n'avions pas prévu de traverser le Yémen, nous n'avions pas demandé d'autorisation préalable. Patrick est ainsi contraint d'entamer les négociations à partir de zéro. Et à la dernière minute. Il commence par essayer de joindre l'aéroport de Sanaa. Mais celui-ci, considéré comme une zone de haute sécurité, refuse, dans un premier temps, de lui donner le numéro de la tour de contrôle. Lorsqu'il obtient enfin la ligne, on exige de lui qu'il fasse une demande officielle à l'Aviation civile. Ce qu'il fait immédiatement, mais sans obtenir de réponse. Ses interlocuteurs parlent très mal l'anglais et il est difficile de cerner leurs intentions ou de se faire une idée précise de leurs dispositions à notre égard. A priori, il n'est pas exclu qu'on nous donne un accord verbal... et qu'on nous tire dessus quand même.

Les choses ne sont pas simples ; Patrick se voit obligé de rappeler plusieurs fois de suite la tour de contrôle, en réitérant sa demande :

– Quelle est la destination du ballon ? articule avec difficulté son homologue yéménite.

– Il fait le tour du monde.

– Quelle est sa destination ? répète le contrôleur. Si vous avez déposé un plan de vol, vous avez bien un lieu de départ et un aéroport d'arrivée.

Après un dialogue de sourds qui paraît interminable, l'homme fait finalement mine de comprendre, mais explique qu'il n'a pas le pouvoir d'accorder un feu vert de sa propre autorité. À distance, Patrick cherche à comprendre ce qui se passe dans la tête de son correspondant. Essaie-t-il vraiment de nous aider, ou bien ne fait-il que de vagues promesses, dans le seul but de se laver les mains de toute responsabilité ? Cet homme a beau être un collègue dont le rôle consiste à fournir des couloirs de sécurité aux appareils, il appartient à un autre monde. Cette histoire de voyage en ballon n'est sans doute à ses yeux qu'une lubie d'Occidentaux, et le sort d'*Orbiter 3* doit être le cadet de ses soucis.

Arrivé au terme de cette longue et difficile négociation, Patrick a acquis la quasi-certitude qu'on ne va pas nous attaquer. En parlant à la personne directement responsable des opérations, plutôt qu'à un lointain supérieur hiérarchique, il a le sentiment d'avoir remporté une bataille psychologique. Mais le contrôleur n'a jamais dit : « C'est bon, je vous donne l'autorisation. » Il s'est contenté de tourner autour du pot. Si nous mordons la zone interdite, ne serait-ce que de quinze mètres, il n'est toujours pas exclu qu'un imbécile quelconque donne l'ordre de nous descendre.

Patrick rentre chez lui, toujours hanté par la catastrophe biélorusse. Qu'est-ce qui a bien pu se passer dans la tête de ces hommes, pour qu'ils puissent commettre un tel acte de barbarie ?...

Si Patrick avait pris la décision de nous faire atterrir, nous aurions dû plonger dans la mer Rouge. Pour ne pas nous affoler, personne ne nous dit à quel point nous frôlons la catastrophe. Sur le moment, John Albury, dans un fax, se contente d'évoquer quelques difficultés :

À propos du Yémen, aucune réponse officielle, mais Patrick a parlé au contrôle de Sanaa et pense qu'il n'y aura pas de problème.

Il nous donne un numéro de téléphone et une fréquence radio qui nous permettront, le cas échéant, de contacter le responsable, et ajoute qu'en dernier ressort il demandera à Alan de passer par les voies diplomatiques.

À 6 500 m, nous découvrons encore un nouveau genre de désert. Celui-là est couvert de milliers de bosses minuscules qui font poser au médecin de bord un diagnostic de petite vérole !

De mon côté, je fais part de nos efforts pour infléchir au nord notre direction et éviter la zone dangereuse :

Sommes montés à 6 500 m. Route s'est maintenue entre 099 et 104. Descendons à FL 198, où nous étions sur 098 ou 099. Pouvons pas mieux faire, malheureusement. D'après nos calculs, nous atteindrons la zone prohibée dans 5.5 heures. Encore du temps devant nous pour arriver à changer de route, avec un peu de chance. John, peux-tu dire à Nik, Patrick et Greg que nous sommes sensibles à leurs efforts et que je leur permettrai de me réinviter à déjeuner quand tout sera fini. Djeddah nous a repérés au radar. A l'air content.

C'est frustrant de devoir remonter vers le nord, après toute la concentration de ces derniers jours pour nous maintenir au sud. Mais Luc, talonné par Patrick, se montre intraitable. Deux fois dans le même message, il nous demande de coller autant que possible à la trajectoire 090, puis, une fois le danger derrière nous, de descendre à 4 000 m pour reprendre un cap de 100° :

On nous confirme que la zone critique, au Yémen, ne posera pas de problème. Il vous fait tout de même appeler le numéro que nous vous avons déjà donné. Je pense que c'est une formalité, mais votre survol a été arrangé de cette manière. Quant au déjeuner, c'est toi qui m'inviteras, étant donné que je me suis crevé le c... pour vous deux !

Nous n'obtiendrons jamais de réponse au numéro en question. À 19 h 15, je lui annonce :

Je n'ai pas arrêté de monter et de descendre comme un ascenseur pour trouver 090, mais je n'ai pas pu faire mieux que 093. On dirait que nous allons pénétrer dans l'extrémité nord de la zone prohibée. D'après mes estimations, nous en sortirons à 01 h 00 Z.

Au PC, l'atmosphère est toujours aussi tendue. Inconscient des difficultés créées par les Yéménites, je faxe à 20 h 34 :

Mangé de la purée en poudre et un burger végétarien pour dîner. On ne peut pas être et avoir été...

Sur le même ton, John me demande si je veux recevoir demain les résultats du Grand Prix de Formule 1. Peu après, Jo m'apprend qu'Andy et Colin, à bord de *Cable & Wireless*, sont au sud d'Osaka et devraient attaquer la traversée du Pacifique d'ici deux jours. Quand Luc s'enquiert de la nécessité d'une EVA pour dégivrer, je réponds sans hésiter :

Non, nous ne voulons pas descendre. Nous sommes disposés à garder nos poubelles avec nous, si cela peut nous faire atteindre plus vite les courants rapides. Pas de glace à ma connaissance.

© Archives Piccard

En 1931 et 1932, le professeur Auguste Piccard, inventeur de la capsule pressurisée, réussit les deux premiers vols stratosphériques.

En 1998, *Breitling Orbiter 2,* dont la taille et la forme évoquent celles du ballon d'Auguste Piccard, se pose en Birmanie après un vol record de 9 jours, 17 heures et 55 minutes.

© Breitling

© Gamma

Vus par l'écoutille arrière : Brian Jones *(à gauche)* et Bertrand Piccard, pendant la construction de la capsule de *Breitling Orbiter 3.* À gauche, on aperçoit le réservoir d'oxygène liquide.

© Bill Sly

Détecteur de monoxyde de carbone.

Montre-chronomètre Breitling.

Contrôle de niveau d'oxygène.

Tableau de contrôle des niveaux d'acide carbonique, propane, dioxyde de soufre.

Signaux d'alerte lumineux.

Feux de navigation.

Variomètre Flytec.

Moniteur vidéo extérieur.

La partie centrale du tableau de bord, dans le cockpit.

À gauche : les systèmes électriques, les contrôles de température et de distribution d'oxygène, et les fusibles.

À droite : le GPS, le téléphone par satellite, les commandes des caméras exérieures, les systèmes d'urgence et les commandes des soupapes d'hélium.

© Bertrand Piccard et Brian Jones

Pendant la première EVA, Brian va larguer l'un des réservoirs auxiliaires vides. Bertrand nettoie l'extérieur des hublots à l'aide d'une éponge attachée à une antenne de radio HF et une perche.

© Bertrand Piccard et Brian Jones

© Bertrand Piccard et Brian Jones

Après une semaine passée à survoler le désert nord-africain, les pilotes garderont longtemps en mémoire la variété de ses formes et de ses couleurs. Ces étendues désertiques les pousseront à éprouver encore davantage de respect envers le miracle de la vie sur cette planète.

© Bertrand Piccard et Brian Jones

© Associated Press / St Louis Dispatch

Concurrents et amis. Steve Fossett décolle du Bush Stadium de Saint Louis, à bord de *Solo Spirit*, pour une de ses cinq tentatives de tour du monde.

© PA

L'ICO Global Challenger, de Richard Branson, au-dessus du mont Fuji, le 24 décembre 1998.

© PA

Le *Cable & Wireless* d'Andy Elson amerrit dans le Pacifique le 7 mars 1999. Désormais, pour l'équipe Breitling, la route de la victoire est ouverte.

© Chas Breton

Par un vent dangereusement turbulent, *Breitling Orbiter 3* décolle enfin. Après trois mois d'attente et de doutes, plus personne n'y croyait. L'émotion en est d'autant plus intense sur l'aire d'envol, où les spectateurs sont des milliers à manifester leur enthousiasme.

Le ballon est encore proche du sol. Mais il s'élèvera à la même altitude que l'avion de ligne qui le survole : entre 10 000 et 12 000 m.

© Chas Breton

© Édipresse – S. Féval

Le survol des Alpes est un moment de vérité. Dans un silence absolu, Bertrand et Brian peuvent constater le parfait fonctionnement de leur nouveau ballon.

Alors que des vents faibles les portent vers le sud, une vue superbe du Cervin s'offre à eux par le hublot bâbord.

© Bertrand Piccard et Brian Jones

© Keystone

© Édipresse – Di Nolfi

Au PC de Genève, l'équipe restera sur le qui-vive pendant toute la durée de l'expédition. Luc Trullemans *(en haut à gauche)* explique à la presse les trajectoires prévues. Greg Moegli et Niklaus Gerber *(en haut à droite)* guident le ballon à travers le trafic aérien. Pierre Eckert *(en bas à gauche)* calcule les trajectoires par ordinateur. *En bas à droite* : Patrick Schelling, le troisième contrôleur aérien de Swiss Control.

© Patrick Schelling

© Patrick Schelling

© Breitling

Une partie de l'équipe, pendant l'assemblage de la capsule, à l'atelier de Château-d'Oex. *De gauche à droite* : Brian Jones, Bertrand Piccard, Stefano Albinati, Thedy Schneider, Alan Noble, Pete Johnson, Kieran Sturrock, Joanna Jones et Roland Wicki.

© Bill Sly

Ultimes vérifications de l'équipement, avant chargement. Brian et Bertrand, avec Pierre Blanchoud.

© Bill Sly

Après trois mois de doutes et de fausses alertes, la capsule de *Breitling Orbiter 3* est enfin transportée sur le site de décollage.

© Annie Clément

Tel un fantôme au cœur de la nuit, entouré de brume par les vapeurs d'hélium liquide, le Mylar argenté de l'enveloppe de *Breitling Orbiter 3* étincelle sous les projecteurs de l'aire de décollage. Pour l'opération particulièrement difficile que constitue le gonflage, il est essentiel de ne pas avoir un souffle de vent.

© Édipresse – S. Féval

© Édipresse – P. Martin

© Yvain Genevay

© Bill Sly

Le moment le plus difficile de tous : les adieux à ceux qu'on aime. *En haut à gauche* : Brian et sa femme Jo font face aux objectifs.

En haut à droite : Bertrand et son père Jacques ne peuvent cacher leur émotion. C'est l'heure du départ, l'instant de vérité.

Bertrand fête son anniversaire avec Michèle et leurs trois filles : Estelle, Oriane et Solange.

© Yvain Genevay

© Breitling

Quand le soleil se lève au-dessus de Château-d'Oex, l'équipe inspecte le ballon pour la première fois. L'enveloppe est si fragile qu'elle n'a pas pu être testée préalablement. Elle n'aura subi qu'un seul gonflage : celui du départ.

© Martin Rütschi

Bertrand et Brian lèvent les bras en signe de victoire. Ils viennent de retoucher terre après le plus long vol jamais réalisé dans l'histoire de l'aviation.

© Bertrand Piccard et Brian Jones

Pendant que trois cents journalistes essayent vainement de rallier le site d'atterrissage, Bertrand et Brian prennent eux-mêmes la photo de la victoire avec un appareil muni d'un retardateur. La glace, tout en bas des réservoirs, indique le niveau de carburant qui reste à l'arrivée...

© Bertrand Piccard et Brian Jones

Brian se lave les cheveux avec l'unique bouteille d'eau tiède.

© Bertrand Piccard et Brian Jones

Après sept heures passées dans le désert, les pilotes sont enfin récupérés par un hélicoptère égyptien.

© Associated Press

Au PC, à l'annonce de la victoire, Alan Noble, directeur de vol, arrose de champagne le reste de l'équipe.

© F. Wichser

Les deux magiciens de la météo, Pierre Eckert et Luc Trullemans, ont travaillé en parfaite complémentarité pendant toute la durée du projet.

© Cecilia Smith

Après le succès de la mission, le bonheur de l'équipe au sol est aussi intense que celui de l'équipage. *De gauche à droite (derrière)* : John Albury, Debbie Clarke, Brian Smith, Sue Tatford, Cecilia Smith. *Devant* : Joanna Jones et Alan Noble.

© Édipresse – Di Nolfi

© Sygma

En partageant leur triomphe avec le reste de l'équipe, leur famille et les milliers de personnes venues les accueillir en héros à Genève, Brian et Bertrand commencent seulement à comprendre que leur rêve s'est réalisé.

© Popperfoto

© Bertrand Piccard et Brian Jones

Au moment où le soleil se lève sur la Chine, le pays entier se trouve sous une couche nuageuse.

Ces nuages orageux, à l'horizon, sont capables de déchirer le ballon. Pendant les cinq premiers jours de survol du Pacifique, à faible vitesse, l'océan devient pour Bertrand et Brian le miroir de leurs émotions, de leurs doutes et de leurs angoisses.

© Bertrand Piccard et Brian Jones

© Bertrand Piccard et Brian Jones

Le sixième jour de la traversée du Pacifique, au sud d'Hawaï, le ballon entre enfin dans le jet stream et se retrouve entouré de cyrrus que colore le soleil couchant.

© Bertrand Piccard et Brian Jones

La traversée du golfe du Mexique constitue le pire moment du vol. Au lieu de se diriger vers l'Afrique, le ballon est éjecté vers le Venezuela et double sa consommation de propane. Dans la capsule, Brian et Bertrand craignent un début d'œdème pulmonaire. Au moment où Brian se réveille, les deux hommes mettent leur masque à oxygène pour résoudre leur problème respiratoire.

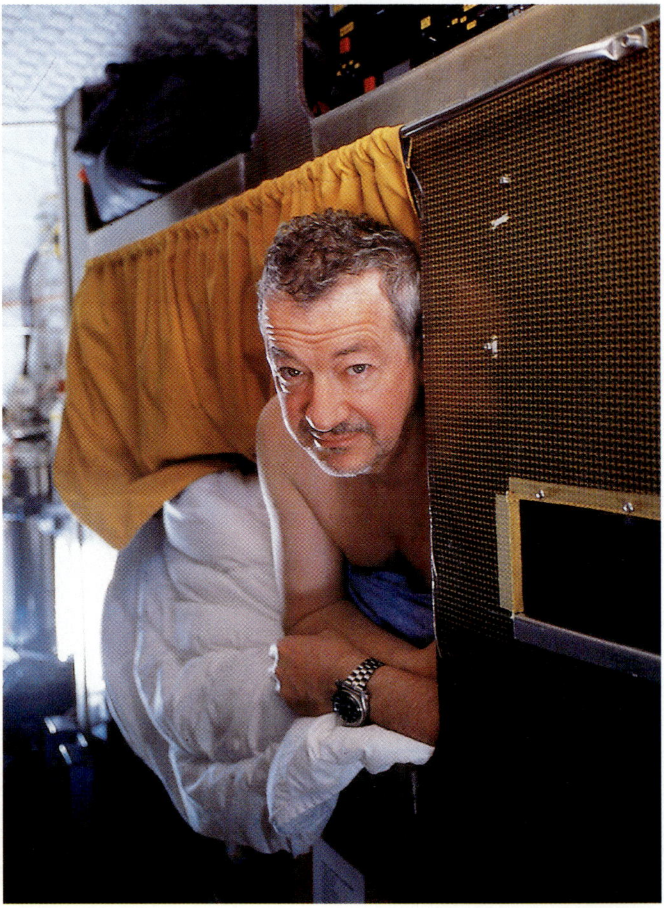

© Bertrand Piccard et Brian Jones

© Bertrand Piccard et Brian Jones

Après trois semaines de vol, *Breitling Orbiter 3* traverse les déserts nord-africains pour la seconde fois. À l'intérieur de la capsule, la concentration ne doit pas faiblir. Mais au PC de Genève, le champagne coule déjà à flots.

Une demi-heure avant l'atterrissage dans le désert égyptien, alors que le ballon survole à basse altitude un plateau érodé, la glace tombée de l'enveloppe s'amasse sur le toit de la capsule.

© Bertrand Piccard et Brian Jones

© Popperfoto / Reuter

L'avion Breitling prend les seules images de la descente du ballon vers le désert égyptien.

Vus de l'avion, Bertrand et Brian essaient désespérément de dégonfler leur ballon. Celui-ci, transformé en une énorme voile, traîne la capsule dans le sable.

© Sygma

© Bertrand Piccard et Brian Jones

© Bertrand Piccard et Brian Jones

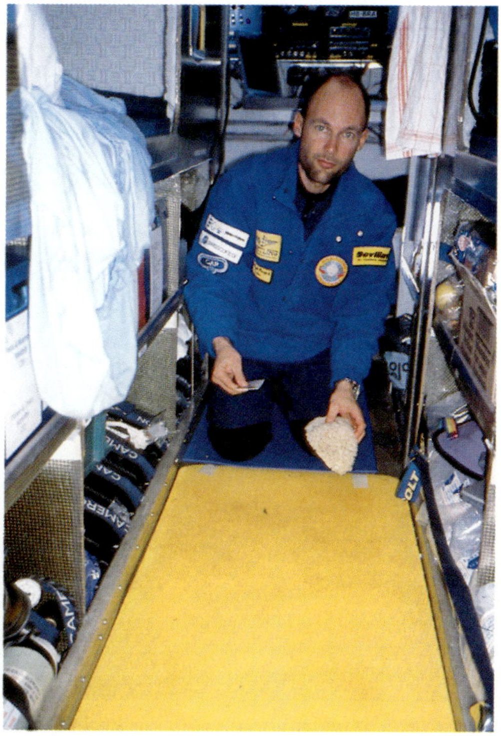

Dans le cockpit, Brian est installé face au tableau de bord. Sous sa main gauche : l'ordinateur portable au moyen duquel les deux hommes communiquent par fax avec le PC. Dans le couloir central de la capsule, Bertrand éponge l'eau et la glace tombées de l'unité de contrôle de carburant située au plafond.

Comme le montre Bertrand, il faut se brosser les dents, même quand les parents ne sont pas là pour vous y obliger.

© Bertrand Piccard et Brian Jones

© Bertrand Piccard et Brian Jones

Pour fêter leur traversée réussie de la Chine, Brian et Bertrand se confectionnent des chapeaux chinois avec leurs cartes de navigation.

En s'efforçant de rester à l'altitude nécessaire pour maintenir le bon cap, le ballon se trouve parfois à quelques dizaines de mètres à peine du sommet des nuages.

© Bertrand Piccard et Brian Jones

© Musée olympique du CIO. Maeder

Devant la Flamme olympique, à Lausanne, Bertrand et Brian reçoivent l'Ordre olympique des mains de Juan Antonio Samaranch, président du CIO.

© PA

Chez Cameron Balloons, à Bristol, où elle rencontre également les autres membres de l'équipe, Sa Majesté, la reine Élisabeth II, remet à Bertrand et à Brian le trophée Charles-Green.

© Yvain Genevay

Bertrand et Brian inaugurent le monument élevé à Château-d'Oex pour commémorer leur exploit.

© Sygma

De retour à Paris, le livre ayant appartenu à Jules Verne est officiellement rendu à Jean-Jules Verne, arrière-petit-fils du célèbre écrivain.

© Keystone

« Nous étions deux pilotes en décollant, deux amis pendant le vol, deux frères à l'arrivée. »

Symbolisée par ce hublot givré devant le soleil levant, la plus grande de toutes les aventures est sans aucun doute la vie elle-même.

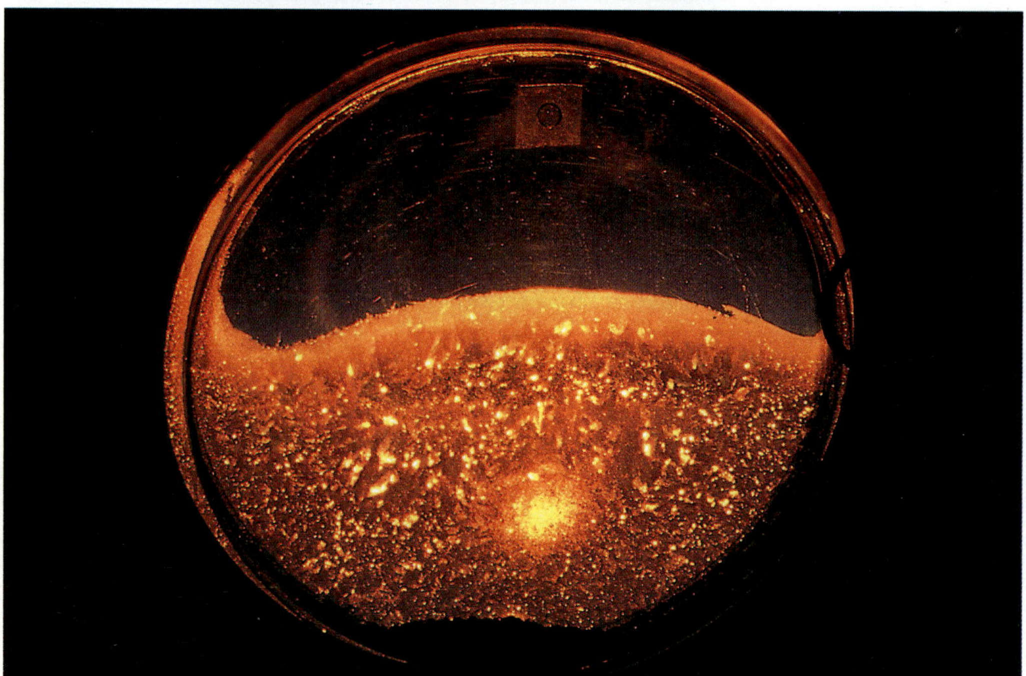

© Bertrand Piccard et Brian Jones

À 23 h 15, d'après mes estimations, nous touchons le nord de l'espace prohibé. J'interroge Smiffy :

C'est peut-être un effet de mon imagination, mais, d'après mes cartes, nous sommes dans la zone rouge. Quoi toi penser, fidèle éclaireur ?

Réponse de Smiffy :

Vous êtes en plein dedans, les potes, comme d'habitude. Pour être franc, vous frôlez le haut de la zone, mais il faut avouer que ça dépend de l'épaisseur du trait.

Pendant que Patrick se débattait avec les Yéménites, Luc et Pierre s'efforçaient de calculer la meilleure route pour la suite du parcours. Le résultat de leurs cogitations me parvient juste avant que j'aille dormir :

D'après nous, les altitudes situées entre FL 180 et FL 240 devraient vous pousser pendant les prochaines 48 heures vers le nord de l'Inde. Le pic de cette trajectoire vous amènerait vers 90° de longitude est, c'est-à-dire un peu trop au nord pour éviter l'Himalaya et satisfaire aux exigences chinoises.

Il faut donc mordre au sud dès que vous serez sortis de la zone interdite ! Au moment qui vous semblera le plus approprié, descendez entre FL 100 et FL 130. Votre vitesse doit se maintenir à 20-25 nœuds. Il s'agit d'atteindre une latitude de 17° N avant de traverser la mer d'Arabie. Ce qui signifie que vous devez rester à basse altitude pendant environ 12 heures.

Nous n'avons jamais nous-mêmes communiqué avec les autorités yéménites. Mais le clignotant orange de notre transpondeur révélait que leurs radars nous captaient. C'était bon signe.

Bertrand

Brian se couche à 02 h 30 Zulu. Deux heures plus tard, un message stupéfiant de Jo me fait oublier l'aube magnifique qui se lève devant moi :

Alan m'appelle à l'instant. Le PC de Cable & Wireless vient de l'informer qu'Andy et Colin amerrissent à 120 km des côtes japonaises. Cause apparente : l'accumulation de glace. Ils vont se poser dans l'eau et les secours sont déjà en route. Nous interrogeons leur site Internet, tout en gardant un œil sur CNN. Ne savons rien de plus pour l'instant. Vous tiendrons au courant.

Avec le recul, ma réponse peut sembler un peu banale, mais j'étais sans doute sous le coup de l'émotion :

C'est une nouvelle incroyable. Je n'en tire aucune satisfaction et j'imagine la frustration qu'ils doivent éprouver. Bien sûr, cela nous donne soudain une chance d'être les premiers à réussir le tour du monde. Tout en me faisant craindre que le même problème ne nous frappe.

Dans ma tête, les émotions se bousculent. Je suis partagé entre l'inquiétude que j'éprouve pour nos deux amis, et cette évidence qui m'obsède, soudain : Nous sommes désormais les seuls en course ; si nous réussissons, nous serons les premiers ! Une chanson du groupe Abba me revient comme un flash : « *The winner takes it all; the loser has the fall* [1]. » Notre société est faite de telle manière qu'on ne se souvient que des premiers ; les seconds disparaissent dans les oubliettes de l'Histoire, quelle que soit l'énergie qu'ils ont pu déployer...

J'ai l'impression de sentir, d'un seul coup, le regard du monde entier brusquement fixé sur nous. Dans le même temps, je ne peux m'empêcher de penser : « Si Andy s'est crashé, peut-être que nous allons nous crasher aussi, surtout si nous tombons sur la même zone de mauvais temps. »

Deux heures plus tard, un fax de Smiffy confirme que *Cable & Wireless* s'est posé en mer et que l'équipage a été sauvé. Si je m'écoutais, j'irais secouer Brian pour lui annoncer la nouvelle. Mais la règle est claire : on ne réveille pas l'autre à moins d'une urgence absolue. J'attends, en bouillant d'impatience, qu'il ait fini de dormir. Lorsque enfin sa tête émerge de la couchette, je lui lance :

– Brian ! J'ai une nouvelle incroyable ! Devine !

Il n'hésite pas une seconde :

– Andy est tombé !

Comme moi, Brian est à la fois sous le choc et soulagé. Nous avions rattrapé une grande partie de notre retard, mais Andy avait encore quatre jours d'avance. Ne pas nous réjouir de cette nouvelle chance que le destin nous accorde serait anormal.

Quelques heures plus tard, Alan nous rapporte sa conversation avec le PC de Cable & Wireless :

---

1. « Au vainqueur toute la mise, au perdant la chute. »

Selon la version officielle, le ballon a été pris dans des rafales de neige, mais ce n'est pas la seule chose qui l'a forcé à atterrir. J'ai cru comprendre que la cause principale a été un problème électrique, probablement lié aux panneaux solaires. Peut-être tout simplement parce que, dans ce mauvais temps, il n'y avait pas de soleil.

Au sol, la nouvelle provoque un formidable impact médiatique. Alan nous informe que les journalistes veulent nous interviewer et nous demande de réaliser un court vidéoclip avec un commentaire en anglais :

Il sera sûrement diffusé dans le monde entier, si on le reçoit suffisamment tôt. Un avion va vous rejoindre d'ici demain pour un entretien-radio. Les médias veulent tout savoir sur les problèmes de givrage.

Trois semaines plus tard, à Bristol, Andy nous donnera plus de détails : en collaboration avec Siemens, il avait mis au point des panneaux solaires d'une telle efficacité – croyait-il – qu'il n'aurait pas besoin d'emporter de piles au lithium de réserve. Quand il se retrouva au milieu des nuages, au-dessus de la mer du Japon, il fut confronté à un choix impossible : soit il prenait de l'altitude, ce qui l'aurait envoyé vers Hawaii, où sévissaient des orages dangereux; soit il descendait et continuait sur la bonne route, mais sous les nuages. Ce qu'il fit. Mais, là, les panneaux solaires ne pouvaient plus recharger ses batteries, et il se retrouva en panne de courant au bout de vingt-quatre heures... Sans électricité, il ne pouvait plus pomper le kérosène des réservoirs vers les brûleurs et se trouvait en outre dans l'incapacité de communiquer avec son PC. À partir de là, son ballon redescendit de lui-même et il ne put éviter de plonger dans l'océan.

Pour nous, l'aventure continue. Les communications par téléphone et fax perdent en qualité, à mesure que nous quittons la zone couverte par le satellite Atlantique Est. Nous nous efforçons de nous connecter sur le satellite de l'océan Indien, qui se situe en orbite géostationnaire à 36 000 km de la Terre. Malheureusement, il se trouve en ce moment juste au-dessus de nous et le ballon fait souvent écran entre lui et notre antenne. Le PC s'inquiète à l'idée de nous voir coupés du monde, même brièvement, et aux premières heures de ce 7 mars Alan insiste pour que nous gardions à tout prix le contact, par radio HF si nécessaire.

À l'approche d'Oman, Smiffy appelle le contrôle aérien de Mascate pour lui communiquer notre position. On lui répond que le responsable est parti faire ses prières. Une demi-heure plus tard, nouvel appel, et même réponse.

– Il a dû être très vilain, pour avoir tant de prières à faire ! lâche inconsidérément Smiffy.

À 04 h 54, j'annonce qu'on m'a contacté sur 121.5 MHz, mais que mon interlocuteur n'a pas capté ma réponse. À 7 heures, j'établis enfin le contact avec la tour de Salalah.

Jusqu'à maintenant lui et moi ne devions pas prier aux mêmes heures, dis-je à Smiffy, *mais nous avons finalement réussi à entrer en contact.*

Plus tard je m'apercevrai qu'en m'allongeant par terre, la tête dans le renflement du hublot arrière, avec le portable de Brian, je parviens à établir une liaison relayée par le réseau d'Oman. Je téléphone au PC et tombe sur Thedy Schneider. Je sais trop bien la responsabilité écrasante que représente pour lui notre aventure, et combien il se sentirait coupable en cas d'accident. Je suis heureux que l'occasion me soit donnée de lui parler. Sans que ses mots trahissent son émotion, je devine tous les espoirs qu'il partage avec nous.

Luc et Pierre me confirment maintenant que notre position actuelle est idéale pour nous faire pénétrer en Chine à l'endroit désigné.

Stefano Albinati, du PC où il se trouve en ce moment, nous adresse un long message qui commence par : *Chers pilotes, tout se déroule tellement bien que je me sens parfaitement inutile...* Après quoi, il nous raconte en détail... le Grand Prix d'Australie, remporté par l'Irlandais Eddie Irvine, avant de conclure : *Le prochain Grand Prix est dans cinq semaines. Vous aurez sans doute atterri juste avant à Málaga. Grosses bises, Stefano.*

Ces nouvelles sont les seules que nous ayons envie de recevoir. On nous épargnera heureusement les autres : guerres, meurtres, scandales politiques.

Suivant les instructions de nos experts météo, nous sommes descendus à des altitudes relativement basses – 3 000 ou 4 000 m – et la chaleur qui monte du désert chauffe notre capsule comme une Cocotte-Minute. Il y fait bientôt 28 °C et 76 %

d'humidité, et nous ne pouvons rien faire pour rafraîchir l'atmosphère. Comme à son habitude, Brian plaisante dans un fax à John et Debbie :

Chaque fois que j'ouvre la fenêtre, Bertrand la referme. J'en ai marre. Quand je serai grand, je serai capitaine d'un ballon qui fera le tour du monde. Comme ça, je pourrai ouvrir toutes les fenêtres tout le temps !

L'immense désert « vérolé » cède la place au plateau incroyablement lisse d'Oman, qui, plus loin, plonge abruptement vers la mer d'Arabie.

Je prends beaucoup de notes, durant ce voyage. Tout, ici, me porte à réfléchir, à écrire...

J'ajoute quelques lignes à mon petit carnet vert :

Cette planète est merveilleuse. Il faut que nous aidions les gens à prendre conscience de sa beauté et des espaces qu'elle nous offre. Non pas pour leur faire croire que c'est le paradis, mais pour qu'ils le cherchent ensemble. J'espère de tout mon cœur qu'il n'est pas nécessaire de passer par l'enfer, sur cette terre, pour accéder au paradis. Il doit être possible de l'atteindre par la sagesse et l'harmonie, et pas seulement par la souffrance.

Brian

Un nouveau problème commence à me préoccuper : sur l'enveloppe extérieure, à la base de la cellule d'hélium, de grandes bandes de Velcro se sont décollées, ouvrant des brèches importantes que j'aperçois à travers le hublot supérieur. Le Mylar ne risque pas de se détacher, toutes les parties étant fixées à l'aide de nombreux mousquetons. Mais le manque d'adhérence du Velcro est inquiétant. Je demande à Alan si une grande partie de notre air chaud ne risque pas de s'échapper ainsi.

Il me rassure :

Il se peut au contraire que cela ait un effet positif, dans la mesure ou nous voulons faire circuler de l'air entre les deux enveloppes. Si de l'air chaud s'y infiltre pendant la nuit, je pense qu'il communiquera sa chaleur à la cellule d'hélium avant d'être évacué au sommet. Nous avons déjà remarqué des pièces de Velcro flottantes au moment du gonflage. C'était à cause de la pluie qui avait mouillé le ballon quand il était étalé au sol. Le Velcro perd 50 % de son adhérence quand il est mouillé.

Je lui confirme que nous avons aussi noté cela. L'ennui, c'est que le phénomène s'est aggravé depuis :

On voit le jour à travers quatre segments qui, mis bout à bout, représentent une bonne moitié de la circonférence.

L'avenir donnera raison à Alan.

Une fois au-dessus de la mer, et après nous être assurés qu'aucun navire ne se trouve dans les parages, nous nous délestons de trois réservoirs vides au moyen du système automatique. Un circuit électrique fait fondre la sangle en Nylon retenant les réservoirs.

J'annonce la bonne nouvelle au PC :

Le système de largage des réservoirs a parfaitement fonctionné. Nous nous sommes débarrassés des réservoirs 7A, 7B et 8A. La paire n° 7, avant largage, accusait 20 kg. Les deux réservoirs ont mis respectivement 62 et 60 secondes à se détacher. La paire n° 8, curieusement, indiquait 150 kg. Nous avons essayé d'utiliser le 8A avant de le larguer, mais il était bel et bien vide. Sa courroie a mis 42 secondes à fondre.

Je suis un peu déçu de constater qu'un allègement d'une centaine de kilos ne change en rien notre taux de montée.

L'importance du carburant est telle qu'Alan s'inquiète de savoir si les réservoirs que nous avons jetés auraient pu contenir encore du propane qui n'aurait pas été sous pression. Il nous demande, avant de lâcher un autre réservoir qui semblerait anormalement lourd, de le repressuriser à l'azote pour vérifier.

Je réponds immédiatement :

Comme dirait Margaret Thatcher, « non, non, et non ».

Je précise quand même que le 8A est tombé à sec en pleine nuit et qu'en tandem avec le 8B il nous a fourni 41 heures de combustion. D'après l'ordinateur du PC, chaque paire est censée donner 33 heures et 15 minutes de chaleur, alors que notre moyenne, jusqu'à présent, est de 35 heures 30 minutes.

Prochain objectif : l'Inde. Dans la soirée du 7 mars, John me donne quelques précisions indispensables pour contacter la tour de Bombay :

D'abord, appeler Bombay « Mumbai » : c'est le nom qu'ils donnent à leur ville, de nos jours. Greg Moegli a déjà parlé aux contrôleurs indiens, qui, selon ses propres termes, se sont montrés « coopératifs et amicaux ». Mumbai sait que vous arrivez et où vous êtes.

À 17 h 32, John m'envoie des félicitations inattendues : nous avons dépassé les 10 000 km de vol, et par conséquent battu le record des 8 700 km établi par Bertrand avec *Orbiter 2*. Cette nouvelle fait plaisir à entendre. Bertrand dort à poings fermés et je me retrouve seul à éprouver une légère contrariété en apprenant qu'on a fêté l'événement au champagne dans la salle de presse. Sans nous...

Nous nous traînons à 31 nœuds en direction du sous-continent indien. À 10 000 km/semaine, il nous faudra un mois pour faire le tour du monde. Mais Luc et Pierre insistent toujours pour que nous volions bas et lentement. À minuit, ils me le confirment :

Il faut que vous restiez au FL 180 pendant les prochaines 48 heures, de manière à vous présenter au-dessus de la Chine à 26° nord. Plus haut, vous iriez plus vite, mais trop au nord. En cours de nuit, essayez de vous positionner sur une trajectoire moyenne de 070°. Sur la côte indienne, votre cible se situe vers Porbandar (sur la côte du Gujarat). Vous devriez l'atteindre le 8 mars en début d'après-midi. Votre entrée dans l'espace aérien chinois est prévue pour le 10 mars à 00 h 00 Zulu. Vous pourrez ensuite grimper vers des courants plus rapides, tout en restant en dessous du 26e parallèle. Avant d'attaquer le Pacifique, quelques mises au point seront nécessaires pour attraper le jet-stream au bon moment. Nos premières simulations informatiques donnent une arrivée au Maroc le 19.

Une arrivée au Maroc ! Quelle bouffée d'espoir ! La précision dont font preuve les deux frères météo tient de la magie pure et simple. Mais il nous faudra de la patience pour tenir encore dix ou onze jours.

Au passage, j'ai remarqué que Jo enchaîne les tours de présence au PC à un rythme qui me semble déraisonnable. Je la rappelle à l'ordre :

Bonjour, femme. Tu deviens masochiste, ou quoi ? Encore une période de nuit ? Ou alors, c'est que tu entretiens une liaison secrète avec Bertrand par Capsat ?...

Du mal à croire que cela fait déjà une semaine que nous sommes partis. En rentrant, je dirai deux mots à notre agence de voyages. J'ai pris à ton intention des images vidéo : les chambres sont minuscules et je dois partager mon lit avec un autre vacancier. La literie est humide, le buffet du petit déjeuner manque de variété. Et il n'y a même pas de minibar ! Un seul aspect positif : ça ne se construit pas trop aux alentours. Et puis je suis invité tous les jours à la table du commandant. D'ailleurs, ce soir, j'y serai jusqu'à environ minuit. Curieux, comme les nuits tombent vite, presque par surprise. Je paierais bien pour une douche. Je crois que Bertrand paierait encore plus cher... pour que j'en prenne une ! J'ai trouvé des couches de crasse que n'ont encore jamais vues des serviettes humides.

Pour fêter l'amerrissage d'Andy, j'ai changé de sous-vêtements. Si le vol se prolonge, il faudra que je mette ceux de Bertrand. Passe une bonne soirée. Tâche d'obtenir d'Alan une augmentation. Cela te prendra facilement la nuit. Je t'embrasse tendrement, Brian au FL 156.

Bertrand

Je suis tout excité d'apprendre à mon réveil, ce 8 mars au matin, que nous avons battu mon record personnel de distance. C'est au moins ça que nous aurons réussi. La beauté de l'aube m'ensorcelle une fois de plus. Une fine ligne lumineuse s'épaissit sur l'horizon jusqu'à donner au ciel entier une teinte argentée, avant que le soleil n'émerge de l'océan. Nous survolons un tapis de cumulus minuscules, à travers lesquels j'aperçois un navire – un pétrolier, je crois. Ce sera le seul bateau que nous croiserons de tout notre vol... Une heure plus tard, avec une chanson d'Elton John dans les écouteurs de mon lecteur CD, j'annonce à Jo :

J'échangerais à la rigueur ma musique contre une bonne bouteille de bordeaux, mais ce ciel bleu contre rien au monde.

Je découvre par tâtonnements que le courant aérien qui nous porte sur la trajectoire de 70° dont nous avons besoin n'a guère plus de 100 m d'épaisseur, ce qui nécessite une concentration de tous les instants.

Luc m'apprend au téléphone que nous devrions être de retour au-dessus du Maroc le 18 mars. Un jour plus tôt que ce qu'il a annoncé à Brian. Cette perspective m'insuffle un regain d'espoir. Nous ne sommes pas encore au-dessus de l'Inde, et déjà Luc est convaincu que nous allons réussir ! Raison de plus pour redoubler de concentration et ne pas commettre d'erreurs. La distance qui nous reste à parcourir est tellement colossale que je n'arrive pas encore à me projeter si loin. Mais le calme et la maîtrise de Luc me donnent confiance.

Je passe l'heure suivante à rédiger un long fax en français à l'attention de Gérard Sermier, l'attaché de presse du projet Breitling Orbiter. Le PC le lui transmettra dans la salle réservée aux médias. Je relate à son intention mes souvenirs fabuleux de cette première semaine, en précisant :

Les impressions recueillies au long de cette incroyable aventure m'intéressent davantage que les simples faits.

Je disserte avec enthousiasme sur la variété des déserts que nous avons traversés, « ces espaces immenses sans la moindre trace de vie humaine », et j'évoque Saint-Exupéry, assis dans le sable à côté de son avion, écrivant « face au désert, face à lui-même ».

Dans l'atmosphère pressurisée de notre capsule, j'ai cru sentir l'odeur du sable chaud qui imprègne les pages de Terre des hommes. *Je me suis imaginé laissant le sable couler entre mes doigts, pour éprouver le contact physique avec la Terre, mais, tout compte fait, j'ai choisi de rester en plein ciel aussi longtemps que Dieu, les vents et la chance me le permettront.*

Je termine par cette courte description :

Quand la pleine lune s'est levée sur les sommets neigeux de l'Atlas, les étoiles se sont allumées les unes après les autres au-dessus du désert mauritanien et une légère brume blanche a enveloppé notre vaisseau. Maintenant, à travers le ronflement régulier des brûleurs, c'est le ballon lui-même qui respire. Tout est calme. Je suis toujours à la recherche de l'étoile du Petit Prince.

Depuis qu'Andy n'est plus dans la course, les médias se bousculent pour nous interviewer. Chaque jour, des demandes nous parviennent par l'intermédiaire du PC et nous faisons notre possible pour satisfaire tout le monde. Mais les questions prennent vite un tour répétitif et nous regrettons que personne n'ait fait le tri.

À cause de notre vitesse d'escargot, le temps passe lentement dans le cockpit. Un vent de 33 nœuds, c'est énorme quand on cherche à décoller ou atterrir en ballon. Mais ici et maintenant, j'ai l'impression que nous sommes cloués sur place. De temps à autre passe un avion qui transmet nos coordonnées à Mumbai...

Je maintiens un cap de 70° en moyenne, ce qui, me dit-on, fait rayonner Luc et Pierre de satisfaction. Ils me communiquent quelques légers ajustements de direction et d'altitude destinés à nous faire arriver sur la frontière chinoise le plus près possible du degré 26.

Ils sont fous de joie à l'idée de réussir à nous mettre sur les rails conduisant au cœur de la cible. En quittant la basse pression méditerranéenne, nous avons été pris en charge par un anticyclone centré sur le continent indien. Contrairement à une dépression, une haute pression tourne dans le sens des aiguilles d'une montre. Par conséquent, après nous avoir entraînés vers le nord de l'Inde, elle nous poussera vers l'est. Par une sorte de miracle, nous sommes pile à la bonne altitude, au bon endroit et au bon moment pour monter dans ce train qui file plein est entre le 25ᵉ et le 26ᵉ parallèle. C'est-à-dire précisément là où nous voulons aller.

Brian

Je suis d'excellente humeur en me réveillant ce 8 mars à 22 heures Zulu. Je prends les commandes d'une main et faxe de l'autre :

Bonjour, et une excellente matinée à vous tous, qui que vous soyez ! Ici Brian, bien reposé, hors du lit commun, encore et toujours mouillé. Fait mon jogging autour du pâté de maisons, séance de taï chi, largué le réservoir 8B (intentionnellement), comblé par les joies de l'hiver.

Heureux d'apprendre que tu pètes la forme, répliquent Smiffy et Cecilia. *Profites-en pour faire sécher le lit... transmis ta position et ton niveau de vol au contrôle aérien. C'est le moment de travailler ton accent indo-gallois.*

Je reprends la balle au bond :

Ce qui suit est exprimé dans mon meilleur accent indien, (avec mouvements de tête appropriés)... : Salutations à mon très honorable ami Brian et sa très ravissante épouse. Nous sommes présentement par-dessus la mer et ne voyons pas un immense grand-chose. C'est avec grand enthousiasme et satisfaction que j'envisage de converser avec mes très excellents amis de la belle ville de Mumbai (mouvements de tête rapides). Notre route est très confusante pour nous pauvres autres, c'est pourquoi nous explorons présentement différentes hauteurs afin d'arriver au numéro 065 (chapati et riz basmati). Mes salutations les plus respectueuses, Sahib, votre très humble et dévoué serviteur Brian au FL 210 et s'élevant doucement.

Tout à cette joyeuse humeur, nous ne soupçonnons pas encore qu'un obstacle majeur se profile à l'horizon. À 11 heures, heure locale, Nik Gerber apprend par notre équipe qu'il y a un problème ennuyeux avec l'Inde. C'est d'autant plus étonnant que nos plans de vol ont été transmis aux contrôleurs indiens situés sur notre route et qu'aucune question n'a été posée. Et voilà que d'un seul coup Bombay déclare n'être en possession d'aucun document nous accordant une autorisation officielle de survol du pays. Celui-ci nous est donc interdit!

Dans un premier temps, Nik ne s'affole pas. La situation, pense-t-il, doit pouvoir se résoudre facilement. Il annonce au PC qu'il sera là peu après 13 heures pour s'en occuper. Mais, quand il arrive, c'est la panique générale. En poussant des jurons, Sue Tatford fouille dans des piles de documents. Sans réussir à mettre la main sur la moindre autorisation officielle. Alan l'a demandée en août dernier, et a renouvelé sa requête par fax et téléscripteur. Aucune réponse, apparemment, n'est arrivée en retour. Et, dans la précipitation des préparatifs, on a tout simplement oublié de vérifier cette formalité...

Comment réagir? Il nous est techniquement impossible de contourner le pays, et nous n'avons plus le temps de demander une autorisation de survol par les voies normales.

C'est le désastre à brève échéance, comme le confirme à 14 h 54 ce message de Bombay adressé au PC :

Aucune autorisation transmise à la DECA (les autorités aéronautiques indiennes). Demandez à Hôtel Bravo – Bravo Romeo Alpha d'éviter le territoire indien.

Ce qui est tout simplement irréalisable. Devant nous, l'Inde représente un front de 3 200 km de large, et nous nous dirigeons droit vers son centre.

Notre contrôleur appelle son homologue de Bombay et fait des efforts désespérés pour tenter de lui faire entendre raison.

– Écoutez, répond l'autre, nous n'avons pas de radar d'appoint, ce qui nous empêche de les repérer. La situation présente un danger considérable. Ils sont à environ 400 km des côtes, en plein sur la trajectoire des avions de ligne. Nous ne les voyons pas et nous ne pouvons pas entrer en contact avec eux. Il nous est impossible de leur faire traverser la zone d'approche de Bombay.

Nik insiste. Son interlocuteur demande :

– Qu'est-ce que c'est que ce ballon, de toute manière ? Comment manœuvre-t-il ? Combien de moteurs a-t-il ?

– Aucun. Il ne peut se diriger qu'en changeant d'altitude.

– Je vois, dit l'Indien. Tout ce que je peux faire, c'est vous donner le numéro de téléphone de M. Saran, directeur général adjoint de l'Aviation civile.

À Delhi, il est déjà 18 h 30. Au milieu du stress général qui règne dans la salle de PC, Nik réussit à joindre le directeur adjoint. La conversation dure cinquante minutes... M. Saran, enterré dans son bunker administratif, ne comprend pas pourquoi le ballon n'a pas d'autorisation officielle.

– Toutes les demandes sont restées sans réponse, explique Nik.

– Donnez-moi leur route exacte et une estimation précise de leur trajectoire, exige alors le directeur adjoint.

Dont acte.

Au bout d'un moment, M. Saran reprend :

– Le ballon doit absolument se maintenir à une altitude située entre 6 000 et 7 000 m.

Pierre lui fait immédiatement savoir que c'est possible d'un point de vue météorologique.

Au bout de presque une heure de discussion et d'argumentation, M. Saran accorde enfin son feu vert et ordonne à ses subordonnés de nous laisser passer.

– Mais, ajoute-t-il, il faut que vous appeliez mon assistant, M. Wasir, et que vous lui expliquiez tout cela. Je n'ai pas le temps de le faire moi-même.

Heureusement pour ma tranquillité d'esprit, je ne serai pas tenu au courant de tout ce qui précède. Je ne l'apprendrai que plus tard. Sur le moment, un message de John me fait simplement deviner quelques difficultés :

C'est la pagaille, ici, rapport à l'Inde, mais Nik s'en sort formidablement. Fais-nous simplement un rapport de position et d'altitude au moins une fois par heure, sans faute.

À aucun moment de cette crise nous ne soupçonnons que notre aventure a failli à nouveau connaître une fin brutale et imprévue.

Ce n'est qu'à mi-survol du sous-continent qu'on nous avouera que les autorités indiennes ont exigé que nous amerrissions dans la mer d'Arabie.

Bertrand

En apprenant ce qui s'est passé, je ne peux m'empêcher de penser au *Tour du monde en quatre-vingts jours* de Jules Verne, publié en 1873. Le héros, Phileas Fogg, s'apprête à traverser les Indes par la nouvelle voie ferrée. Mais, lorsque le train s'arrête dans un village du nom de Kholby, Fogg découvre que les rails ne vont pas plus loin. Comme il lui reste 80 km à faire jusqu'à Allahabad, il achète un éléphant et gagne sa prochaine destination sur le dos de l'animal.

À l'image de la voie ferrée s'arrêtant net, la bureaucratie d'aujourd'hui a bien failli nous vaincre. Mais les talents diplomatiques de Nik, tel l'éléphant de Phileas Fogg, nous ont sauvé la mise.

Le soleil s'est couché quand nous franchissons les côtes indiennes et nous distinguons dans l'obscurité les lumières de Porbandar, à 400 km au nord-ouest de Bombay. Cette nuit, notre consommation de carburant établit le record de sobriété de tout le vol : une seconde d'allumage toutes les vingt-huit secondes. Autant dire presque rien. Cela vient en partie, semble-t-il, de ce que nous volons très bas (5 000 m), même si personne n'arrive à expliquer d'un point de vue technique pourquoi l'altitude fait une telle différence. Plus tard dans la nuit, pour nous placer sur le cap de 73° déterminée par nos experts, nous devons remonter à 8 000 m. Du coup, notre vitesse passe vite de 35 à 50 nœuds.

Au lever du jour, nous sommes entre Porbandar et Bhopal. Pour fêter notre retour sur une terre habitée, je mets des vêtements propres ! Je suis heureux de me retrouver sur l'Inde. Il y a un an, avec *Orbiter 2*, nous nous laissions doucement glisser à très basse altitude au-dessus du sous-continent, comme sur un tapis volant. À présent, à des milliers de mètres plus haut, je me remémore avec émotion les odeurs d'épices et les parfums d'encens qui montaient jusqu'à nous, les cris d'enfants dont les échos lointains nous parvenaient par bribes joyeuses.

Ce neuvième jour de vol est décisif, car c'est la dernière occasion d'ajuster notre trajectoire pour l'entrée en Chine. Je suis concentré sur la route tracée par Luc et Pierre quand un appel radio me parvient, en provenance d'un avion de ligne.

– Hôtel Bravo – Bravo Romeo Alpha, dit la voix grésillante du pilote, j'ai une surprise pour vous.

– Formidable, j'adore les surprises ! Qu'est-ce que c'est ?

– Un instant.

Une seconde plus tard, je reconnais dans mon casque la voix de Charles-André Ramseyer. Il fait partie d'une délégation de l'Office suisse du tourisme qui se rend à un congrès. Nos routes se sont croisées en plein ciel.

– Un autre passager vous a vus et s'est mis à crier : « Regardez ! Le ballon Breitling ! »

C'est Charles-André qui, le premier, m'a fait entrer dans le monde des ballons à air chaud. En 1978, alors qu'il était directeur de l'Office du tourisme de Château-d'Oex, il m'a appelé pour m'annoncer qu'il y organisait un rassemblement de montgolfières. Il me demandait de m'accrocher à une nacelle avec mon aile delta et de faire une démonstration de vol acrobatique. J'ai accepté immédiatement, et les événements se sont ensuite enchaînés jusqu'au Chrysler Challenge et au Breitling Orbiter...

Je suis ému d'entendre soudain la voix de l'homme à qui je dois ce premier contact avec l'aérostation, et qui, entre-temps, est devenu un ami.

– Toute la délégation suisse est entassée dans le cockpit, me raconte-t-il. Nous avons les larmes aux yeux, tellement l'émotion est forte de voir votre ballon magnifique, seul dans l'azur, porté par les vents à plus de 10 000 km de chez nous.

Cette rencontre est un nouveau clin d'œil du destin. Un de plus. Mon projet serpente entre des jalons qui me sont familiers.

La voix de Charles-André s'est déjà perdue dans le ciel indien quand j'apprends qu'un avion affrété par le producteur Garfield Kennedy va essayer de filmer le ballon en vol. Après un long retard causé par une erreur de carburant, l'appareil turbopropulsé nous localise enfin, commence à spiraler à trois ou quatre cents mètres autour de nous et prend quelques bonnes images. Malheureusement, ce film ne donnera aucune idée de l'endroit où nous nous trouvons. Ce pourrait aussi bien être au-dessus de la Suisse. De plus, le relais micro-ondes entre nos deux caméras ne fonctionne pas et l'équipe de tournage devra attendre que nous ayons atterri pour récupérer les vues que nous prenons de l'intérieur de la capsule.

En fait, l'avion aurait dû venir quelques heures plus tard car, dans l'après-midi, nous vivons l'un des autres moments forts du vol. Au téléphone satellite, le chanteur préféré de mes enfants, Henri Dès, avec lequel je suis interviewé, me demande de lui décrire la vue depuis la capsule. Brian et moi sommes ensemble dans le cockpit. Trop occupés jusque-là par notre navigation, nous nous mettons à scruter l'horizon. Soudain nous apercevons sur notre gauche les sommets de l'Himalaya à travers les nuages. La chaîne se trouve au moins à 450 km, mais, à l'altitude où nous sommes, nous pouvons la voir se déployer majestueusement sur toute sa longueur. Un sommet domine de loin tous les autres. Sans doute l'Everest.

J'ai toujours envié à Richard Branson la vision extraordinaire qu'il a eue du Tibet, en bravant l'interdiction chinoise. Les photos, prises par un avion-suiveur, de *ICO Global Challenger* longeant les sommets de 8 000 m sont les plus spectaculaires que j'aie jamais vues d'un ballon en vol. En contemplant à mon tour la chaîne de l'Himalaya, même de loin, j'ai un peu le sentiment de prendre ma revanche.

J'ai déjà commencé à envoyer des fax aux Chinois – un par jour – pour les prévenir que nous arrivons et que nous allons remplir les conditions requises. Je leur donne également l'estimation de notre heure d'arrivée au-dessus de leur frontière sud-ouest. Aucune réponse ne nous parvient, mais l'expérience de mes négociations avec eux m'a appris à ne pas en attendre. Pas de nouvelles, bonnes nouvelles... ou du moins je l'espère !

J'ai une pensée pour nos trois solides contrôleurs de Genève qui nous ouvrent la route autour du monde avec efficacité et bonne humeur. J'envoie ce message le 9 mars à 11 h 34 :

Bonjour. Soyez gentils de transmettre ceci à Swiss Control. Nous voudrions remercier tout particulièrement Patrick, Greg et Nik pour leur travail formidable et toute l'aide qu'ils nous apportent. Il est extrêmement réconfortant et sécurisant de savoir qu'ils informent régulièrement les contrôleurs locaux. Mille mercis et toutes nos amitiés. Brian et Bertrand.

Brian

L'Inde nous monte à la tête. Les échanges entre le ballon et le PC deviennent carrément loufoques. Après avoir signé « Banir », je me mets à décliner mon nom à l'indienne en écrivant encore, « Bnria », ou « Biriani ». Brian Smith signe « Nairb » et ajoute des plaisanteries du genre : « Sikh transit... »

Nous n'avons qu'une excuse : l'inefficacité des communications indiennes nous rendent fous ! Le moindre contact radio est une galère et nous avons très souvent recours aux relais d'avions de ligne. Les pilotes, heureusement, se montrent coopérants, mais les contrôleurs locaux nous tapent sur le système en nous réclament notre position à peu près toutes les dix minutes.

Dans la nuit du 8 au 9 mars, nos brûleurs recommencent à faire des leurs, ce qui motive de ma part ce fax du 9 à midi :

Le capitaine B a pris les commandes, certain que nous avions réparé la nuit dernière les bourdes du réglage automatique des brûleurs. Mais cette saleté s'est remise à fonctionner de travers. Il faut décidément lui parler anglais, surtout quand les choses deviennent sérieuses : rien de tel qu'un bon coup de clé... anglaise ! Calcutta a passé le relais à Dacca (s'est débarrassé du fardeau serait plus exact) ; j'ai interprété leurs mots : « Service radar terminé » par « Allez vous faire voir ailleurs » ! Bertrand va bientôt se coucher. Avec un peu de chance, les brûleurs seront également sous hypnose... Si M. Singh vous appelle pour vous remercier pour les petits sacs verts tombés du ciel, niez en bloc. Ou dites que c'est de la cuisine américaine à emporter. Nairb.

Nous survolons bientôt le Bangladesh, où les contrôleurs se montrent accueillants, comme le prouve le premier message de leur ATC :

Hôtel Bravo – Bravo Romeo Alpha. Ici le contrôle de Dacca. Au nom des autorités et de la population de mon pays, je vous souhaite toute la chance possible et un excellent voyage autour du monde.

Nous traversons presque trop rapidement ce pays amical. Après une nouvelle intrusion sur le territoire indien, nous touchons le Myanmar, ex-Birmanie. Bien que nous fassions route vers l'est, nous nous déportons progressivement vers le nord, ce qui nous rapproche dangereusement du 26ᵉ parallèle. Nous sommes sur des charbons ardents. À Genève, les experts météo sont affirmatifs : nous devons monter tout droit, presque jusqu'à la limite. Là, le vent nous remettra sur une trajectoire de 090° plein est.

Nos contrôleurs ne ménagent pas leurs efforts :

L'ATC du Myanmar connaît votre position et il est satisfait, me faxe John Albury au soir du 9 mars. Greg maintient le contact avec les Birmans, pendant que Patrick s'occupe des Chinois. Pas de trafic aérien dans le secteur, c'est déjà un souci de moins. Assurez-vous de l'exactitude de vos indications de hauteurs des sommets montagneux. D'après mes propres informations, le plus élevé fait 5 000 m et il se trouve à un endroit nommé Dali, près d'un grand lac situé à 30 km d'une agglomération importante : Xiaguan. Le sommet en question est à 25.42 N / 100.04 E. Si vous ne le percutez pas, tout ira bien. Accusez réception pour que nous soyons tranquilles.

Les contrôleurs du Myanmar ont de toute évidence entendu parler de nous, mais la notion de tour du monde leur échappe un peu, comme en témoigne cet échange radio avec la capitale :

Yangon : Hôtel Bravo – Bravo Romeo Alpha, quel est votre lieu de départ et votre destination ?

Moi : Départ Château-d'Oex, Suisse. Destination : quelque part en Afrique du Nord.

Yangon (après un long silence) : Si vous allez de Suisse en Afrique, que diable pouvez-vous bien fabriquer au Myanmar ?

À Genève, Greg a le même genre de problème. Ses correspondants se montrent coopératifs, mais intensément bureaucratiques.

– Il nous faut un numéro d'autorisation, insiste l'un d'eux. On ne peut pas vous laisser passer autrement.

La discussion se prolonge, interminable. Pendant ce temps-là, nous traversons à toute vitesse le nord du pays. Au bout de quatre heures, le contrôleur appellera Genève et annoncera, triomphant, qu'il a enfin trouvé un numéro d'autorisation.

– Je vous remercie, répondra Greg, mais le ballon est déjà au-dessus de la Chine.

Nous avons l'impression de traverser le Myanmar en un éclair. Il est vrai que nous filons à 80 nœuds et, de plus, à travers une partie étroite du pays.

Pour la première fois, nous rencontrons des turbulences en forme de vagues, typiques des régions montagneuses. Elles sont provoquées par le vent qui, après avoir frappé une paroi rocheuse, rebondit en créant un phénomène ondulatoire. C'est ainsi que, en surveillant le variomètre, je découvre que nous perdons 200 m à la minute. Pendant un instant, j'ai l'impression qu'un problème est survenu et que nous sommes en train de tomber. Cela n'a rien à voir avec les chutes brutales que subit un avion en pleines turbulences, pourtant une baisse d'altitude aussi rapide est quand même alarmante. Dans un réflexe, j'ai allumé les brûleurs, mais sans ralentir notre descente pour autant. Soudain, je comprends ce qui se passe. Après avoir tout lâché, nous recommençons à monter. À la même vitesse. J'informe le PC : *Je crois que nous sommes pris dans une onde. Nous montons de 200 m/mn, avant de redescendre à la même vitesse, avec des changements de cap importants. Je vais laisser le ballon se comporter à sa guise un moment, histoire de voir ce qui se passe. Inutile, de toute façon, de chercher à lutter. Altitude varie entre 240 et 255.*

Fidèle à nos horaires, Bertrand est allé se coucher. Auparavant, nous avons discuté des modalités de notre arrivée en Chine. Devrions-nous être ensemble dans le cockpit lorsque nous franchissons la frontière ? Ce sera un moment historique, un instant que nous avons préparé, à force de travail, pendant plus de deux ans. Mais, en fin de compte, nous avons jugé inutile de bouleverser les horaires de sommeil que nous avons établis et qui nous réussissent si bien. Nous serions tous les deux fatigués le lendemain et cela ne nous avancerait pas à grand-chose. Bertrand est donc allé dormir, un peu triste de rater ce qu'il pressentait comme un « moment fabuleux ».

Les Chinois nous ont vus arriver et leur première réaction, dans un appel au PC, ne nous surprend pas :

Votre ballon se dirige vers la zone interdite. Il doit atterrir immédiatement.

Luc et Pierre leur conjurent de ne pas s'inquiéter. Ils leur garantissent que le vent nous maintiendra au sud du 26e parallèle et que nous ne briserons pas la barrière magique. Le PC nous prévient :

Quand vous aurez une minute, il serait prudent d'essayer d'appeler le contrôle de Kunming sur la HF. Ils ont demandé que nous les contactions par radio.

Hier, à l'aide d'un numéro spécial obtenu par l'ambassade de Suisse, Bertrand a bien essayé d'appeler le directeur du trafic aérien de Beijing. Il a obtenu la communication, mais personne ne parlait anglais. Après l'annonce : « Ici le ballon Breitling Orbiter », on lui a répondu en chinois. Quand Bertrand a demandé si quelqu'un pouvait lui répondre en anglais, il y eut un long silence interloqué... au bout duquel on lui a raccroché au nez.

Je remercie John pour ses conseils, signalant encore :

J'ai parlé à Yangon sur la HF, difficilement mais avec succès. À propos de « pas de trafic aérien dans le secteur », je te signale qu'un avion a croisé notre route à la même altitude, pas plus de 8 km devant nous. Je l'ai appelé sur 121.5 pour nous signaler à son attention, mais n'ai pas obtenu de réponse. Ce ne sont pas des clients faciles, ces Chinois... Je crois maintenant être en mesure de choisir une trajectoire. Tu préfères 090 ou 085 ? Je sais que je dois rester au sud de 25.5 N.

John me confirme que notre meilleure route est à 090 :

Colles-y autant que tu peux.

Il ajoute qu'il va attirer l'attention de Greg sur ce trafic aérien inattendu et suggère que nous sommes peut-être encore trop loin de Kunming pour établir un contact radio. De plus, les montagnes doivent faire écran.

Lorsque avec soulagement je parviens enfin à joindre un contrôleur chinois, sa première réplique manque singulièrement de chaleur :

Vous n'êtes pas autorisés à aller au-delà de 26° nord.

– *Figurez-vous que nous sommes au courant,* répliqué-je quelque peu sèchement.

Juste avant de passer le relais, John m'adresse un dernier message :

Ce fut un plaisir de faire des affaires avec toi. Maintenant, il doit être 05 h 00 dans le ballon. Tu dois commencer à apercevoir un soleil bridé à l'horizon.

En effet, l'aube ne va pas tarder à se lever sur cette journée du 10 mars. Nous fonçons vers la frontière chinoise à 84 nœuds et 8 000 m d'altitude, à un demi-degré, soit 50 km de notre limite autorisée. J'envoie un fax enthousiaste :

C'est par ici que ça se passe, mesdames et messieurs, l'attraction du siècle ! Quatre-vingt-dix degrés pile ! Chine, nous voilà !

8

Casse-têtes chinois

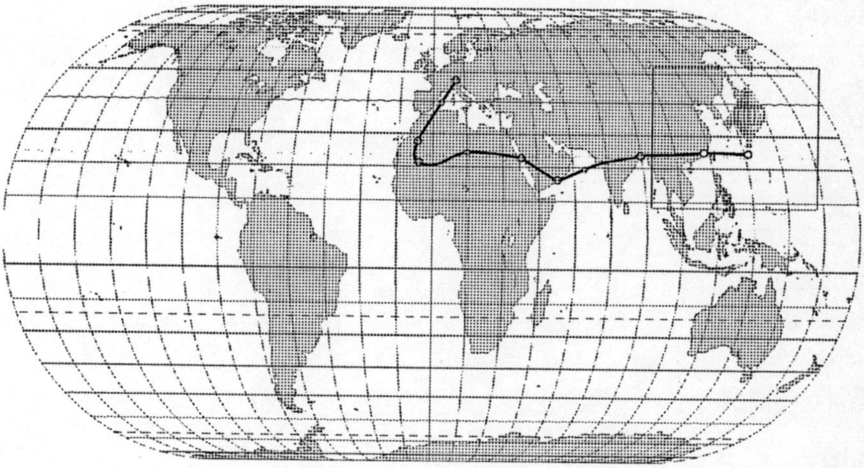

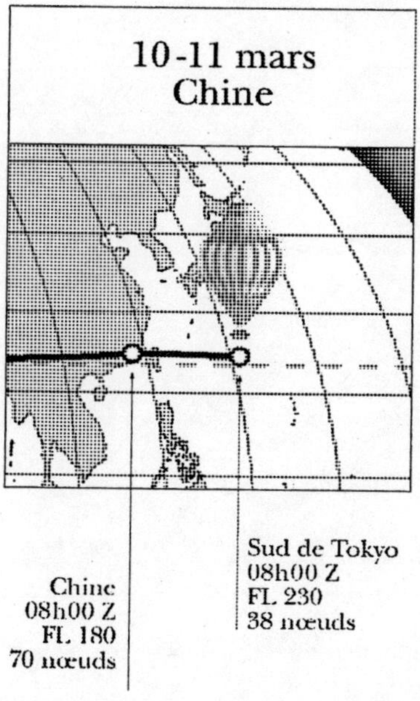

Bertrand

« Chine, nous voilà ! »

Je ne crois pas que Brian aurait jamais pu prononcer ces mots, sans les manœuvres diplomatiques intenses qui ont eu lieu pendant les deux ans précédant notre départ. Avant le vol d'*Orbiter 2*, l'ambassade de Suisse à Beijing s'était déjà donné beaucoup de mal pour moi, travaillant d'arrache-pied pour négocier une autorisation de survol. Arthur Mattli, le chargé d'affaires, et sa femme Florence avaient même passé des heures, debout dans la neige devant la porte fermée du ministère des Affaires étrangères, pour tenter de remettre une lettre diplomatique. Après que notre aventure s'était terminée au Myanmar, ils m'avaient dit qu'ils étaient prêts à recommencer. Mais, cette fois, ils estimaient n'avoir de chances de réussir que si je faisais personnellement le voyage. Les Chinois, selon eux, préféraient rencontrer les gens avec qui ils négociaient, pour s'assurer de leur sérieux.

Je me suis donc rendu en août 1998 à Beijing. Pour que la délégation ait un poids suffisant en face des Chinois, j'étais accompagné d'Alan Noble, de Tony Brown, de Pierre Blanchoud, le conseiller aéronautique de l'équipe, et de mon épouse. Michèle et moi avions enfin le plaisir de faire la connaissance de nos diplomates, avec lesquels nous avions parlé pendant des heures au téléphone, échangé d'innombrables fax. Des rendez-vous étaient organisés avec la Commission nationale des sports, le ministère des Affaires étrangères et la Direction de l'aviation civile, où nous avons été présentés au directeur adjoint de tous les contrôleurs aériens du pays. Les discussions se faisaient par l'intermédiaire d'un interprète. Par chance, l'ambassadeur de Suisse, Dominique Dreyer, maîtrisait parfaitement le chinois, et se permettait ainsi de clarifier directement les points qu'il jugeait importants.

Lors d'une des réunions officielles au ministère des Affaires étrangères, nous nous sommes retrouvés assis dans de vastes fauteuils alignés contre les murs d'une pièce immense. Rien ici pour nous mettre à l'aise. Nous étions face à face, avec un vide impressionnant au milieu. Les premiers mots de nos hôtes, traduits par les interprètes, furent :

– Nous vous sommes reconnaissants d'être venus nous voir, car nous pensons que nous pouvons régler le problème ensemble. Mais vous devez comprendre qu'en vous dirigeant tout droit vers la Chine l'année dernière et en attendant la veille de votre entrée sur notre territoire, pour demander une autorisation de survol, vous nous avez causé d'énormes difficultés. Nous avons travaillé très dur pour vous obtenir cette permission et vous l'avez reçue en quarante-huit heures. Malheureusement, en raison d'autres problèmes, liés à votre ballon, vous avez dû atterrir en Birmanie.

Ce n'était pas vrai. Nous avions commencé les négociations plus d'un an avant le départ, et les Chinois le savaient parfaitement... Néanmoins, je me suis contenté de répliquer :

– Je suis désolé de vous avoir causé autant de problèmes. C'est pour cette raison que je suis venu aujourd'hui, avec une partie importante de mon équipe : il faut que le même problème ne se reproduise pas.

Après quoi, les pourparlers ont pu débuter...

En sortant de la réunion, je me suis tourné vers l'ambassadeur de Suisse :

– Est-ce que j'ai eu raison de répondre de cette manière ?

– Absolument, m'a-t-il confirmé tranquillement.

– Pourtant, j'avais vraiment envie de lui répliquer que ce qu'il disait était faux ! ai-je fait, indigné.

L'ambassadeur eut un sourire :

– Il le sait... Il le sait parfaitement. Ce n'était pas la peine de le lui faire remarquer. En vous montrant poli, vous avez sauvé la situation. À présent, c'est de l'avenir qu'il s'agit. Ne vous inquiétez plus du passé.

Alors que nous quittions le bâtiment, le délégué du ministère des Affaires étrangères prit congé de nous aimablement :

– J'espère que vous gagnerez cette course autour du monde. Vous êtes une excellente équipe et nous vous remercions de chercher à construire de bonnes relations avec la Chine.

Lors d'une réunion avec d'autres représentants des autorités, nos hôtes nous ont assuré de leur bienveillance, exprimant qu'ils étaient sensibles au fait que nous étions la seule équipe à nous être donné la peine de faire le voyage pour les rencontrer. Cela ne les a pas empêchés de nous déclarer que la présence de ballons dans leur espace aérien leur causerait de sérieux problèmes. L'un de ces problèmes venait de ce que, sur la plus grande partie de leur territoire, ils n'avaient pas de radar et que le trafic civil était contrôlé par téléphone, avec une absence totale de possibilités d'improvisation. Si un ballon traversait les voies aériennes préétablies, les autorités devraient suspendre tous les vols de ligne pendant la durée de son passage. En revanche, ceci ne créerait aucune perturbation si, deux mois à l'avance, nous indiquions quand, où, à quelle altitude, à quelle vitesse et sur quelle trajectoire le ballon survolerait le pays.

Une telle précision était bien sûr impossible, et nous l'avons expliqué.

Le directeur adjoint a alors déclaré par la voix de son interprète :

– J'ai une idée. Pourriez-vous voler au-dessus du trafic aérien ?

– Nous pourrions, ai-je répondu. Mais, à cette altitude, il n'y aurait probablement pas de vent, et nous risquerions de mettre un mois à traverser votre territoire.

Il a ri :

– Surtout pas ! En fin de compte, il vaut mieux que vous restiez à 10 000 m.

Il a ensuite insisté sur le fait qu'il ne voulait pas que nous survolions les régions du Nord, et encore moins le Tibet. Il craignait en effet qu'en cas d'atterrissage d'urgence dans des zones montagneuses ou reculées les secours ne se trouvent dans l'impossibilité de nous venir en aide. Les Chinois perdraient alors la face aux yeux du monde en paraissant incompétents.

Tout ce que je pouvais promettre, c'était d'avertir les autorités trois jours avant notre départ, et de leur signaler notre arrivée chez eux vingt-quatre heures à l'avance. Nous pourrions alors leur indiquer nos points d'entrée et de sortie. De plus, une fois dans leur espace aérien, nous enverrions toutes les dix minutes un fax par satellite donnant notre position exacte, à vingt mètres près.

Tout cela les a rassurés. À ces conditions, ont-ils affirmé, une autorisation serait envisageable, mais seulement pour un couloir défini, qui serait précisé trois jours avant notre arrivée. Si le vent nous conduisait à un autre endroit de la frontière, ils déplaceraient le couloir pour nous faciliter les choses.

À la fin de la semaine, nous sommes rentrés chez nous satisfaits, convaincus que les Chinois nous appréciaient et nous faisaient confiance. Trois mois plus tard, nous recevions officiellement notre autorisation de survol. Les autres ballons aussi, mais avec des contraintes supplémentaires : dans leur cas, on exigeait qu'ils maintiennent leur trajectoire soit au-dessous du 26e parallèle, soit au-dessus du 43e.

Nous étions fermement décidés à respecter nos engagements. Quand Richard Branson a décollé, en décembre 1998, nous avons volontairement laissé passer l'occasion de faire de même car nous savions que le vent nous pousserait vers des régions interdites. Bien nous en prit : alors que le ballon de Richard, Steve et Per survolait le Népal en direction du sud-est, une ondulation du jet-stream l'a envoyé loin vers le nord, à travers les zones prohibées de Chine.

La réaction était prévisible : par l'intermédiaire de leurs ambassades, les Chinois ont immédiatement signifié à toutes les équipes restantes que les permissions étaient suspendues jusqu'à nouvel ordre.

J'ai tout de suite répondu par le message suivant :

J'accepte votre décision, aussi contrariante soit-elle. Nous ne décollerons pas avant qu'une nouvelle autorisation ait été accordée.

Nous avons alors recommencé des négociations intensives, rappelant que nous avions pris la peine de nous rendre en Chine et que nous avions promis de respecter toutes les conditions qu'on nous imposerait. Les Chinois nous ont répliqué qu'ils avaient imaginé qu'un pilote serait en mesure de mieux contrôler son ballon. D'après eux, Branson avait été incapable de se diriger avec précision et n'avait communiqué avec aucun contrôleur aérien ; personne n'avait su où il se trouvait et les autorités avaient dû annuler dix vols commerciaux. Désormais, disaient-ils, nous devions fournir la garantie absolue de rester au sud du 26e parallèle ou au nord du 43e. Le nord du 43e parallèle était inenvisageable, car nous aurions longé la frontière russe, dans l'espace aérien le plus dangereux qu'on puisse imaginer : tout appareil y pénétrant risquait d'être abattu, tant par les Russes que par les Chinois. La route du sud, en revanche, était possible, et les Chinois la préféraient aussi, car dans cette région – où se trouvaient les principales voies aériennes commerciales – ils disposaient de radars et tous les contrôleurs parlaient anglais.

Mais qu'était devenue la promesse antérieure d'un corridor spécial ? Les autorités militaires, rendues furieuses par l'intrusion de Branson, s'étaient braquées et avaient opposé un veto absolu. Nous étions en face de deux camps : les civils, d'un côté, qui voulaient nous aider ; l'armée, de l'autre, qui s'opposait à tous les survols en ballon. Et la lutte entre les deux semblait serrée.

Nos échanges passaient par l'ambassade de Suisse à Beijing, et par l'ambassade de Chine à Berne. Avec cette dernière, j'ai eu un coup de chance. Il se trouvait qu'un des diplomates en poste en Suisse, passionné d'Hergé, avait traduit en chinois quelques-unes des aventures de Tintin. Il fut enthousiasmé d'apprendre que mon grand-père avait servi de modèle au professeur Tournesol. Bien qu'il n'eût pas le pouvoir d'influer sur les décisions, il se montra particulièrement coopératif, relayant tous nos messages avec célérité. Il vint même visiter notre capsule à Château-d'Oex. Là, il put s'assurer personnellement de la qualité de nos équipements de communication en appelant Beijing depuis le cockpit.

Malgré son aide, les négociations étaient épuisantes, principalement à cause du décalage horaire. À 8 heures du matin, quand la journée de travail commençait à Beijing, il était 1 heure du matin chez nous. Souvent, nous recevions des coups de téléphone entre 2 et 3 heures du matin, pour nous réclamer, en complément de nos derniers fax, des informations supplémentaires. Chez moi, à Lausanne, Michèle passait alors une partie de la nuit à rédiger, imprimer et envoyer les documents que je lui demandais de préparer depuis l'Hôtel de Ville de Château-d'Oex.

Nous avons utilisé toutes les introductions possibles : dans la presse chinoise, auprès du président et du ministre de la Défense, auprès des contrôleurs aériens et des compagnies aériennes...

Pendant ce temps-là, les autres équipes harcelaient elles aussi les autorités chinoises, leur donnant également une énorme charge de travail.

De nombreux facteurs ont fait basculer les choses à notre avantage. Le premier d'entre eux a été l'implication des ministères suisses des Affaires étrangères et de la Défense, dont les représentants ont fait de notre projet un sujet d'intérêt national dans toutes leurs discussions avec la Chine. Ensuite, notre ballon était immatriculé suisse, alors que les Chinois étaient surtout remontés contre les aéronautes britanniques. Par le passé, j'avais pris la peine d'obtenir un certificat de navigabilité auprès de l'Office fédéral de l'aviation civile, ce qui s'est avéré être de la plus grande utilité. Notre attitude, enfin, a joué en notre faveur : malgré tous les problèmes, nous n'avons jamais critiqué aucune décision de Beijing.

Pendant deux mois, chaque fois qu'une fenêtre météo favorable se présentait, j'informais le gouvernement chinois que nous avions une chance de pouvoir décoller, mais que, pour respecter leur décision, nous ne la saisirions pas. Nous avons fini par gagner leur confiance, et avons reçu une autorisation assortie de trois conditions draconiennes : premièrement, nous devions garantir de voler en dessous du 26° parallèle ; deuxièmement, nous nous engagions à atterrir immédiatement si nous dérivions au nord de cette limite ; et, troisièmement, nous acceptions de nous poser en Inde, au Pakistan ou en Iran si notre trajectoire d'approche nous conduisait inévitablement vers un mauvais endroit de la frontière.

Brian et moi sommes allés à l'ambassade chinoise pour donner les garanties nécessaires. Les documents étaient rédigés dans les deux langues.

– Êtes-vous d'accord de signer ? m'a demandé le premier secrétaire, me voyant perplexe devant les pages d'idéogrammes.

– Croyez-vous que j'aie le choix ? ai-je répondu.

Ça l'a fait rire.

– Ma foi, a-t-il dit, c'est la seule manière d'arriver à vos fins.

Après coup, les Chinois ont voulu ajouter une clause supplémentaire : que le gouvernement suisse se porte garant de mes engagements. Les autorités fédérales ont naturellement répondu qu'elles ne pouvaient donner aucune garantie au nom d'un de leurs ressortissants, et que, d'ailleurs, cela serait illégal. J'ai appelé l'ambassade chinoise et j'ai posé la question :

– Votre gouvernement peut-il garantir qu'aucun de ses diplomates ne commettra d'excès de vitesse sur une autoroute suisse ?

– Bien sûr que non, m'a-t-on répondu. Mais cela ne change rien au problème. Procurez-vous cette garantie de la part de votre gouvernement et nous vous donnerons l'autorisation.

Les échanges ont continué indéfiniment. Un vrai dialogue de sourds. Nous sommes quand même parvenus à un compromis acceptable pour les autorités chinoises : notre gouvernement assurait que MM. Bertrand Piccard et Brian Jones s'engageraient à atterrir s'ils étaient poussés hors du bon couloir d'approche.

D'un côté, nous avions remporté une victoire décisive. Mais, en même temps, nous venions d'accepter ce qui serait l'arrêt de mort de notre vol, si le vent nous faisait dévier, même de façon infime, de notre trajectoire. Notre cible était minuscule, elle représentait à peu près 5 % de la surface du pays et formait un front extrêmement étroit quand on venait de l'ouest.

J'en étais arrivé à me dire que, si nous voulions faire le tour du monde, nous devions également faire le tour de chaque pays, de chaque culture, de chaque mentalité. Nous n'avions pas seulement affaire au vent et à la météo : nous devions nous accommoder des exigences d'un nombre considérable d'êtres humains.

Lorsque je me réveille à 23 heures Zulu, ce 10 mars 1999, les premières lueurs du jour apparaissent à l'horizon.

Ouvrant le rideau de la couchette, je sors la tête et demande :

– Où sommes-nous ?

– Nous sommes en Chine ! s'écrie Brian.

C'est un moment inoubliable... la consécration de tant d'efforts ! Nous sentons qu'au PC personne ne tient plus en place. Nos experts météo nous ont lancés sur une trajectoire tournante de 13 000 km et nous ont fait passer par le chas d'une aiguille. Un véritable chef-d'œuvre prévisionnel, et c'est à juste titre qu'ils en sont fiers.

À l'ambassade de Suisse à Beijing aussi, tout le monde est fébrile. Les diplomates en poste là-bas sont devenus des amis, et lorsque enfin par téléphone satellite ils entendent ma voix, surgie de l'espace aérien chinois, ils m'avouent qu'ils pleurent tous de joie. Florence et Arthur Mattli envoient à Genève un dessin représentant un ballon au type très asiatique, portant ces mots manuscrits : *Chers Bertrand et Brian, bienvenue en Chine !* et agrémenté des signatures de tous leurs collègues, y compris de l'ambassadeur Dominique Dreyer. Notre équipe, faute de pouvoir nous faxer des images, nous en fait la description.

Cecilia Smith, qui est de quart au PC, nous raconte que l'équipe est surexcitée par notre avancée :

Par moments, nous avons l'impression de vivre dans un rêve ! Jo, dans son journal, vient d'écrire qu'aujourd'hui, pendant qu'elle dormait, vous avez quitté l'Inde, survolé le Bangladesh et la Birmanie et approché de la frontière chinoise. Pourtant, elle n'a pas dormi très longtemps ! Nous vivons décidément des moments extraordinaires.

Je réponds avec émotion :

Bonjour, mes amis. Merci mille fois pour ce message chaleureux. Je crois que notre plus grande chance est d'avoir une équipe aussi formidable. C'est merveilleux de vous savoir tous derrière nous et avec nous. En toute amitié, Bertrand. P.-S. : FL entre 240 et 250, trajectoire constante à 88°, 79 nœuds.

La vue, hélas, n'est pas vraiment digne des circonstances. Il pleut sur la Chine... Le mauvais temps règne sur pratiquement tout le pays, à l'exception de Kunming où se dessine une brèche dans les nuages. Nous entrevoyons les pistes de l'aéroport et quelques avions alignés sur le tarmac. J'appelle l'ATC :

– Si vous regardez en l'air maintenant, vous apercevrez notre ballon. Nous sommes juste au-dessus de vous.

– Je ne peux pas regarder dehors, me répond-il, je n'ai pas de fenêtre.

Une autre voix intervient alors :

– Moi, je vous vois ! C'est magnifique !

L'homme ne s'est pas identifié. Sans doute un pilote assis dans son cockpit, quelque part sur les pistes.

Les contrôleurs chinois se montreront très professionnels. Leur anglais est convenable, à condition de s'en tenir au jargon limité du contrôle aérien international. En revanche, c'est en chinois qu'ils communiquent avec les autres usagers du ciel et leurs idéogrammes volants augmentent dans les écouteurs le côté exotique de notre expédition.

Nous avons encore environ 2 400 km à parcourir en territoire chinois, mais, pour nos météorologues, cet immense pays semble déjà appartenir au passé. Ils savent que nous allons le traverser comme une flèche, cap à 90°, le 26ᵉ parallèle à 40 km à peine sur notre gauche. Déjà, ils pensent à la suite, comme nous le confirment Luc et Pierre :

Nous sommes très heureux d'avoir réussi à vous conduire en Chine avec une marge d'un demi-degré par rapport à la cible. C'est le résultat de dix jours de sueur, pour nous comme pour vous. À partir de maintenant, il est essentiel de rester sur une trajectoire nord, pour attaquer le Pacifique. Si nous restons à l'altitude actuelle, nous risquons de dévier vers l'Équateur à mi-traversée.

C'est pourquoi nous vous proposons de descendre au FL 180 après 04 h 00 Zulu. Votre trajectoire devrait évoluer jusqu'à 095° magnétique au cours des prochaines 24 h. Elle ne devrait pas dépasser 100°. Votre vitesse va diminuer à 60 nœuds dans un premier temps, puis à 50 nœuds par la suite. Le temps sera couvert, mais les nuages plafonneront au FL 120.

Nous quitterons la Chine aux environs de 15 h 00 Zulu. Le cap devrait ensuite s'infléchir lentement vers le nord. Nous pourrons alors attraper un bon jet-stream à haute altitude, qui nous conduira au milieu de l'Atlantique en neuf jours. Amitiés, Luc et Pierre.

Nous filons à 80 nœuds et, une fois de plus, ils nous demandent de freiner notre élan ! C'est un moment pénible pour moi, qui adore cette sensation de glisser à toute vitesse, droit vers l'est. Sans vraiment comprendre pourquoi, il nous faut ouvrir la soupape, perdre de l'altitude et ralentir. Des cumulus commencent à se développer et certains bourgeonnent juste à côté du ballon, nous dominant de leur hauteur. Ils ne semblent pas réellement dangereux, mais risquent de créer de sérieuses turbulences. De plus, nous ne voulons pas que l'enveloppe soit trempée par leur condensation. Je suis très tendu. Le ballon se déplace en faisant des bonds et des plongeons de 300 m, pendant que les nuages bouillonnent tout autour de nous. Le spectacle est fascinant... mais éprouvant pour les nerfs.

Comme toujours, nos contrôleurs nous ouvrent la voie. D'après Patrick Schelling, « Taïwan, ça ira tout seul ». Il est vrai qu'il a des contacts personnels à la tour et qu'il a tout arrangé à l'avance. La stabilité de notre progression lui a permis d'annoncer l'heure exacte de notre entrée dans l'espace aérien taïwanais. Alors que nous en approchons, le PC reçoit un curieux communiqué des autorités vietnamiennes, adressé dans un premier temps, Dieu sait pourquoi, à British Airways :

Peut vous indic présent position ballon et heure arrivé et altitude dessus Hô Chi Minh-Ville.

Greg répond qu'il travaille à Swiss Control, pas à British Airways, et que le ballon ne survolera pas le Vietnam. Un second fax arrive alors :

Nous sommes reçu message de vous. Votre réponse hautement appréciée.

Quand je rejoins Bertrand dans le cockpit, il s'amuse à allumer la caméra vidéo et à me filmer en train de préparer mon petit déjeuner.

– Quel magnifique *panettone* ! s'écrie-t-il en me voyant étaler le beurre. Je vais zoomer dessus, histoire de faire saliver tout le monde.

Je commente :

– Petit déjeuner du 11 mars à 8 heures Zulu.

– Si c'est ton petit déjeuner de demain que tu prépares déjà, dit Bertrand, il risque d'être un peu sec ! Je te signale qu'aujourd'hui nous sommes le 10. Laisse-moi vérifier ta barbe... Oui, c'est bien une barbe de dix jours, pas de onze !

Par cette joyeuse humeur, il tente de dissimuler sa contrariété : nous avons perdu notre cap et il doit chauffer à répétition pour sauter par-dessus les nuages. Il appelle nos experts météo et se plaint des mauvaises conditions de vol :

– Pourquoi devons-nous rester si bas ?

– Eh bien, répondent-ils, nous avons fait une réévaluation. Vous pouvez remonter à votre ancienne altitude de 9 000 m.

Ce que nous nous empressons de faire. En ayant malgré tout le sentiment que, pendant les dernières trois ou quatre heures, nous avons gaspillé de l'hélium, brûlé du propane et perdu du temps... pour rien.

Après tant de stress et de suspense, le survol de la Chine a un peu des airs de non-événement. Nous n'avions jamais osé imaginer que nous traverserions le pays en filant à toute allure, sur une trajectoire aussi superbement rectiligne. C'est pourtant ce qui est en train de se produire. Presque sans intervention des pilotes, le ballon se maintient tout seul sur son cap de 90° avec une précision qui tient du surnaturel. C'est comme si nous marchions sur un fil de 2 400 km parfaitement tendu.

Le mauvais temps nous poursuit jusqu'à la côte est. Là, les nuages commencent à se dissiper, mais l'atmosphère reste brumeuse et la visibilité toujours mauvaise. Le danger est maintenant derrière nous, et je suis dominé par un immense soulagement. La Chine avait représenté une sorte de monstre qui nous guettait, le seul endroit où notre vol risquait vraiment d'être interrompu par l'obstination humaine.

À 12 h 04, peu avant de quitter l'espace aérien chinois, j'envoie ce message :

Je viens de sortir la prochaine carte : elle est entièrement bleue !

À nouveau, nous allons franchir un point de non-retour : le Pacifique. Histoire de donner le moral à Bertrand, je lâche négligemment :

– Tu te rends compte que le Pacifique est plus large que la distance que nous avons parcourue depuis Château-d'Oex ?

Comme pour nous montrer qu'il sait exactement ce que nous éprouvons à ce moment précis, Stefano Albinati nous écrit :

J'ai juste envie de vous dire que, bien qu'étant confortablement installé au PC, mon cœur bat à 200 nœuds par seconde. Le Pacifique, devant vous, est immense, mais pas autant que mon admiration pour ce que vous êtes en train d'accomplir. Tous mes vœux vous accompagnent pour cette traversée.

9

Pacific blues

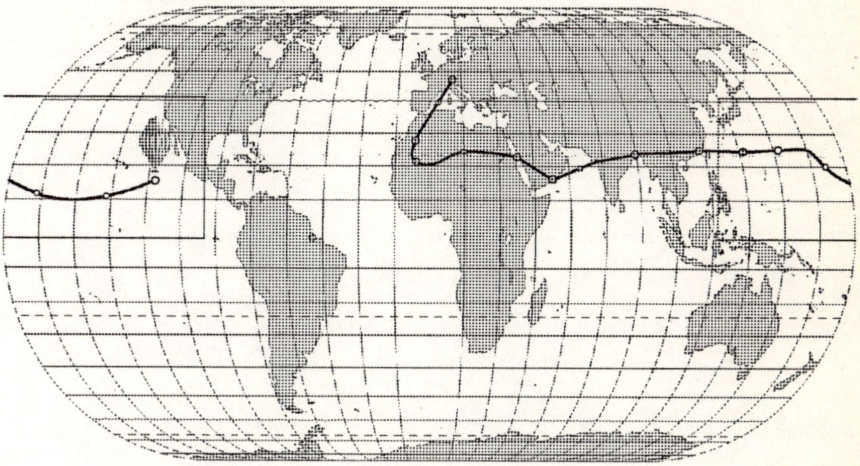

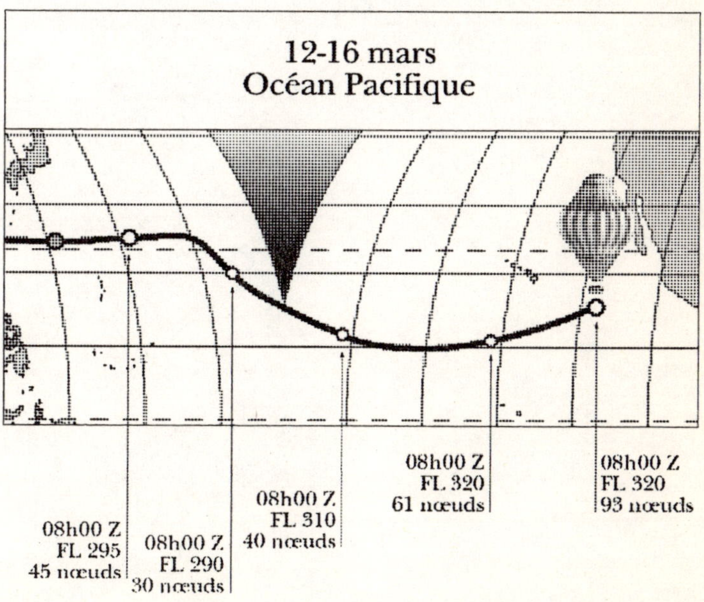

Bertrand

Je me sens minuscule face aux 12 000 km d'eau que nous allons devoir traverser. Comme pour me rassurer, je prends mon stylo et me mets à écrire :

Nous voilà exactement au cœur de ma définition de l'aventure. L'aventure, ce n'est pas forcément quelque chose de spectaculaire. C'est quelque chose d'« extra » - ordinaire, quelque chose qui nous force à sortir des ornières de la routine et des schémas habituels, à remettre en question aussi bien nos certitudes que nos préjugés. C'est ce qui nous oblige de façon inexorable à faire face à l'inconnu et par conséquent à entrer en relation profonde avec nous-même afin d'y trouver les capacités nécessaires pour affronter tous les imprévus. L'aventure est moins dans l'action que dans la façon de vivre l'action. Beaucoup d'entreprises humaines, bien que dangereuses, ne sont pas de véritables aventures, car elles restent fondées sur le besoin de se soustraire à l'inconnu. L'aventure implique une notion d'irréversible. Pour nous, cet océan représente l'inconnu à l'état pur, sans aucune possibilité de faire demi-tour ou d'amerrir pour lui échapper. Le vent nous y entraîne inéluctablement. Ce face à face est un moment aussi impressionnant qu'envoûtant. Depuis toujours, je suis attiré par ce genre de situations, qui me permettent de me connecter à moi-même et à mes ressources intérieures afin de développer une plus grande confiance, une plus grande efficacité aussi, dans l'instant comme plus tard, une fois de retour dans la vie quotidienne. En ce sens, l'aventure est un état d'esprit qui permet de s'ouvrir à la vie tout entière, dans sa splendeur et sa difficulté.

Car, en fait, la vie elle-même n'est qu'un vaste inconnu, totalement imprévisible. Beaucoup de gens ne se rendent pas compte à quel point l'aventure de la vie peut être passionnante ; et ils passent leur temps à essayer de se rassurer en éliminant les doutes et les mystères de l'existence au risque d'en perdre la substance même. C'est ainsi que cette confrontation avec le Pacifique m'apparaît comme une extraordinaire allégorie de la vie elle-même.

J'éprouve un mélange d'exaltation et de frayeur. Au coucher du soleil, alors que nous sommes entre la Chine et Taïwan, je suis brutalement arraché à mes réflexions. Les valves électriques des brûleurs droits restent bloquées en position ouverte, et d'immenses flammes jaillissent soudain dans le cône à air chaud. Pour éviter qu'elles ne mettent le feu à l'enveloppe, je dois me dépêcher de couper l'arrivée de carburant. Après être passé sur les trois brûleurs du côté gauche, j'ajuste les minuteries sur le tableau des instruments et parviens à stabiliser le ballon. Une impureté se serait-elle infiltrée dans les circuits ? D'après nos techniciens, c'est probablement le froid qui est responsable de l'incident : les valves ont dû geler. C'est le genre de problème dont nous nous passerions volontiers. Surtout maintenant que nous abordons l'étendue colossale du Pacifique où l'éventualité d'une panne totale des brûleurs est infiniment plus alarmante que lorsque nous survolions la Terre. Il me suffit de penser aux amerrissages de Richard Branson et Andy Elson pour ressentir des sueurs froides dans le dos...

Pour ne rien arranger, notre course s'est infléchie à 101° et il semble que le vent nous emmène trop loin vers le sud. Il est prévu que nous traversions le Pacifique en ligne droite, mais déjà nous nous écartons de cette route. C'est justement une déviation de ce genre qui a été fatale à la dernière tentative de Richard.

Pour la première fois depuis le début du vol, je me demande si nos vaillants météorologues ont suffisamment anticipé les manœuvres à accomplir. Ils ont travaillé incroyablement dur pour nous guider en toute sécurité jusqu'à et à travers la Chine, et il se peut qu'à force d'avoir concentré leur énergie sur notre parcours terrestre ils aient maintenant quelques doutes quant à la stratégie à adopter pour le Pacifique. Ils semblent handicapés par un manque d'informations, les indications météo en provenance de ces vastes étendues étant rares. Un de leurs modèles informatiques indique que nous devrions passer par le nord, alors que l'autre laisse croire qu'un passage par le sud serait plus approprié... Tout ce qu'ils peuvent nous suggérer pour l'instant, c'est de continuer droit devant nous, le temps qu'ils calculent de nouvelles trajectoires.

J'ajoute dans mon carnet : *Ces problèmes détruisent la fragile confiance que j'ai réussi à acquérir.* Toute notre haute technologie a si bien fonctionné que la soudaine défaillance des brûleurs nous a mis en état de choc. C'est une véritable peur que je ressens au moment de me coucher. Pour arriver à trouver le sommeil, je recours à l'une de mes techniques d'autohypnose.

Je dois sortir de l'état de concentration nécessaire au pilotage, arrêter de calculer mentalement nos réserves de carburant, ou de m'inquiéter de la sonorité des brûleurs. Allongé sur le dos, je serre mon poing droit de toutes mes forces, mon index et mon pouce roulés face à moi, et j'imagine que j'écrase ainsi dans ma main mon inquiétude, ma tension nerveuse. Ensuite, j'inspire profondément et je bloque ma respiration, continuant le plus longtemps possible à serrer mon poing, fixant ma main du regard. Lorsque je ne tiens plus, j'expire en laissant mes yeux se fermer et mes doigts s'ouvrir tout seuls. Déjà, je sens la tension nerveuse se transformer en relaxation. Mentalement, je me décris lentement la manière dont la détente gagne mon poignet, mon avant-bras, mon bras, mon épaule, mon autre bras, ma tête, mon abdomen, mon dos, mes pieds... jusqu'à ce que je me sente totalement calme.

Une voix intérieure me raconte alors que je suis sorti de la capsule et que je suis allé me coucher sur un nuage confortable et chaud. De là, je regarde l'*Orbiter* s'éloigner doucement avec Brian aux commandes, me délivrant de tout souci. Je visualise l'enveloppe argentée traversant les couleurs d'un gigantesque arc-en-ciel. D'abord le rouge, la couleur de l'excitation et du stress, qui s'atténue dans l'orange ; puis le jaune rappelant un merveilleux champ de colza, reposant pour l'œil et l'esprit ; le vert des immenses prairies du Midwest américain, dont l'herbe ondule doucement sous l'effet d'une légère brise. Le bleu, ensuite, plus relaxant encore, puisqu'il efface l'horizon pour mélanger le ciel et la mer. Enfin, le ballon se fond dans l'indigo, l'ombre profonde de la nuit, où toutes les couleurs disparaissent. Quand arrive le moment où je ne le distingue plus, je me tourne sur le côté et m'endors profondément.

Brian

Moi aussi, je suis sur les nerfs. À aucun instant nous ne manifestons la moindre agressivité l'un envers l'autre, mais, à mesure que la nuit avance, j'ai tendance à ressentir le besoin de me défouler sur le PC. Nous avons signé un accord avec Oakland Oceanic Control, une organisation basée près de San Francisco qui gère le trafic aérien du Pacifique. À 9 heures Zulu, j'adresse le fax suivant à Genève :

Bien, il semble que la décision ait été prise de nous attaquer à cette grosse mare située devant nous. Confirmez svp que vous avez bien sous la main un exemplaire de la procédure à suivre pour l'espace aérien océanique, afin que toutes les équipes puissent le lire. Nous comptons sur vous pour assurer le contact initial. Bonjour de la part de Brian. FL 180, en train de grimper à FL 260 si autorisé.

J'ajoute quelques minutes plus tard :

Par ordre des capitaines Piccard et Jones, mettez les skis de Luc sous clé jusqu'à ce que ce vol soit terminé. Tous ces problèmes ont coupé l'appétit de Bertrand. J'ai beaucoup de mal à croire que le blocage des valves vienne de la température ambiante. Il faisait encore plus froid, il y a vingt-quatre heures, au-dessus de la Birmanie, et les valves fonctionnaient parfaitement. De toute façon, il ne fait que – 23°. Qu'est-ce qui se passera si on descend à – 56° ?

Quelques minutes plus tard me parvient un autre message, d'Alan cette fois. Apparemment, il trouve que nous négligeons nos rapports de position. Son ton paternaliste ne fait rien pour arranger mon humeur :

L'océan Pacifique est un espace vaste et relativement dégagé. Je ne veux pas vous effrayer, mais... les couloirs aériens entre Taïwan et Honolulu, de même qu'entre le Japon et le continent américain, sont plutôt chargés. Il n'y a pas de contrôle radar et il est probable que personne ne nous guette à travers le pare-brise des avions. Les vols commerciaux empruntent des trajectoires prédéfinies et il est essentiel que vous avisiez les autorités aériennes, par radio HF, et le PC, par Immarsat, avant – je dis bien AVANT *– de vous lancer dans des excursions* *en altitude. Techniquement, je pense qu'il faut que vous ayez une autorisation pour effectuer quelque modification que ce soit.*

Si vous changez de niveau par erreur, ou en cas d'urgence, communiquez en détail sur 121.5 MHz votre position ainsi que vos altitudes précédentes, actuelles et futures. Avisez ensuite l'ATC et le PC. Je suggère que votre transpondeur continue à émettre : certains avions modernes sont équipés de radars anti-collision qui capteront ses signaux.

Nous serions heureux de recevoir de nouvelles photos digitales ou images vidéo pour fêter votre traversée de la Chine. Demain, ce ne sera plus d'actualité.

Tout, ou presque, de ce que dit Alan me semble évident. Autant vouloir nous apprendre à respirer ! Ma réponse, teintée d'ironie, laisse transparaître un début d'irritation :

Merci de nous remonter le moral. J'ai relu les accords de l'espace océanique il y a quelques heures... La précision d'altitude de 100 m sera difficile à respecter, mais nous ferons de notre mieux. Le transpondeur est branché en permanence à l'intention des systèmes anti-collision des avions de ligne. Bertrand Spielberg est couché, à présent, alors pas de petites séquences pour l'instant. Au-dessus de la Chine, nous étions trop occupés pour jouer les cinéastes.

À midi, j'ai des soucis encore plus importants que ceux causés par la défaillance de nos valves électriques :

Notre trajectoire semble dévier lentement, mais sûrement, vers la droite, et risque de nous emmener loin, très loin vers le sud. Aimerions être rassurés. Dites-nous que ça n'est pas grave, svp. Et donnez-nous une idée des prochaines prévisions concernant la direction et la vitesse.

Je commence à avoir le sentiment que l'équipe au sol ne tient pas suffisamment compte de nos demandes.

À mes inquiétudes concernant notre cap vient s'ajouter le fait que, droit devant nous, se trouvent deux zones rouges – désignées sur la carte W172 et W184 – à propos desquelles nous n'avons aucune information.

Au même moment, à Swiss Control, Patrick Schelling est aux prises avec un problème potentiellement explosif. Il n'avait jamais soupçonné l'existence d'un endroit appelé Naha, avant d'apprendre qu'il s'agissait d'une base militaire importante de l'île d'Okinawa. Quand Patrick appelle le responsable de service, celui-ci, dont l'anglais est limité, répète d'une voix perçante :

– Zone dangereuse ! Très chaud ! Très chaud !

Agité, il continue en hurlant :

– Faites le tour !

Nos propres contrôleurs réalisent bien que, si nous continuons sur la même trajectoire, nous allons pénétrer dans la zone W184. Ils n'ont d'autre choix que de négocier. Une fois de plus, ils ont affaire à des individus de culture totalement différente et s'efforcent de ne pas les offenser.

Patrick cherche par tous les moyens imaginables à obtenir de son homologue une autorisation de survol. Bien qu'il tente de l'amadouer avec son numéro habituel sur la grande fraternité des contrôleurs aériens, il n'arrive pas à lui faire prononcer le mot magique. Le Japonais l'avertit que des chasseurs volent dans le secteur et qu'il lui est impossible de les faire atterrir. Il se contente de répéter :

– Très chaud ! Très chaud !

Finalement, après des discussions prolongées, Patrick le met au pied du mur :

– Êtes-vous oui ou non en mesure de garantir la sécurité du ballon ?

– Oui, oui, répond, intimidé, son homologue.

Et Patrick de mettre un terme rapide à la discussion.

Dans la capsule, j'ignore tout de ces négociations. L'approche de la zone dangereuse me rend nerveux, et l'absence d'informations en provenance de Genève fait que je ne tiens plus en place. Mon humeur se détériore, ce que révèlent mes messages successifs :

John, on dirait que le bus Breitling va s'aventurer dans la W172. Quelqu'un à Swiss Control a-t-il évoqué la question ? FL 250, trajectoire 097, 84 nœuds. Mes cheveux (le peu que j'en ai, mais ça fait quand même beaucoup comparé à d'autres...) sont plaqués en arrière par la vitesse. Pendant la plus grande partie de la journée, de l'eau dégouline du dôme supérieur ou de l'unité de contrôle de carburant, et il suffit de se tenir debout au bon endroit pour bénéficier d'une douche. Actuellement, c'est de la glace qui accueillera Bertrand au moment où il sortira de la couchette, située juste en dessous.

Un peu plus tard :

John, je ne voudrais pas insister lourdement, mais... aurais-tu par hasard cessé de transmettre nos questions ? Dans mes derniers communiqués, j'ai demandé si toutes les équipes étaient au courant des procédures liées au survol du Pacifique, telles que définies dans notre contrat avec les Américains : j'ai requis les fréquences HF, une confirmation de la part de Luc et Pierre sur la justesse de notre trajectoire, des conseils pour l'installation du téléphone satellite sur la deuxième antenne et, enfin, des commentaires à propos de la zone qui se trouve devant nous.

Ce dernier fax provoque une réponse cinglante de la part d'Alan :

Écoute-moi bien, grincheux. Nous pensions que tu plaisantais. As-tu lu le contrat ? Il ne vous concerne pas pendant les premiers jours de votre traversée, c'est-à-dire jusqu'à ce que vous arriviez dans la région régie par le contrôle d'Oakland, Californie. Pour l'instant, vous dépendez des Japonais, avec lesquels nous n'avons pas de contrat. Luc dit que 094° est un cap idéal, mais que les 092° de votre dernier rapport feront l'affaire, si vous ne pouvez pas faire mieux.

La W172 est en principe interdite de façon permanente à toutes les altitudes. L'ATC vous préviendra si vous n'avez pas le droit d'y pénétrer, auquel cas vous devrez faire demi-tour et repartir dans l'autre sens. Plus sérieusement, vous avez déjà franchi un certain nombre de zones interdites ou dangereuses. C'est inévitable quand on veut faire le tour du monde en ballon. Si certaines d'entre elles sont en activité, Swiss Control en est normalement averti lorsque le plan de vol est déposé, et vous serez informés en temps voulu.

Nous vérifions W172 avec les Japonais. Vous tiendrons au courant. Zone W184 : avons arrangé survol avec le responsable de Naha, mais des exercices importants de combats aériens ont lieu là-bas ce soir à 22 heures Z avec chasseurs, bombardiers, missiles, sous-marins, alors dépêchez-vous de passer et ne vous inquiétez pas si les éclairs et les explosions secouent un peu la capsule. Enfin... pas trop.

J'ai beau me dire qu'il plaisante à moitié, je ne trouve pas cela vraiment drôle. J'explose :

OK, enfoiré ! Tu nous as promis de te renseigner à propos de l'antenne du téléphone satellite. Depuis le temps que je te connais, je suis certain que tu as tous les renseignements dans la tête, à moins que ce ne soit dans le sac rouge que tu trimballes toujours avec toi. En tout cas, dans des endroits inaccessibles au reste de l'équipe.

À ce stade, je réalise que nos échanges sont en train de dépasser les limites de la plaisanterie. Après avoir reçu un mot de Debbie

Clarke mêlant tendresse et embarras pour demander notre altitude, un sentiment de culpabilité m'envahit et me pousse à me calmer :

Je ne suis pas vraiment fâché avec qui que ce soit d'entre vous. C'est simplement que notre directeur de vol adoré se remonte plus facilement qu'une pendule !

Réponse de John :

Tu nous as tellement contrariés que tout le monde est rentré gueuletonner et se soûler à l'hôtel. On m'a chargé d'éteindre les lumières avant de rejoindre les autres... Non, je te taquine. On t'aime toujours. Mais je pensais que tu aurais suffisamment de distractions avec le ballet aérien qui s'annonce. Pourrais-tu me dire si l'armée de l'air japonaise est équipée de F-16J ou des anciens F-16G avec la vieille antenne radio, les ailes rallongées et les ailerons ancien modèle sur les bords d'attaque ? Si tu pouvais aussi me donner les numéros de série, ça me ferait plaisir.

Les choses allant mal dans la capsule, je devrais être en mesure d'imaginer qu'au PC, l'atmosphère est aussi de plus en plus tendue. Tout à mes propres difficultés, je n'ai pas conscience du fait que nos équipes, à Genève, travaillent dans l'angoisse. Certes, leur hôtel est confortable et ils n'ont qu'à lever le petit doigt pour avoir des repas chauds, mais leur travail devient plus stressant à chaque minute. Paradoxalement, au fur et à mesure que nous progressons et que nos chances de réussir augmentent, la pression s'accentue sur notre équipe. Mes bons amis John et Debbie, Smiffy et « C », se préoccupent en priorité de ma sécurité et de celle de Bertrand, et ils sont sur des charbons ardents en permanence, par crainte d'un incident aux conséquences dramatiques. Plus tard, Smiffy me dira : « Nous avons retenu notre souffle pendant trois semaines. »

Ce dernier prend Alan à part après nos échanges aigres-doux et lui demande de se calmer. C'est alors que Jo – qui, d'après les autres, a fait preuve jour après jour d'un self-control héroïque – commence une crise d'hystérie, hurle en accusant Alan de ruiner nos chances en se montrant si froid et indifférent à nos soucis, éclate en sanglots, sort en courant et va s'enfermer dans les toilettes...

En traversant la zone W184, nous aurions sans doute eu la peur de notre vie en collant le nez aux hublots : le ciel, cette nuit-là, grouille d'avions.

Les mauvaises communications radio s'ajoutent à nos problèmes.

Deux appareils m'ont appelé sur 121.5 pour me dire de me mettre en rapport avec Naha, dis-je à John, *mais je n'arrive pas à établir de contact sur ce sacré poste HF.*

Au lever du soleil, enfin, au moment où je passe le relais à Bertrand, un message amical d'Oceanic Control à Oakland, Californie, nous rassure en nous promettant toute l'assistance possible. Ouf ! Mais j'ai eu ma dose pour la nuit.

Bertrand

Je tape le fax suivant en prenant les commandes :

Bonjour à tous. Je laisse le ballon se stabiliser sans chauffer. Il se maintient aux environs de FL 271, trajectoire 092°, 74 nœuds. Aucun contact HF avec personne, sauf VHF sur 121.5 avec appareils en route pour Naha ou Tokyo. C'est le moment de ma tasse de thé Earl Grey matinale.

Un communiqué rassurant me parvient en retour, qui répond aux questions soulevées précédemment par Brian : à Genève, nos équipes sont toutes au courant des procédures liées au Pacifique et à l'Atlantique, Luc et Pierre affirment que nous sommes sur le bon cap, et le téléphone par satellite fonctionne à nouveau.

Plus tard dans la matinée, en regardant par le hublot arrière, je me trouve soudain nez à nez avec les îlots d'Iwo Jima, que les forces américaines ont repris aux Japonais en février 1945, après des combats acharnés. Leur unique sommet volcanique est couronné de nuages. Sur une petite île voisine, j'aperçois un terrain d'aviation. À notre altitude, nous ne dépendons pas de sa tour, mais j'appelle tout de même le contrôleur pour l'avertir de notre passage, ce qui ne semble pas l'intéresser le moins du monde. En revanche, un pilote américain capte notre conversation, et passe si près de nous que je sens trembler la capsule. Je lance à la radio :

– Qui est-ce qui vole tout près du ballon ?

– US Navy Gulfstream 4, me répond joyeusement le pilote, avant d'enchaîner les traditionnelles questions sur ce que nous faisons là.

Je rapporte au PC :

Survolé Iwo Jima. N'ont même pas pris la peine de lever la tête pour nous apercevoir. J'imagine que la dernière apparition étrange dans leur ciel remonte à une cinquantaine d'années, sous la forme de bombardiers américains. Peut-être que, cette fois, ils étaient tous dans les abris, mais je vous promets que je n'ai pas utilisé les toilettes en passant au-dessus d'eux !

Après quelques heures de navigation très calme, je peux voir sur la carte notre trajectoire effleurer la fosse des Mariannes. C'est un grand moment pour moi : la ligne « horizontale » de mon aventure recoupe les lieux de l'exploit « vertical » de mon père, et je l'appelle sur-le-champ pour partager cette émotion avec lui. En dessous du ballon, les reflets du Pacifique s'imprègnent d'une magie particulière au son de sa voix dans le téléphone satellite.

À la fin des années cinquante, la plongée en eaux profondes avait pris des allures de compétition, à la manière de ce que nous vivons aujourd'hui dans les tentatives de tour du monde. D'un côté, il y avait le Bathyscaphe Trieste, construit par mon grand-père et par mon père ; de l'autre, une copie de leur invention, construite par la marine française. Enfant, j'ai lu de nombreux articles de journaux racontant à quel point la course aux abysses avait été acharnée, et j'étais très fier que mon père l'ait remportée. Aujourd'hui, au-dessus de la fosse des Mariannes, je participe à une compétition internationale similaire, avec en face de moi des concurrents fortunés et bien équipés. Serai-je capable d'ajouter une autre victoire au palmarès familial ? Par moments, je suis persuadé que c'est mon destin de réussir, mais, à d'autres, je ne peux m'empêcher d'avoir peur qu'une si belle histoire ne soit impossible. Comme pendant toute l'élaboration du projet et la préparation du vol, je balance entre espoir et doute. Cinq années à vivre dans cet état m'ont épuisé. Au moins, j'approche enfin de l'instant de vérité.

Brian

Dans le monde entier, les gens suivent notre progression, et des e-mails d'encouragement fébriles ont commencé à se déverser sur le site Internet de Breitling. Huit à neuf mille messages sont arrivés de tous les coins de la planète – d'Australie, de Nouvelle-Zélande, de Dubaï, de Malaisie, du Brésil et d'Europe – mais en majorité d'Amérique du Nord, où des milliers de passionnés espéraient que nous survolerions leur pays.

Bonsoir, Bertrand et Brian, écrit Ralph R. Davis de Walnut Creek, Californie. *Vous n'êtes peut-être pas américains, mais vous avez beaucoup de fans, ici, aux États-Unis.* Jane Matheson, une des anciennes camarades de classe de Bertrand à North Palm Beach, en Floride, lui envoie son meilleur souvenir en lui demandant s'il a toujours les marques de son coup de pied au genou. Un homme qui signe « Montgolfier » projette de faire décoller « une petite armada de ballons » pour nous accueillir quand nous aborderons la côte ouest.

Pourriez-vous descendre pour venir à notre rencontre ? demande-t-il. *Vous ferai savoir à l'avance si armada en position ou si projet annulé.*

Mais, brutalement, la conjoncture change du tout au tout et nos chances de survoler l'Amérique du Nord s'évanouissent. Au PC, Luc propose un changement de tactique radical. Plutôt que de nous garder sur la route nord, Pierre et lui ont proposé de nous envoyer loin vers le sud du Pacifique, pour attraper un jet-stream qui doit s'y former dans trois jours. Ébranlé par cette idée, Brian Smith prend Luc à part et lui demande de lui montrer ce nouveau jet-stream sur l'écran de son portable. Il devient blême quand Luc lui répond :

– Tu ne comprends pas : il n'existe pas encore. Il va naître dans trois jours...

Pour Alan, la décision est très difficile à prendre, mais nos magiciens de la météo savent le convaincre. En revanche, ce changement de route met sens dessus dessous tous les plannings précédemment établis par nos contrôleurs aériens. Ils ont prévu un survol de l'Amérique du Nord, et voilà maintenant qu'ils doivent déposer un plan de vol passant par le Mexique et Cuba.

Le centre des communications de l'aéroport de Genève doit se procurer en toute hâte les coordonnées de Miami Oceanic, Honolulu, La Havane, Kingston (Jamaïque), Curaçao, Saint-Domingue pour avertir leurs homologues.

Comprenant qu'à l'évidence leur nouveau plan risque de nous affoler. Luc et Pierre nous l'annoncent en étayant leur décision d'une analyse détaillée de la dernière situation météo :

Chers Brian et Bertrand,

Après de longues discussions avec Alan, nous avons décidé de prendre la route du sud pour traverser l'océan. Luc téléphonera pour expliquer. L'altitude de vol requise se situera entre 8 000 et 9 000 mètres, avec des trajectoires entre 093° et 098°, et une vitesse d'environ 35 nœuds jusqu'à 00 h 00 Z. Après quoi, vous pourrez monter jusqu'au plafond. Je crois qu'il se situe à 9 500 m. Le cap passera de 095° à 150° en vingt-quatre heures, avec des vitesses entre 25 et 30 nœuds. Le lendemain, vous descendrez entre 13° et 15° de latitude nord, avec des vitesses de 20 à 25 nœuds.

Cette manœuvre très spéciale est nécessaire pour attraper le jet-stream subtropical rapide que nous observons maintenant dans nos prévisions et qui commence au sud-ouest de Hawaï, pour filer à travers l'Amérique centrale en direction du nord-ouest de l'Afrique.

Ce bouleversement de nos stratégies précédentes nous inquiète d'autant plus que nous avons le sentiment que nos experts eux-mêmes sont un peu déconcertés par la tournure que prend la météo. En réalité, après avoir essayé la route du nord pendant vingt-quatre heures, il leur est apparu clairement que celle-ci risquait de nous conduire à la catastrophe. Ayant constaté l'évolution de leurs modèles numériques, ils se sont aperçus que le mauvais temps arrivant derrière nous allait nous rattraper. Même si, par le nord, la distance était plus courte et notre vitesse plus grande, nous pourrions être abattus en pleine mer par des orages, comme c'est arrivé à Steve Fossett. La route du sud, vers l'équateur, nous obligerait à voler bas et lentement pendant trois ou quatre jours. Elle nous permettrait de rejoindre un jet-stream qui se prépare à apparaître dans quelques jours à Hawaï.

La perspective de faire route au sud est déprimante. Nous avons en tête la mésaventure du Richard Branson. Après être parti au nord, ce dernier avait dévié vers le sud avec les conséquences catastrophiques que l'on sait. Et voilà que notre équipe nous demande de marcher intentionnellement sur ses traces. Au lieu de filer plein est à travers le Pacifique et de toucher les côtes américaines en Californie, quelque part entre Los Angeles et San Francisco, nous allons nous diriger encore plus bas que Richard – 1 600 km au sud de Hawaï –, passer plus près de l'Australie que de n'importe quelle côte de l'hémisphère Nord, et ajouter plusieurs milliers de kilomètres à notre voyage.

Bertrand

Brian et moi éprouvons tous deux le sentiment que nos météorologues, à défaut de prévisions réellement précises et confrontés à deux mauvaises solutions, ont choisi la pire des deux. Je suis rongé par le doute. Du fond de ma déprime, j'empoigne le téléphone pour appeler Michèle et lui dire qu'à mon avis nous allons échouer, faute d'avoir assez de carburant pour voler aussi loin, et aussi lentement.

– Bertrand, me dit-elle, je ne comprends pas. Il y a une heure, Luc et Pierre étaient parfaitement confiants. Vous n'avez que trois ou quatre jours à voler à vitesse réduite avant d'attraper le jet-stream. Je ne vois pas ce qui t'inquiète.

– Ce qui m'inquiète ?... C'est de dépendre d'un jet-stream qui n'existe pas encore, et de griller notre propane en nous traînant à 30 km/h.

Michèle rappelle alors nos experts météo pour leur faire part de nos angoisses, et leur demander ce qu'ils pensent vraiment de la situation.

– Ils n'ont aucune raison d'être inquiets ! s'écrie Luc, confiant dans ses prévisions statistiques.

– Alors essaie de te mettre en contact avec eux et de les rassurer !

Ce que fait Luc tout de suite. Par chance, la communication s'établit sans problème et je peux le questionner directement.

– Tu es vraiment sûr de toi en nous envoyant au sud ?

– Bertrand, dit-il, est-ce que tu me fais confiance, oui ou non ?

Il y a des questions auxquelles il vaut mieux répondre par l'affirmative :

– Oui.

– O.K. ! Alors, fais ce que je te dis ! Nous contrôlons la situation.

Nous venons, sans le savoir, de franchir l'étape la plus décisive du vol. Si nous avions maintenu notre cap au nord, nous aurions été pris dans de violents orages qui nous auraient forcés à amerrir.

Mais, à l'heure présente, nous ignorons encore de quoi l'avenir sera fait.

– Je dois avouer que je ne suis pas très rassuré, dis-je à Brian.

– Je n'osais pas te le dire, répond-il. Moi, je suis mort de trouille !

Cet aveu mutuel nous rapproche encore davantage, et nous donnera la force d'affronter cette étape difficile.

Une histoire amusante, entendue autrefois, me revient à l'esprit. Elle illustre bien ce que nous ressentons. Un alpiniste a dévissé dans une paroi et se retrouve accroché par une main à une prise minuscule. Mille mètres au-dessus de lui, mille mètres en dessous, et plus de corde ni de mousqueton. D'une voix timide, il appelle : « Y a-t-il quelqu'un pour m'aider ? » Il entend une voix grave qui répond : « Aie confiance, lâche tout. » Il regarde l'abysse vertigineux qui plonge sous ses pieds avant de lancer : « Y a-t-il quelqu'un d'autre ?... »

Brian

Au moment où nos experts météo décident de nous faire changer de route, ma première réaction est de me dire : « C'est facile, pour eux ! Ils ne sont pas à des milliers de kilomètres de la terre la plus proche ! » Après ce qu'ils ont déjà accompli, je peux difficilement mettre en doute leurs compétences. N'empêche que ce nouveau plan me semble de la folie pure et simple. Savent-ils vraiment ce qu'ils font ? Dans le doute, il m'est impossible de faire taire ma propre peur.

Je n'ai jamais aimé l'inconnu, et je trouve rassurant de savoir que Bertrand partage mes angoisses. Cela dit, ce réconfort est de courte durée et je continue à avoir la peur au ventre. Je suis obsédé par le terrible crash de Steve Fossett, et j'ai des sueurs froides à l'idée de ce qui nous arriverait si nous plongions à notre tour.

Avant le vol d'*Orbiter* 1, les ingénieurs de Cameron ont testé la capsule. Nous étions sûrs qu'elle flotterait parfaitement, car les réservoirs de kérosène étaient relativement légers et la nacelle était équipée de quilles qui se rempliraient d'eau et la stabiliseraient. La capsule d'*Orbiter* 3 a un centre de gravité beaucoup plus haut. Entre le poids des infrastructures métalliques entourant son sommet et celui de ses réservoirs en titane, je suis pratiquement certain qu'elle chavirerait. Il se peut même que dans ce cas, nous ne parvenions jamais à nous en échapper, par aucune des ouvertures.

Si nous nous retrouvions la tête en bas en plein océan, notre seule chance serait d'entasser à l'avant tout ce qui nous tomberait sous la main, en espérant que la capsule piquerait suffisamment du nez pour dégager la sortie arrière. Et, même alors, nous risquerions encore de nous noyer en essayant de sortir car, une fois le dôme ouvert, la capsule se remplirait d'eau et coulerait en nous entraînant au fond avec elle. Quant à sauter en parachute pendant que nous aurions encore assez d'altitude... ce n'est pas la peine d'y penser. Les secours seraient à six, peut-être à huit jours de nous, et les chances qu'on nous récupère en vie seraient extrêmement minces. Même si un avion nous repérait et nous jetait un radeau gonflable, nous ne serions pas certains de survivre jusqu'à l'arrivée d'un navire...

Au coucher du soleil, encore agité par ces pensées cauchemardesques, j'aperçois au loin d'énormes cumulo-nimbus (qu'on appelle « CB » dans notre jargon). Chacun d'eux contient probablement assez de turbulences et de grêle pour réduire notre enveloppe en charpie. Ce sont exactement ces nuages – plus gros que tous ceux qui se forment au-dessus de la terre ferme – qui ont failli tuer Steve Fossett l'été dernier. Au moment où la nuit tombe et qu'il est devenu impossible de les voir, je me demande si je ne vais pas me rapprocher de l'un d'eux sans m'en rendre compte.

La seule manière de les éviter est de voler au-dessus. Mais, au crépuscule, ils sont encore à trois ou quatre cents kilomètres, posés sur l'horizon, et il est impossible de savoir jusqu'à quelle hauteur ils s'élèvent, ni de quelle manière ils vont se déplacer durant la nuit. Ce qui me hante, c'est d'imaginer le ballon soudainement secoué dans tous les sens en pleine obscurité. J'en deviens paranoïaque... Toutes les cinq minutes, j'éteins les lumières de la cabine et tâche d'apercevoir les étoiles. Si je les vois, je suis rassuré.

Bertrand

Le plus souvent, c'est le matin que les nuages naissent, à cause de l'humidité qui monte de la mer chaude et qui se condense au contact de l'air plus frais. Vers la mi-journée, ils deviennent énormes et leurs sommets s'évasent en forme de gigantesques enclumes. À l'approche du soir, les plus petits commencent à se dissoudre, et le cycle recommence le matin suivant. Par endroits, des flottilles de petits cumulus forment un cercle autour d'un plus gros, un phénomène sans doute causé par une dépression atmosphérique localisée.

Nous nous efforçons de maintenir un cap de 123°, mais nous sommes entourés par ces CB dont les sommets culminent à 9 000 m. Notre plafond se situant à 9 500 m, cela nous laisse une marge d'environ cinq cents mètres. Par chance, dès que nous arrivons près d'un nuage qui pourrait s'avérer dangereux, notre trajectoire dévie légèrement de celle du vent qui le pousse. Nous zigzaguons ainsi entre ces monstres menaçants comme si une main bienveillante nous écartait d'eux chaque fois. Le ciel en est rempli, mais, par une sorte de miracle, nous les éviterons tous.

J'écris dans mon journal :

Au-dessus du Pacifique, les nuages sont aussi vivants que le sable du désert. Ils poussent tant horizontalement que verticalement, et la chance veut que les plus élevés – les dangereux cumulo-nimbus orageux – se trouvent maintenant au sud de notre route.

Dans un fax, Luc nous apprend qu'il y a des orages gigantesques au sud. *Vous pouvez peut-être les voir*, dit-il. Nous le pouvons. Et ces énormes masses entassées sur l'horizon nous font courir des frissons dans le dos.

Les communications deviennent très difficiles. Le fax et le téléphone finissent même par être coupés, car notre route nous emmène juste en dessous du satellite géostationnaire qui couvre le Pacifique. L'enveloppe aluminisée du ballon forme un écran devant les antennes, et nous dérivons pendant deux jours, privés de toute relation directe avec Genève. Jo écrit dans son journal :

Nous avons perdu le contact avec eux depuis vingt-quatre heures. Dans la salle de contrôle, tout le monde est silencieux.

L'absence de communication accroît encore notre sensation d'isolement. Dériver lentement et en silence au-dessus d'un océan de 12 000 km de large procure des impressions difficiles à décrire. Le Pacifique est devenu un immense miroir devant lequel Brian et moi nous retrouvons nus avec nos émotions. Impossible de tricher ou de faire semblant : nous avons vraiment peur, comme dans le « Poème de l'ancien marin » que Brian se plaît à réciter :

Seul, seul, tout seul,
Seul sur l'immense océan !

Les uniques contacts que nous arrivons à garder avec la terre – quoique erratiques – passent par la radio HF qui nous relie épisodiquement aux contrôleurs aériens d'Oakland, près de San Francisco. Tout en dérivant au milieu de nulle part, je souris en me rappelant avoir dit à Alan, quand nous évoquions la future capsule, que je ne voulais pas de radio HF à bord : « C'est trop cher et trop lourd, et en plus ça ne marche jamais. Les systèmes de communication par satellite sont beaucoup plus efficaces. »

Heureusement, la réglementation océanique rendait la HF obligatoire...

À présent, nous dépendons entièrement de cette dernière. À une heure où la communication avec San Francisco est de qualité plus ou moins correcte, je demande au contrôleur s'il peut me connecter sur une ligne téléphonique pour appeler Genève. « Bien sûr, répond mon correspondant à Oakland, dites-nous simplement à qui nous devons facturer l'appel. » Au même moment, Luc entre en trombe dans le PC en criant : « Ils ne sont qu'à 200 km des orages ! Il faut absolument que je leur fasse parvenir un message, d'une manière ou d'une autre ! » Luc a à peine fini de prononcer ces mots que le téléphone sonne. Au bout du fil, San Francisco lui annonce : « Nous avons un appel radio de votre ballon, relayé par nos soins. » Luc jette des regards hallucinés autour de lui en disant : « C'est incroyable ! C'est un miracle ! Dieu est là ! » Sitôt remis de sa surprise, il m'avertit de la présence de CB, droit devant nous et me conseille de monter aussi haut que possible afin de changer de trajectoire et de les éviter.

Pour la première fois en quarante-huit heures, j'ai réussi à parler au PC et je fais le serment de ne plus jamais me moquer de la radio HF...

Brian

Nous nous battons pour éviter les nuages, et, plus nous nous élevons, plus la température descend. Le chauffage, qui marche au propane, perd en efficacité : les buses, bouchées par la glace, ne donnent qu'une flamme minuscule. Résultat : la nuit, il fait à peine un ou deux degrés au-dessus de zéro dans la cabine. Je porte trois pantalons de survie en laine polaire les uns sur les autres, le plus grand nombre possible de couches de pull-overs et une énorme veste en duvet bleu dont je détache le capuchon pour m'emballer les pieds. Bertrand et moi partageons la même veste afin qu'elle reste toujours chaude, mais, quand c'est à son tour de prendre les commandes, il met le capuchon sur sa tête.

Dans la capsule, il fait si froid, et tant de choses vont de travers, que la moindre étincelle suffit à me faire exploser. Au PC, personne ne semble avoir conscience de notre état de fatigue ni du froid que nous subissons. Sur le moment, je ressens cruellement ce qui m'apparaît comme un manque de la plus élémentaire compassion et je réponds plus que sèchement à leurs messages, quand le satellite veut bien nous les transmettre. L'ambiance se charge d'agressivité, principalement par ma faute.

Pour ne rien arranger, les problèmes techniques se multiplient alors même que nous touchons le fond de l'angoisse. Je me plains de ce qu'il m'a fallu une demi-heure pour dégeler la plaque de contrôle de carburant située au plafond du couloir central. Jusque-là, nous arrivions à la dégager en la grattant avec une carte de crédit. À présent, je dois attaquer aux tenailles les parpaings de glace accumulés sur les robinets. Les numéros 3 et 4 sont toujours bloqués en position ouverte, ce qui met hors service tous nos brûleurs droits. Le numéro 1, du côté gauche, s'est bloqué en position ouverte deux fois au cours de ces dernières heures. J'ai une peur bleue que tous nos brûleurs ne soient bientôt hors service, ce qui mettrait un terme brutal et définitif à notre aventure.

Je faxe :

Ce serait vraiment bien de savoir en détail ce qui se passe exactement. J'en ai assez de jongler sur une corde raide. Nous allons maintenant tourner une vidéo... à condition d'arriver à sourire.

La réponse d'Alan est totalement dénuée de compassion :

Brian, je quitte mon poste chaque soir au son de tes jérémiades. Je le reprends chaque matin pour trouver un nouveau fax pleurnichard où tu te plains du non-fonctionnement de quelque chose. Tes messages sont devenus tellement déprimants que nous avons dû créer un dossier « Vrais messages » et un autre : « Messages impossibles à lire sans se ronger les sangs ». Nous préférons de loin les fax joyeux de Bertie...

N'empêche qu'Alan est bien obligé de reconnaître que personne n'est capable de dire ce qui ne va pas dans le système d'alimentation des brûleurs. Et mon inquiétude augmente encore quand la paire de réservoirs numéro 6 tombe à sec après seulement vingt-quatre heures et cinquante minutes d'utilisation. Làdessus, Alan en rajoute et m'apprend que, d'après Luc et Pierre, notre vitesse va encore diminuer, tombant de 45 nœuds à 35, et même à 30. « Cela fait partie de leur tactique », tente-t-il de me rassurer, précisant :

Les météorologues estiment toujours la durée totale de votre trajet à 20 jours maximum. À en juger par votre consommation actuelle, vous devriez avoir assez de propane pour dépasser la longitude d'arrivée, au Maroc, et même pour aller jusqu'en Égypte.

Cette estimation est-elle réaliste ? Ou bien dit-il cela pour nous remonter le moral ?

Histoire de remonter le mien, je me mets à composer des limericks [1] et à les faxer. La plupart sont trop indécents pour être reproduits ici, ou tout simplement mauvais. Mais deux ou trois d'entre eux reflètent assez bien l'ambiance du moment :

D'un pilote barbu, Jones de son nom,
On dit qu'il est fréquemment ronchon,
À cause des veilleuses
Qui restent silencieuses
Et de son foutu râleur de patron.

Alan reprend la balle au bond...

Chez Breitling, un certain hystérique
Pilotait comme un dyslexique.
Cette tête de cochon
Avait les jetons
De survoler le Pacifique.

Cet échange de vers mouchetés me remet de bonne humeur. Entre-temps, nous nous sommes placés sur une trajectoire de 155° – nettement au sud-est – et notre vitesse est descendue à 35 nœuds. Malgré cela, mon message suivant est plus enjoué que les précédents :

Salut, John, vieux frère. La lune apparaît dans mon hublot toutes les cinq minutes environ. Es-tu certain que nous ne tournons pas en rond ? Le lit est encore mouillé et le drap est sur la corde à linge. L'ennui, c'est qu'il tombe de temps en temps dans la mare du couloir. Qui donc a écrit la chansonnette d'Alan ? Elle était bien trop fine pour être celle d'un directeur de chez Cameron...

De nouveaux encouragements nous parviennent, cette fois sous la forme d'un mot de l'indomptable Steve Fossett :

---

1. Petits poèmes humoristiques ou érotiques en cinq vers. L'équivalent français le plus proche est une épigramme.

Chers Bertrand et Brian,

Votre vol est véritablement impressionnant. La patience dont vous avez fait preuve en attendant le moment propice pour décoller ainsi que votre trajectoire lente sont en train de porter leurs fruits. Je vous souhaite un excellent vol jusqu'au Mexique.

Sacré Steve ! Il ose sous-entendre que nous n'allons pas dépasser le Mexique... Nous réagissons immédiatement en appelant le PC pour nous exclamer :

– Nous ne nous arrêtons PAS au Mexique !

– C'est justement à cause de ce genre d'insinuation que vous devez absolument réussir, enchaîne Alan en riant.

Notre équipe au sol a demandé aux fabricants des valves comment nous pourrions nous y prendre pour les réparer. Kieran Sturrock suggère plusieurs méthodes ingénieuses. Au bout du compte, il faut se rendre à l'évidence : elles sont gelées et la seule manière de solutionner ce problème est de descendre à basse altitude pour faire fondre la glace. Il faudra faire une autre EVA, et au besoin asperger les valves avec de l'eau chaude.

Profitez-en, dit Alan, *pour vous débarrasser de tout ce dont vous n'avez pas absolument besoin. Plus vous pourrez voler haut dans les prochains jours, plus vous gagnerez en vitesse*

Bertrand

Cette EVA est une expérience merveilleuse. Nous descendons lentement jusqu'à 2 000 m, alors qu'en dessous de nous le Pacifique est d'un calme absolu. Pas une vague.

De très bonne heure, sous un soleil encore rougeoyant, nous sortons sur le toit de la capsule. Pendant un moment, nous restons assis là, stupéfaits par le silence total. Pas un cri d'oiseau, pas le plus petit gémissement de vent, pas le moindre clapotis. Nous sommes au milieu de nulle part. Nous nous regardons...

– Eh bien, dis-je, la dernière fois que nous sommes sortis, nous survolions un désert de sable. Maintenant, c'est un désert liquide. Et celui-ci, malgré son calme, est vraiment effrayant.

Il n'y a pas de stalactites autour de la jupe du ballon, mais l'eau ne tarde pas à couler sur nos têtes, à mesure que fond la couche de glace qui tapisse l'intérieur du cône à air chaud. Comme nous n'avons pas de marteau, Brian s'empare d'un robinet des réservoirs auxiliaires et frappe la glace qui recouvre les valves électriques des brûleurs défectueux. Notre matériel de survie contient des chauffe-mains chimiques que nous écrasons pour déclencher la réaction, avant de les attacher autour des valves électroniques.

Là-dessus, nous découvrons que la connexion de la paire de réservoirs numéro 9 a une fuite. Nous décidons de changer les tuyaux pour la court-circuiter en utilisant ceux qui avaient servi aux réservoirs auxiliaires : ceux-là mêmes dont nous avions failli nous délester lors de notre première EVA, au-dessus de l'Afrique du Nord. Nous devons être un peu stressés car nous avons du mal à nous remémorer tous les détails du système d'alimentation des brûleurs. La complexité du problème nous déconcerte et nous sommes obligés de suivre tous les tuyaux en faisant des commentaires à haute voix : « Si on ferme cette valve, comment le carburant va-t-il circuler ? » Ou : « Si on a une fuite ici, comment est-ce qu'on peut passer par-dessus ?... » En fin de compte, nous effectuons les réparations sans faire d'erreurs, mais en tâtonnant un peu par excès de prudence.

Avant de refermer la capsule, nous jetons par-dessus bord tout ce dont nous n'avons plus besoin, y compris les « scrubbers » usagés et quelques filtres de réserve que nous sommes maintenant certains de ne pas devoir utiliser. Nous larguons dans la foulée tout le sable de nos sacs de lest, les restes avariés de nos produits frais (la viande est en état de décomposition avancée) et un certain nombre de déchets. Au total, nous nous allégeons de 128 kg. J'en profite pour nettoyer de nouveau la face extérieure des hublots et déplace la caméra vidéo extérieure de façon qu'elle filme sous un autre angle l'avant de la capsule et le bas de l'enveloppe. Ce travail nous prend environ six heures.

De retour à l'intérieur, Brian envoie un rapport sur nos récentes activités, et conclut :

Cela n'a pas été franchement enthousiasmant de m'allonger à l'extérieur des infrastructures pour atteindre le robinet du réservoir 14A, pendant que Bertrand me tenait par le pied. Quoi qu'il en soit, nous sommes contents de nous et a cabine, débarrassée de dix jours de poubelles, sent bien meilleur. Maintenant, bande de sadiques, vous allez nous enfermer à nouveau pour onze jours.

C'était surréaliste de nous retrouver assis sur la capsule à 2 000 m d'altitude, totalement seuls, survolant du bleu, rien que du bleu et encore du bleu.

Les notions de jour et d'heure commencent à être confuses. Dans le ballon, nous sommes toujours à 18 heures Zulu, le 11 mars, mais le jour se lève déjà et, s'il y avait des îles en dessous de nous, cette aube serait celle du 12. Au milieu de notre tableau de bord se trouve une horloge analogique de collection qui doit avoir une cinquantaine d'années et qui provient du musée Breitling. Pour nous éviter d'être trop perturbés par l'heure Zulu, j'ai fixé derrière le cadran une longue bande de papier, marquée « matin » d'un côté et « soir » de l'autre, que nous faisons glisser de gauche à droite pour indiquer à quel moment de la journée nous vivons.

Après l'EVA, Brian retourne se coucher et je me retrouve seul dans le cockpit. Nous faisons cap au sud-est, à notre plus haute altitude depuis le début du vol : 10 000 m. J'ai pensé que le ballon irait plus haut, mais il s'agit du plafond que lui autorise son nouveau poids. Nos experts météo nous ont avertis que d'ici trois jours il nous faudrait grimper à 11 000 m.

Sur nos cartes, l'étendue du Pacifique a quelque chose de terrifiant. La première carte montre une petite bande de terre à gauche, mais tout le reste est bleu. La deuxième est entièrement bleue. La troisième aussi, à l'exception d'une étroite bande de terre à droite. À 35 nœuds, j'ai l'impression qu'il nous faudra un siècle pour traverser cette immensité...

Comprenant qu'à l'évidence nous ne sommes pas très heureux de notre itinéraire actuel, notre équipe au sol nous envoie des messages rassurants : ils ont communiqué de nouveau avec Oakland et Tokyo, dont ils nous transmettent les encouragements.

Smiffy et « C » ajoutent :

Nous voulions juste vous dire que nous connaissons vos réserves au sujet du nouveau plan météo. Luc et Pierre paraissent vraiment convaincus et nous avons toute confiance en leurs prévisions. Ces courants rapides vaudront la peine de s'être fait attendre.

Je confie à Smiffy à quel point la conjoncture semble décourageante. En retour, il me transmet un e-mail fascinant d'une astro logue anglaise, Jan Abbot, qui, au cours des deux dernières années, a établi le thème astral de chacune des différentes tentatives de tour du monde en ballon :

« Pendant les six derniers jours, j'ai suivi votre progression en la comparant à la carte astrologique de votre départ, le 1er mars. Étant donné que la position des planètes de ce jour-là correspondait à l'alignement de celles de votre jour de naissance, et, d'après mes calculs, coïncident avec celles du premier vol humain en ballon, en 1783, vos chances de réussite sont considérables. Elles sont peut-être même prédestinées. Je vous envoie mes meilleurs vœux. Faites bon voyage. J'espère que votre atterrissage, près des pyramides d'Égypte, vous ramènera sur terre en douceur. »

Incroyable, non ? confie Cecilia. *Et le plus incroyable, c'est de recevoir ce message à ce moment précis, en plein doute !*

Puis un autre fax nous informe que nous venons de franchir la barre des 20 000 km. Je sens un regain d'optimisme.

Pas pour longtemps. Alan ne tarde pas à m'annoncer qu'il va sans doute devoir nous demander de faire une nouvelle sortie. Et très rapidement :

Il semblerait que vous transportiez toujours certains équipements non indispensables. Il faudra effectuer une autre EVA pour vous en débarrasser, ainsi que de TOUT *ce dont vous n'avez pas absolument besoin : réserves d'eau excédentaires, linge sale, filtres superflus. Nous devons vous faire grimper à 12 000 m si vous voulez être en Afrique du Nord vers le 22-23 mars. Suggérons que vous commenciez dès maintenant à faire la liste de ce que vous pourrez larguer. Désolé de vous harceler, mais l'allègement est devenu une priorité.*

Il en profite pour nous rappeler à l'ordre en insistant sur le fait que les Américains veulent connaître notre altitude toutes les heures. Je lui réponds que je n'arrive à joindre personne par radio et que j'ai du mal à rédiger des rapports parce que, n'ayant pas de veilleuses, je dois me lever toutes les quelques secondes pour rallumer les brûleurs manuellement...

Le ton du mot suivant s'adoucit :

Bertrand. Je suis navré que tu sois confronté à des problèmes techniques, que le Pacifique soit si grand et les vents si faibles. Mais le bon docteur Noble – le psychiatre renommé qui va prochainement ouvrir un cabinet à Lausanne – recommande de ne pas laisser s'installer la déprime et la fatigue.

Je sais que nous sommes bien nourris et confortablement installés, mais l'état d'esprit qui prévaut ici est positif à 100 %. Luc est prêt à parier un an de salaire qu'il vous mènera jusqu'en Afrique du Nord. Vous devez savoir que les courants resteront lents jusqu'à ce que vous arriviez au jet-stream tropical. J'ai vu les prévisions informatiques américaines : elles sont formidables. Et je ne te mentirais pas, tu le sais.

C'est vrai. Depuis six ans que je travaille avec Alan, j'ai une confiance totale en lui et je sais, avec une absolue certitude, qu'il ne me dissimulerait jamais la vérité. Nous avons vécu beaucoup d'aventures ensemble, et celle-ci, si elle aboutit, sera une fabuleuse victoire pour lui, autant que pour nous.

Nos incertitudes ne m'empêchent pas d'être sensible à la beauté de ce qui nous entoure. Grâce au repositionnement de la caméra frontale, je peux filmer un coucher de soleil radieux qui fait flamboyer le bas de l'enveloppe. Cela nous permet aussi de remarquer au passage que, lorsque les brûleurs sont allumés, l'air monte d'un côté du cône à air chaud, et que la vapeur du propane brûlé s'échappe par le côté opposé. Je suis satisfait d'avoir la confirmation visuelle des calculs que nous avions faits.

La nuit venue, je dors parfaitement bien malgré un rêve dans lequel je me vois à bord d'un avion de ligne qui s'écrase dans l'océan. Je me réveille en espérant que ce rêve n'était pas prémonitoire...

Alan nous pousse à trouver un moyen de refaire marcher la radio HF sur laquelle nous ne parvenons plus à capter aucune station et nous suggère d'essayer de contacter l'aéroport de Wake Island, à 600 miles nautiques au sud-est, ou alors n'importe quel avion en vol.

Ne vous occupez pas du bureau de presse, ni de quoi que ce soit de non primordial, écrit-il. Et il répète : *N'oubliez pas, s'il vous plaît, de préciser votre altitude lors de chaque message.*

Brian

Le 12 mars sera l'une de mes pires journées. Après l'EVA, je suis pris d'une migraine atroce et je gribouille dans mon journal

Plus bon à rien. Autant me coucher. Sommeil agité. Obligé de me lever pour prendre un analgésique.

Dans mon premier contact avec le PC, j'explique la situation à Alan :

Je me lève à l'instant, après avoir été au plus bas. Beaucoup mieux maintenant. Donne-moi une vingtaine de minutes, que je reprenne mes esprits, et je te rappelle.

Quand je le fais, c'est pour formuler, une fois de plus, un certain nombre de plaintes : nous n'arrivons à joindre personne par la radio HF; le téléphone satellite ne fonctionne sur aucune antenne; les brûleurs mettent une éternité à se stabiliser; notre trajectoire zigzague dans tous les sens, et beaucoup trop au nord. Enfin, d'après moi, cela ne servira pas à grand-chose d'essayer de larguer davantage de lest :

Le seul élément de poids qui nous reste est le carburant – tant que nous n'en arrivons pas à des mesures extrêmes, comme nous débarrasser du réservoir d'azote sous pression. D'après nos calculs, notre plafond devrait se situer aux alentours de FL 320, mais je me trompe probablement d'un millier de mètres. Pour atteindre FL 360, il nous faudrait perdre encore 1 500 kg : environ dix réservoirs pleins...

Vous êtes peut-être sûrs de vous en bas, mais ici nous voyons les choses sous un autre angle. Ce n'est qu'en nous persuadant mutuellement et en permanence que tout va bien que nous arrivons à tenir le coup. Le bon côté de la chose, c'est que nous sommes plus soudés que jamais. De quoi donner raison à 100 % aux gourous du Management des ressources humaines.

La réponse d'Alan, ignorant totalement mes réflexions, me met les nerfs en boule :

Vous êtes dans la FIR d'Oakland depuis la longitude 155 est. Vous ne lisez pas votre carte locale FEP 3 ? Cette FIR couvre 10 % de la surface du globe. Avez-vous oublié notre échange de messages à propos du contrat ? Vous vouliez être certains que nous l'avions lu. C'est le cas. Et vous ? Le contrat concerne Oakland. Vous êtes donc entre les mains des Yankees. Bien à vous, Alan.

Cette fois, c'en est trop. L'ambiance est à l'orage. Je réplique aussi sec :

Alan, un clignotant rouge m'avertit que mon sens de l'humour est hors service. Je n'ai besoin ni de critiques ni d'un cours magistral, mais de conseils. OK ? Il y a énormément de choses qui vont de travers, ici ; de plus, je crève de froid. Les communications sont bonnes avec Tokyo, mais impossible d'avoir Oakland. Alors je ne bouge pas et j'attends. FL 263, 100° magnétique, 31 nœuds. Brian.

La réponse d'Alan est sans concession :

Brian, quand je te critiquerai, tu le sauras, sans aucun doute possible. Je t'ai simplement fait observer – de façon amusante, me semblait-il – que vous vous promenez depuis un certain nombre d'heures dans un espace aérien qui dépend d'un contrôle précis, sans, apparemment, en avoir conscience. Vous auriez pu compromettre votre sécurité, et celle des autres. Je n'allais pas passer ça sous silence, même pour ménager ta susceptibilité... À moins que tu ne tiennes absolument à mourir... de rire.

Tâche plutôt de te réchauffer et de vérifier les niveaux d'oxygène. Serais-tu par hasard en état d'hypoxie ?

Il continue en avançant de longues hypothèses sur les causes du dysfonctionnement des valves, des veilleuses automatiques et des branchements des réservoirs. *Sommes-nous toujours amis ?* conclut-il. Mais je ne suis pas d'humeur conciliante :

Alan. Permets-moi de te faire un petit résumé de la situation. J'ai pris les commandes après un mauvais sommeil et avec une migraine. Bertrand était plutôt nerveux, lui aussi, un peu comme moi avant-hier. La fatigue et l'inquiétude accumulées depuis quelques jours nous ont empêchés de nous détendre suffisamment pour discuter des problèmes avec rationalité. Bertrand avait besoin de dormir.

Le téléphone est hors service, tout comme la radio HF et les veilleuses. L'unité de contrôle de carburant n'est qu'un bloc de glace. Parce que nous ne pouvons pas enclencher ensemble la bouilloire et la HF, nous nous réchauffons plutôt mal que bien. Je suis obligé de quitter le poste de pilotage toutes les deux minutes environ pour rallumer les brûleurs et tenter de les stabiliser, tout en essayant d'empêcher le ballon de perdre de l'altitude.

Je ne doute pas que, lorsque le soleil se lèvera, notre moral en fera autant et que nous retrouverons un peu de notre efficacité. En attendant, nous avons besoin de toute l'aide et de tous les conseils que tu seras en mesure de nous fournir.

Nous n'avons jamais cessé d'être amis. C'est juste que, de temps en temps, tu me fais vraiment ch... Brian.

Comprenant enfin dans quel état nous nous trouvons, Alan me fait parvenir un fax infiniment plus sympathique :

Brian, cher vieil emmerdeur, cher vieil ami. Désolé d'avoir été dur avec toi, tout à l'heure. Je n'étais pas vraiment au fait de vos problèmes de santé...

Il évoque plusieurs solutions possibles à nos difficultés, nous informe qu'il est en train d'interroger à ce propos Pete Johnson et

Kieran Sturrock, et suggère une autre EVA pour rebrancher ensemble les paires de réservoirs 2 et 9 comme elles l'étaient avant notre tentative de réparation.

Bertrand

Durant les préparatifs, nous avons longuement évoqué avec Alan le risque possible de voir les relations entre les pilotes et l'équipe au sol se détériorer après quelques jours de vol. Il peut arriver un moment où l'équipage a le sentiment que son PC n'est plus en phase avec lui, avec pour conséquence que tout le monde finit par s'en vouloir. C'est ce qui est arrivé notamment à Steve Fossett, et nous réalisons, Brian et moi, que nous sommes en train de tomber dans ce piège. Alan, de son côté, comprend que ces tensions sont le résultat inévitable de l'inquiétude et de la nervosité, et fait tout pour calmer le jeu. Je fais remarquer à Brian :

– Tu sais, c'est une bonne chose qu'Alan joue le rôle du méchant. Il a les épaules larges et il est assez costaud pour supporter que nous nous défoulions sur lui.

Brian éclate de rire. Son sens de l'humour refait surface. Heureusement car, ces dernières heures, il l'avait vraiment perdu. Cela dit, ses échanges agressifs avec Alan ont eu le mérite de décharger une partie de l'angoisse régnant à bord et de transférer sur le PC un peu de la pression qui nous écrasait.

Je choisis une page blanche de mon journal pour continuer à écrire :

Le 13 mars est une journée importante. Les nouvelles sont bonnes. Nous avons encore quarante-huit heures à voler lentement, avant d'atteindre le jet-stream qui devrait nous conduire en Mauritanie au matin du 19. Quarante-huit heures à nous traîner sur le plus grand désert du monde, le Pacifique. Il faut que j'arrive à contenir tous mes désirs, tous mes élans, sauf celui de me fondre dans le souffle du vent. Je sens l'espoir renaître. Brian et moi recommençons à faire des projets et à rêver. Le plus difficile est sans doute de maîtriser notre impatience, et notre formidable envie de réussir.

Les émotions se bousculent en moi lorsque je pense à l'immensité marine que nous avons à traverser, et à ces deux côtes si éloignées. Je me souviens des idéogrammes du *Yi-king*, ce livre divinatoire de la Chine ancienne, que j'ai étudiés en février, avant de partir. Cyril Javary, qui enseigne cet art à Paris, a attiré mon attention sur un passage particulier concernant la manière dont on peut apprendre à traverser la peur, à sauter par-dessus l'abîme. Ce paragraphe, appelé « hexagramme du samouraï », y montre un oisillon que l'on pousse hors du nid, et qui doit apprendre à voler avant de toucher le sol. L'hexagramme fait allusion à des situations très difficiles à maîtriser, mais riches en enseignements pour celui qui arrive à entrer dans l'état d'esprit du samouraï. Ce dernier suivait un long entraînement pour dépasser sa peur et apprendre par là même à mieux se connaître. À présent, au-dessus de l'océan, je me sens comme l'oisillon admirant le samouraï. Il me faut, à moi aussi, dépasser mon angoisse et apprendre à voler. Je dois dominer mon vertige en marchant au bord de l'abîme.

Dans la vie courante, on arrive généralement à éviter le doute, à éviter la peur. On peut souvent se mentir, s'inventer des explications pour blâmer les autres afin de se rassurer soi-même. En dernier ressort, il est toujours possible de se couper de la vie en se calfeutrant chez soi, ou en prenant des médicaments, de l'alcool et des drogues. Mais ici, au milieu du Pacifique, il n'y a pas d'autre issue que d'accepter la situation telle qu'elle est, et cette nouvelle expérience me fascine. Je réalise que, lorsque je suis contraint d'accepter ma peur ou mon angoisse au lieu de les combattre, je peux apprendre à les traverser. Je sens même que cela peut me permettre de prendre ainsi conscience de ressources intérieures méconnues qui stimulent ma confiance en la vie.

Brian

Pour couronner le tout, j'ai toujours eu une peur terrible de l'eau... Enfant, c'est le cas de le dire, j'étais une vraie poule mouillée ! C'est probablement pour cela que je me suis tout de suite senti à l'aise au milieu des engins volants. J'aime voler ; l'air est mon élément.

Pour nous encourager, les e-mails continuent de s'accumuler sur le site Breitling :

Je regarde le ciel et je vous souhaite un bon voyage. Et un bon retour sur terre, mais pas trop tôt. (Jonathan Adriaens, Belgique.)

Accrochez-vous. Le monde n'est pas trop grand. Le vent doit être votre ami. Volez, volez, volez, volez, volez, volez, volez, volez, volez pour réussir ! (Pavol Kvackay, Slovénie.)

Félicitations, Messieurs, pour votre réussite et votre persérérance, alors que le souffle aimable de Zéphyr vous porte en douceur autour de notre belle Terre. Qu'une énorme bouteille de champagne et un bain chaud vous attendent. Dieu vous garde. (Greg Eastlund, Minnesota, États-Unis.)

Je me demande comment vous faites pour aller aux toilettes ? (Dodo, t.a.)

Félicitations, vous êtes maintenant les égaux des frères Wright, d'Amelia Earhart, etc. La prochaine fois, essayez d'aller en ballon jusqu'à la Lune ! À un de ces quatre. (Hooly, Rotterdam.)

Un message particulièrement émouvant nous arrive de Neil Armstrong, qui nous souhaite bonne chance. Et un autre, non moins mémorable, nous parvient ce 13 mars :

Chers Bertrand et Brian,

Chez Virgin, nous vous tirons tous notre chapeau pour ce vol d'une audace incroyable. On dirait vraiment que, cette fois, vous allez y arriver. J'attends avec impatience de vous accueillir à votre retour en Europe. Que votre traversée du Pacifique se poursuive, tranquille et sans incidents. Et que les vents vous soient favorables. Toutes mes amitiés, Richard Branson.

Bertrand

Ce message de Richard me rappelle des souvenirs. C'est un homme que j'admire parce qu'il met beaucoup d'énergie dans tout ce qu'il fait, et qu'il a vécu de grandes réussites. Bien sûr, en ce qui concerne le ballon, il vole surtout pour battre des records, alors que nous volons en premier lieu pour le plaisir. Dans cette course autour du monde, nous n'avons jamais manqué une occasion de dire du bien l'un de l'autre. Chaque fois que l'on interrogeait Branson à mon propos, il parlait de moi comme d'un ami, exprimait son respect à mon égard, et regrettait que nous ne nous soyons pas connus plus tôt, car il m'aurait demandé d'être son coéquipier.

De mon côté, j'ai toujours dit l'admiration que j'avais pour lui et à quel point je le trouvais sympathique. En 1998, d'ailleurs, quand son enveloppe s'est envolée toute seule et que, de notre côté, la capsule d'*Orbiter 2* est tombée de sa grue, j'ai empoigné mon téléphone pour lui lancer : « Nous devrions vraiment partir ensemble. Apporte ta capsule, j'apporterai mon enveloppe. À nous deux, nous arriverons bien à faire un ballon. » Ce n'était qu'une boutade, mais elle reflétait bien notre bonne entente.

Pourtant, nous n'en étions pas moins des rivaux. Cette anecdote l'illustre bien : pour venir assister au lancement du premier *Orbiter*, Richard avait atterri à Genève en avion privé. À l'aéroport se trouvait une immense affiche représentant notre ballon. Devant un petit groupe d'amis, Richard s'est spontanément mis à écrire au milieu de l'image :

Bonne chance, mes chers amis. Richard Branson.

Son fils, qui l'accompagnait, lui a alors demandé :

– Papa, qu'est-ce que tu as marqué ?

Richard a répété tout haut ce qu'il venait d'écrire.

– Mais pourquoi as-tu marqué ça ? a insisté le jeune garçon.

– Parce que, a répondu Richard, ce sont de très bons amis et j'espère qu'ils réussiront.

– Mais, papa, je ne comprends pas, à la maison, tu dis toujours que tu espères qu'ils vont échouer !...

Naturellement, nous voulions tous les deux gagner, mais notre rivalité a été cordiale. Richard l'a très bien résumé lui-même un jour : « Entre aérostiers rivaux, quand nous sommes dans les airs, nous éprouvons tous des sentiments contradictoires. Nous aimerions que nos concurrents ne réussissent pas, mais nous souhaitons simultanément qu'ils n'aient pas de problèmes. »

Brian

Le message de Richard Branson est l'un des plus chaleureux que nous ayons reçus. Pourtant, il m'inspire quelques réserves. En effet, Richard aurait pu l'envoyer directement à notre PC, dont il connaissait les coordonnées et qui nous l'aurait transmis personnellement. Au lieu de cela, il a préféré le publier sur Internet pour que tout le monde puisse en prendre connaissance. Ce qui me laisse un peu mitigé quant à la spontanéité de sa démarche...

Bertrand

De nouvelles prévisions, transmises par Luc et Pierre, dopent notre espoir. D'après eux, aujourd'hui, notre cap va se maintenir au sud-est sans dépasser nos malheureux 35 nœuds. Mais demain, dimanche 14 mars, notre trajectoire remontera de 145° à 105°, et nous commencerons à prendre de la vitesse. Lundi, nous devrions faire route plein est à 100 nœuds et, mardi, notre vitesse pourrait dépasser 120 nœuds. Et nos anges gardiens de conclure :

Samedi en Mauritanie pour un atterrisage à l'aube à 0 nœud. Autre bonne nouvelle : l'air est moins dense à ces latitudes équatoriales, ce qui signifie que vous êtes plus hauts que ce que votre altimètre indique avec un réglage à 1 013 millibars. D'après Luc, vous devez ajouter 1 000 m à ce qu'indiquent vos instruments.

Un peu plus tard, Alan nous rappellera de nouveau à l'ordre :

N'OUBLIEZ PAS D'INDIQUER VOTRE ALTITUDE DANS TOUS VOS FAX.

Avant de nous encourager en ajoutant :

Luc me demande de vous dire que les prévisions s'améliorent d'heure en heure. Il prévoit maintenant une arrivée en Afrique du Nord le 19 mars.

Encore cinq jours. Le 14, dans mon journal, j'écris :

Je crois qu'en ayant survécu à ces journées au-dessus du Pacifique nous serons capables de beaucoup de choses, une fois de retour dans la vie normale. Au moins, nous aurons découvert qu'en nous-mêmes nous avons des ressources suffisantes pour affronter avec succès bien des difficultés.

Le souvenir de Peter Bird me revient à l'esprit. Il s'agit d'un homme d'une endurance quasi surnaturelle, qui a traversé le Pacifique à la rame. Ses deux premières tentatives ont échoué après de nombreuses semaines d'effort mais, à la troisième, il a réussi l'exploit de rallier en quatre mois l'Australie depuis San Francisco. Durant son équipée, il a réalisé un document saisissant, se filmant lui-même et se confiant à la caméra. Plus tard, il tentera une nouvelle expédition mais dans l'autre sens et disparaîtra en mer. Après sa mort, un de ses amis a créé un trophée portant son nom. Il est décerné chaque année lors du festival du film d'aventures de Dijon à des personnes ayant fait preuve d'une persévérance exceptionnelle. Les quatre premiers récipiendaires, Peter et trois de ses amis, qui ont également trouvé la mort en tentant de franchir le Pacifique à la rame, l'ont reçu à titre posthume. Puis le créateur du trophée l'a attribué à un explorateur qui avait réussi à parcourir tout l'Antarctique à pied, avant de me le remettre, l'année suivante, après le vol de *Breitling Orbiter 2*. À un moment ou à un autre, nous allons croiser la route de Peter. Je me sens tout petit en l'imaginant seul au milieu de cette immensité. Tout seul...

Je continue à écrire, comme un exutoire :

Je tiens absolument à me rappeler toute ma vie ce que j'éprouve en ce moment : le fait d'être obligé d'accepter ma peur me permet de la traverser et de m'en libérer peu à peu. Malgré cela, je n'aimerais pas rester quarante jours dans ce désert. De toute façon il me faudrait beaucoup plus que quarante jours pour accéder à une véritable liberté intérieure, pour apprendre à lâcher prise, à faire une confiance totale aux vents et à la vie.

Brian

Bertrand me réveille de bonne heure, ce 14 mars, pour notre troisième et dernière EVA. Kieran confirme notre hypothèse selon laquelle le branchement des tuyaux d'alimentation, que nous avons modifié durant notre dernière sortie, n'a fait qu'aggraver les choses : avec la rotation du ballon, le soleil chauffe alternativement chaque rangée de réservoirs, ce qui, par un effet de vases communicants, fait passer le carburant des réservoirs exposés à la chaleur aux réservoirs froids situés de l'autre côté. Du coup, les brûleurs fonctionnent mal, pour la bonne raison qu'ils ne cessent de recevoir de la vapeur, en lieu et place de propane liquide. Notre présente mission est donc de rétablir les branchements initiaux.

Sachant que nos communications seront coupées à basse altitude, nous commençons par prévenir San Francisco de ce que nous allons faire. Puis, pour gagner du temps et du combustible, nous ne descendons qu'à 5 000 m et, avant de dépressuriser la capsule en ouvrant le dôme supérieur, nous mettons nos masques à oxygène. Cela ne nous prend que quelques minutes pour rétablir les branchements et nous débarrasser d'autant de poids que possible. Nous ne gardons que cinq jours de vivres ainsi que deux filtres de réserve et nous délestons de tout le reste, y compris d'une grande quantité d'eau. Alan aurait voulu que nous jetions aussi nos vêtements de rechange, mais cela n'aurait augmenté notre plafond que de deux ou trois mètres. Nous ne sommes tout de même pas dans la situation des pilotes de *Double Eagle II*, le premier ballon à avoir traversé l'Atlantique, qui, pour éviter de devoir amerrir, furent obligés de balancer par-dessus bord la totalité de leur équipement, jusqu'à leurs passeports et leurs appareils de photo. Nous restons à basse altitude, le temps de laisser fondre la glace et de voir une quantité impressionnante d'eau ruisseler de l'enveloppe.

Ce que nous ignorons en ce moment, c'est qu'Oakland, affolé par notre silence, a déclenché une alerte. Ce genre de situation est régi par des règlements internationaux très stricts. Quand un appareil a trente minutes de retard sur son plan de vol, les contrôleurs aériens engagent automatiquement ce qu'ils appellent une procédure de détresse et lancent une opération de secours. Dans le Pacifique plus encore qu'ailleurs, chaque minute compte, étant donné l'immensité des distances. Les contrôleurs d'Oakland, ayant perdu tout contact avec le ballon, appellent donc Genève et les préviennent de leurs intentions. Alan les prie d'attendre encore un peu, expliquant que nous sommes simplement « sortis » faire une EVA et qu'il est certain qu'il ne nous est rien arrivé.

– Vous avez des appareils qui volent dans la région ? s'enquiert Alan. Ils pourraient peut-être les contacter.

Horrifié, il s'entend répondre :

– Nous n'avons rien dans ce secteur, monsieur. Personne n'y va jamais...

– Quoi? répète Alan d'un ton hagard. Personne n'y va jamais ?

Il ne craint pas une catastrophe, mais ne peut éviter de penser à la facture colossale que recevrait Breitling si des appareils de récupération décollaient à notre recherche depuis les îles Marshall ou Midway. La « petite note » s'élèverait à des centaines de milliers de dollars...

Heureusement, nous rétablissons le contact juste à temps. À 19 h 52 Zulu, nous reprenons de l'altitude. J'annonce au PC que l'EVA s'est bien passée, en donnant quelques détails. Là-dessus, un message de Jo nous refroidit :

Alan vient de partir dîner en écumant de rage. Attendez-vous à ce qu'il vous tape sur les doigts un peu plus tard.

Je réponds :

À propos d'Alan qui « écume de rage », il ne faudrait pas nous prendre pour des singes. Nous avons dit très exactement à San Francisco ce que nous allions faire. Nous leur avons parlé pendant notre descente, et avons essayé continuellement de les rappeler pendant notre remontée. Nous les avons finalement joints au FL 200. Nous nous étions également mis d'accord avec l'équipe du PC sur le fait que, en cas de coupure des communications, tant que notre EPIRB 21 n'émettait pas, c'est que tout allait bien.

Je suis contrarié que notre professionnalisme ait pu être remis en cause, alors que nous n'étions pour rien dans l'interruption des communications. Après un moment, revenant à un ton plus facétieux, j'adresse un message à John :

Ayant jeté la plus grande partie de notre nourriture, nous n'avons plus beaucoup de choix. Bertrand refuse d'ouvrir le pâté truffé avant le survol des USA. Nous sommes donc réduits aux pâtes à la crème. Je lui ai dit que je ne ferai pas un deuxième tour... Les brûleurs sont un peu poussifs : je suis obligé de me lever sans arrêt pour les faire repartir. Kieran ne pourra nier qu'il y a comme un défaut de fabrication à ce niveau : il devrait y avoir une possibilité d'allumer les brûleurs depuis le tableau de bord, ou alors un ascenseur électrique pour hisser le fauteuil du pilote jusqu'au bouton d'allumage. Le modèle sport, de préférence, car je vous promets qu'il faut réagir rapidement ! Si les brûleurs éteints ont le temps de cracher du propane, l'explosion est de taille au moment où nous rallumons.

Pour essayer de remédier au problème, Bertrand profite d'un de ses tours de garde pour bricoler un ingénieux système à base de fil de fer et de ficelle, nous permettant d'ouvrir les valves manuelles depuis nos fauteuils. Je mets au point, moi aussi, une petite invention destinée à améliorer notre qualité de vie : je fixe un miroir sur le tableau de bord, de façon à voir par le dôme supérieur si le propane s'allume correctement, sans avoir à me retourner. Cette innovation se révèle particulièrement utile de nuit. Pendant la journée, il me suffit d'en changer l'angle pour pouvoir surveiller la base de l'un des appendices, toujours sans avoir besoin de bouger.

Bertrand

Alors que notre téléphone et notre fax sont hors service, je suis surpris d'entendre soudain un avion d'Air France appeler par radio le contrôle de Tahiti. Histoire de ne pas oublier mon français, je réagis tout de suite et obtiens d'abord Papeete, puis le pilote. Après avoir bavardé quelques instants, je lui demande de transmettre mes salutations à un autre commandant de bord, Gérard Feldzer, également président de l'Aéro-Club de France. Cette association fut la première du genre dans l'histoire de l'aviation. Elle fêta son centenaire en 1998 et nous fit l'honneur d'exposer la capsule du *Breitling Orbiter 2* sur les Champs-Élysées, au milieu des avions ayant marqué un siècle d'aéronautique. Gérard, comme d'autres supporters fidèles de notre projet, n'avait pas attendu la victoire finale pour se manifester.

– Je le connais très bien, répond le pilote. Je vais lui faire passer le message.

Gérard recevra ainsi de nos nouvelles du beau milieu du Pacifique. J'étais à mille lieues d'imaginer qu'au même moment, certain de notre réussite, il préparait déjà une cérémonie à la mairie de Paris pour notre retour.

Après l'EVA, le vent vire à l'est et notre vitesse augmente à 60 nœuds. C'est le moment où nous passons la ligne de changement de date, ce qui, à l'heure locale, nous ferait vivre deux fois la journée du 15 mars. Comme pour Phileas Fogg dans le roman de Jules Verne, cela n'ajoutera pas un jour à notre voyage. Nous ne faisons que rattraper en une seule fois le décalage horaire accumulé en deux semaines. En avançant vers l'est, nous avions moins que 24 heures entre deux aurores, et avons donc vu seize levers et couchers de soleil alors que Genève n'en avait vécu que quinze. Sur le GPS, les degrés de longitude, qui ont augmenté régulièrement jusqu'à 180, au fur et à mesure que nous nous éloignions de l'Afrique, commencent enfin à diminuer. Une sorte de compte à rebours débute et nous entraîne lentement vers le chiffre lointain et magique de 9° ouest, qui représente notre ligne d'arrivée, au-dessus de la Mauritanie.

À 2 heures Zulu, nous filons à 70 nœuds et continuons à accélérer : 73, 74, 76 nœuds... Nous voilà enfin entrés dans le jet-stream que les modèles informatiques nous faisaient miroiter ! Le ballon vole à 10 000 m, enveloppé par des voiles de cirrus roses. Les teintes extraordinaires de ces nuages se mêlent de façon féerique aux masses plus impressionnantes des sommets de cumulo-nimbus arrachés de leur base et éparpillés par le vent d'altitude. Nous touchons notre plafond et l'air chaud de notre ballon, plus humide que l'atmosphère ambiante, se met curieusement à fabriquer son propre nuage, formé d'une multitude de cristaux minuscules. Ceux-ci absorbent les rayons du soleil, et m'obligent à utiliser les brûleurs à intervalles très rapprochés. À chaque jet de propane enflammé, la condensation augmente autour de l'enveloppe et le nuage s'assombrit, me forçant à chauffer encore plus. C'est assez impressionnant d'être accompagné par ce halo noirâtre et, pour m'en débarrasser, je me laisse redescendre quelque peu.

Côté combustible, la situation devient de plus en plus préoccupante. J'écris dans mon journal de bord :

J'éprouve le genre d'angoisse que j'aurais si je devais dépenser l'argent d'un prêt bancaire sans aucune possibilité de pouvoir le rembourser. Chaque coup de brûleurs représente une fuite de capital que nous ne récupérerons jamais.

Nos réserves semblent dangereusement faibles – plus que six paires de réservoirs pleins – alors qu'il nous reste encore près de la moitié de la terre à survoler. Après 20 000 km, nous avons déjà utilisé les deux tiers de notre carburant. Et plus nous volons haut, plus la durée de vie de chaque paire de réservoirs diminue. Nous avons commencé par un record de quarante et une heures. Nous en sommes à présent réduits à vingt heures. Tout dépend désormais de notre vitesse. Si nos experts météo ont raison, nous avons encore une chance ; mais, s'ils se trompent, c'est l'échec certain. Nous sommes condamnés à leur faire confiance, à eux et à leurs modèles informatiques.

Brian

Ce 15 mars se déroule malgré tout dans une bonne humeur générale, en partie parce que Bertrand s'amuse à penser qu'une des contrôleuses aériennes d'Oakland a un faible pour lui. Nous avons implicitement décidé de ne jamais parler de femmes : enfermés comme nous l'étions dans cette capsule, ce serait trop cruel. Et voilà que, soudain, nous conversons avec une créature à la voix délicieusement veloutée. Comme elle appelle toutes les heures pour nous demander nos coordonnées, j'envoie ce commentaire au PC :

Bonnes communications avec San Francisco. L'un des contrôleurs est une femme et Bertrand est convaincu qu'elle est amoureuse de lui !

Nos contacts avec Oakland n'ont plus rien d'une corvée : nous nous prenons au jeu et nous réjouissons même toutes les heures de prendre le micro pour détailler notre position.

En fin de journée, je me découvre soudain un rhume et un mal de gorge, accompagnés d'une légère enflure sur le dos d'une main. Comment ai-je pu attraper cela ? Mystère. Ces affections sans gravité nous fournissent un nouveau prétexte pour ouvrir la coûteuse armoire à pharmacie de Bertrand, jusque-là presque intacte. Un cocktail de médicaments s'attaque aux symptômes de mon refroidissement, mais l'enflure est plus inquiétante. Craignant une éventuelle infection, Bertrand, en bon médecin, m'avertit que, si cela ne s'arrange pas d'ici deux jours, il me prescrira des antibiotiques. L'idée ne m'enchante pas : j'imagine déjà les flots de champagne qui accompagneront une éventuelle victoire, et les antibiotiques m'obligeraient à renoncer à ma part. Je préfère frotter de l'huile d'émeu sur l'enflure et attendre de voir l'évolution.

Au sol, notre équipe nage en pleine euphorie.

Les choses vont de mieux en mieux, annoncent Smiffy et C. *Pierre nous dit que ce jet-stream est tellement fabuleux qu'il se demande s'il ne va pas vous faire refaire un tour. Quel scoop !*

Les épigrammes volent bas, quant à elles, mais je ne suis pas mécontent de celle-ci :

D'après mon pote, quel dommage,
Smiffy et C sont dans le potage.
Mais d'après moi,
Dans moins d'un mois,
Ils pointeront, c'est sûr, au chômage.

Les Smith répliquent dare-dare :

Une jeune beauté du Bramapoutre
Avait un cul en forme d'outre
Pas rond et rose
Comme on le suppose :
C'était un grisonnant jean-foutre.

Aussi longtemps que tout va bien, nos messages continuent sur un ton enjoué et grivois. Mon seul problème est la température ambiante. À 6 h 50, j'envoie ce fax à John :

Suis au FL 310. Il fait bougrement froid. Je porte trois pantalons, une petite culotte appartenant à Jo (ce qui veut dire qu'elle n'en a sans doute pas...) et une veste un peu trop grande que Wim portait l'année dernière. J'hésite entre enfiler mon passe-montagne et le manger. Impossible de faire les deux. Quant aux chauffe-mains, je me demande si je dois les mettre dans mes bottes ou les garder au cas où les valves des brûleurs gèleraient à nouveau.

À Genève, Greg Moegli, qui est de garde au contrôle suisse, essaie de contacter ses homologues mexicains. « Le type parlait mal anglais, nous racontera-t-il plus tard, et quand il ne comprenait pas ce que je lui disais, il devenait agressif. Une seule solution s'offrait : " Ne bougez pas. Je vous rappelle dans vingt minutes. " Le temps de retourner chez moi à toute vitesse et de réveiller ma femme Claudia, qui est colombienne. " Il faut que tu rappelles ce gars et que tu lui parles en espagnol ! " Avec mon épouse, les Mexicains se montrent plus coopératifs mais relèvent tout de même que le ballon n'a aucune autorisation pour traverser leur espace aérien. » À 3 heures du matin, Claudia se retrouve en train de rédiger une lettre en espagnol, que Greg fait suivre aussitôt à Mexico City. Il fait de même avec Cuba, tout en redoutant la réaction de La Havane. Heureusement, Claudia, après de maints efforts, parvient à charmer le commandant général de l'Aviation civile cubaine et, quatre heures plus tard, les deux autorisations sont accordées.

Bertrand

En fin de journée, ce dimanche 15 mars, nous filons vers le Mexique à 73 nœuds, exactement comme Luc et Pierre l'ont prédit. Notre confiance en eux était plus que justifiée, et notre espoir de réussir est au plus haut.

Nous sommes très heureux d'être ici, écris-je au PC, *même si c'est parfois difficile. Je suis en train d'écouter un CD des Eagles. Les paroles de leur chanson*, Hôtel California, *ont l'air d'avoir été écrites pour Brian et moi : « We are prisoners here on our own device* [1]. »

Luc nous conseille par la suite de descendre d'un degré vers le sud, afin de prendre encore plus de vitesse en nous positionnant au centre du jet-stream. Nous dérivons donc dans cette direction, mais, vraisemblablement, un peu trop. Le courant est probablement en train de s'étaler et nous sommes repoussés vers sa périphérie. Au-dessus des nuages, nous avions l'impression d'être poussés au nord-est, mais, une fois en dessous, nous nous dirigeons trop à droite. C'est la preuve qu'un jet-stream n'est pas constitué que d'une seule masse de vent homogène, mais visiblement aussi de toutes sortes de composantes qui tournent en spirale autour de son centre.

Aucun de nous ne s'en doute encore, mais Luc et Pierre viennent de commettre leur seule et unique erreur. Une erreur qui sera à l'origine du plus grave de tous nos problèmes.

---

1. « Nous sommes retenus prisonniers ici par notre propre volonté. »

10

À la dérive

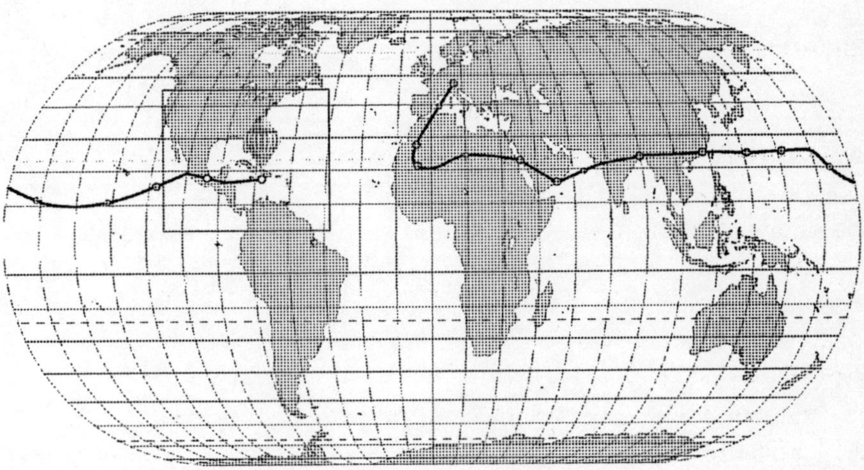

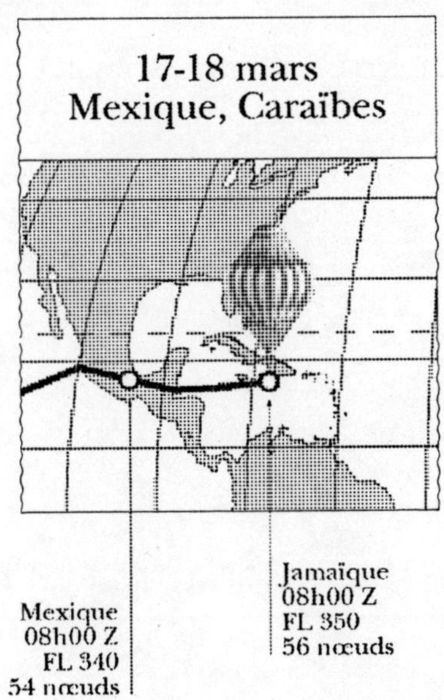

Bertrand

Ce 16 mars, je me couche juste après le soleil. Mais j'ai froid dans la couchette et je mets une éternité à m'endormir. Quand j'y arrive enfin, je fais un rêve étrange : Brian et moi venons de réussir notre tour du monde, mais nous devons rester les seuls à le savoir. Il nous faut éviter toute rencontre avec qui que ce soit avant la cérémonie officielle. Je n'ai même le droit de dire bonjour à personne...

Comme toujours, Brian me réveille quelques heures avant l'aube. Écartant le rideau, je le vois, hilare, tenant une lampe de poche comme un micro pour m'interviewer :

– Bonjour, docteur Piccard ! Quel effet cela fait-il d'être le recordman du monde de la distance parcourue en ballon ?

Jouant le jeu, je réponds :

– Eh bien, ce record de distance sera un prix de consolation, si nous ne faisons pas le tour complet. Mais j'espère sincèrement que nous atteindrons notre vrai but.

Croyant le petit jeu terminé, j'ajoute :

– Bonne réponse, non, pour quelqu'un qui vient à peine de se réveiller ?

– Absolument ! reprend Brian, toujours dans son personnage. Brillante réponse ! C'était Brian Jones, depuis *Breitling Orbiter 3*, pour Radio X.

Je remarque alors seulement qu'il a branché les caméras vidéo et que notre numéro a été filmé !

Pendant la nuit, nous avons battu le record de distance de 22 777 km établi par Steve Fossett avant qu'il s'abîme dans la mer de Corail en août 1998. Cela dit, en ballon, on ne « bat » rien ni personne. La démarche est trop douce pour ce terme. Je préfère penser à chaque record comme à un cadeau des vents. Et puis cela dépend aussi de la manière dont on calcule. En termes de distance parcourue, nous avons dépassé le record de Steve depuis longtemps. Mais la FAI (Fédération aéronautique internationale) a décrété que, pour calculer le total de la distance parcourue, les vols seront divisés en segments et qu'un segment ne comptera que si sa longueur correspond au moins à la moitié de celle du rayon de la Terre, soit 3 000 km. La première partie de notre vol, entre Château-d'Oex et le Sahara occidental, a été trop courte pour être officiellement considérée comme un segment. On a donc mesuré notre parcours en droite ligne de Château-d'Oex jusqu'en Égypte, ce qui nous a fait perdre 5 500 km.

Pendant la nuit, le ballon a pour la première fois dépassé les 100 nœuds, ce qui me permet, aujourd'hui, d'annoncer mon record personnel de vitesse en ballon de cent 185 km/h. Luc et Pierre sont aux anges. Leur coup de poker consistant à nous expédier loin vers le sud a payé, et ils ne doutent pas que nous resterons dans le jet jusqu'en Afrique. Brian et moi commençons à croire également que nous allons réussir, et les interviews que nous donnons sont euphoriques. Tout semble indiquer que nous fonçons droit vers la ligne d'arrivée, et la presse annonce que nous sommes proches de la victoire, puisqu'il ne nous reste « plus que l'Atlantique ».

En réalité, 12 800 km s'étendent encore devant nous.

Brian

Les fax reflètent l'optimisme ambiant. Un optimisme que Sue résume parfaitement dans sa énième épigramme :

Sur le Pacifique, deux hommes en ballon
Dirent : sachons ce que nous voulons.
Un record, c'est bien beau,
Mais la cerise sur le gâteau
Serait un magnum de Dom Pérignon.

Je n'ai jamais osé rêver que nous réussirions à faire tout le tour, mais j'ai prié pour que nous atteignions au moins les États-Unis. En venant à bout du Pacifique, nous nous adjugions automatiquement le record de distance – et probablement aussi de durée de vol –, ce qui représentait un triomphe en soi. Déjà, nous avons accompli un vol incroyable. S'il devait se terminer en Amérique, nous serions quand même fêtés comme des héros. Je suis soulagé d'un énorme poids en réalisant que désormais, quoi qu'il arrive, nous n'aurons pas tout raté.

La fin de la traversée du Pacifique nous fait soudain apparaître l'Atlantique comme presque dérisoire. Aussi présomptueux que cela puisse sembler, le défi qu'il représente devient une simple formalité. Je ne vais pas tarder à regretter d'avoir pu penser cela...

Bertrand

Pendant toute la journée du 16 mars, nous continuons à filer plein est à grande vitesse, collés à notre plafond de 10 500 m. Mais l'un des gros inconvénients de voyager dans le jet-stream est que les cirrus vous accompagnent et vous masquent la lumière du soleil. Parce que nous sommes entourés de ces voiles nuageux et que le ballon crée sa propre condensation autour de l'enveloppe, nous sommes obligés de chauffer énormément pour conserver notre altitude, même en plein jour. En conséquence, nous consommons beaucoup trop de combustible. Pour la première fois, nous devons recourir à nos piles au lithium pendant la nuit, le soleil ne parvenant pas à recharger suffisamment les batteries principales. Afin d'économiser l'énergie, nous éteignons la radio HF et demandons au PC de relayer à Oakland les rapports de position que nous envoyons à Genève par fax (lesquels consomment très peu de courant). Du coup, ma relation est définitivement rompue avec la ravissante jeune femme – du moins l'imaginais-je ainsi – à qui je plaisais sûrement...

Genève reçoit des rapports automatiques toutes les heures pleines grâce au système Capsat. Dès que nous avons établi les procédures de relais, nous n'avons plus qu'à ajouter à l'heure et demie notre altitude et la confirmation de notre position. Le PC transmet ensuite les détails à Oakland, pour que ces derniers sachent exactement où nous nous trouvons. Pour nous, ce système est une vraie bénédiction car il nous dispense de surveiller la radio HF en permanence et nous permet d'écouter de la musique. C'était exaspérant d'être enchaînés à cette radio. Quand l'un de nous deux dormait, l'autre devait couper les haut-parleurs et mettre un casque aux fils si courts que nous ne pouvions atteindre, sans l'enlever, ni la bouilloire ni les brûleurs.

Sans le savoir encore, nous fonçons tout droit vers les ennuis. Après nous avoir poussés au sud pour nous diriger vers le centre du jet, Luc et Pierre nous annoncent maintenant que nous allons trop au sud. Nous devons rectifier notre trajectoire de 84 à 80°, mais ne trouvons aucune couche de vent qui nous autorise cette manœuvre.

Dans l'après-midi, Oakland Oceanic passe le témoin au contrôle mexicain de Mazatlán.

Les Mexicains sont satisfaits, écrit Alan. *Les Cubains aussi. Quant à New York, ils sont euphoriques à l'idée de vous avoir dans leur espace aérien au-dessus de l'Atlantique.*

Les médias se comportent comme si nous avions déjà réussi :

Garfield Kennedy, ITN et NBC vont affréter des avions suiveurs au-dessus du Mexique. Malheureusement, vous y arriverez à la tombée de la nuit et vous serez au-dessus des Caraïbes avant le lever du jour. Garfield essaiera encore de télécharger les bonnes images vidéo. Au-dessus de l'Inde, ils n'ont eu que le son, pas l'image. Pourriez-vous vérifier le câblage ainsi que tous les branchements ? Ils ignorent ce qui n'a pas marché la dernière fois, et vous demandent simplement de tout contrôler et de vous assurer que la lumière verte du transmetteur soit allumée. Mille mercis.

Il semble bien que le sort veuille nous faire payer très cher la traversée de l'Amérique centrale. Comme Luc veut que nous montions encore plus haut, j'essaie de nous alléger en larguant deux réservoirs vides, le 10A et le 10B. Je vois le 10A tomber, mais pas le 10B, bien qu'un léger bruit se soit produit au moment de son largage. Assez inquiet, j'annonce au PC qu'un de nos réservoirs est probablement coincé. À travers le dôme supérieur, je constate que la sangle est toujours en tension, mais je n'arrive pas à comprendre pourquoi.

Averti, Alan s'inquiète à son tour :

Quand Brian sera réveillé, vous pourriez peut-être sauter sur place pour secouer la capsule, dit-il. *Je ne plaisante pas. Ce serait dramatique si le réservoir finissait par se détacher au-dessus du Mexique. Je vous suggère aussi, quand vous serez en contact avec Garfield dans son avion suiveur, de lui demander de compter les réservoirs de chaque côté. Mais ne lui dites surtout pas pourquoi ! Si le réservoir est réellement coincé, il vous faudra descendre et sortir pour le larguer manuellement, tant que vous êtes encore au-dessus de l'eau.*

Brian

Il ne nous reste pas beaucoup de temps pour régler la situation, car nous ne sommes plus qu'à quelques heures des côtes mexicaines. L'idée même d'une autre EVA paraît totalement impensable. Nous volons à 10 500 m et à 105 nœuds. Si nous descendons, nous risquons de perdre le jet-stream. Et sans doute aussi tout espoir de réussite. Dans le meilleur des cas, un ralentissement de quatre ou cinq heures nous coûtera entre huit cents et mille kilomètres et une quantité inacceptable de combustible. Mais nous sommes évidemment prêts à faire ce sacrifice et même à échouer dans notre expédition, pour éviter de blesser ou de tuer quelqu'un en dessous de nous. Ce dilemme est une véritable torture.

Nous consultons les techniciens du PC : aucun d'eux n'arrive à cerner les origines du problème. À cause de la quantité de glace qui a enveloppé les cylindres, nous pensons d'abord que le réservoir récalcitrant est peut-être tout simplement bloqué par le gel. Si c'est le cas, il ne devrait pas y avoir de danger : nous allons survoler le Mexique de nuit, avec une température ambiante de – 50 °C, et il n'y a aucun risque que la glace fonde et que le réservoir se détache tout seul.

Néanmoins, nous suivons le premier conseil d'Alan et essayons de faire tomber le réservoir en sautant de façon synchronisée, chacun à un bout de la capsule. Celle-ci se balance sous nos efforts conjugués et nous entendons les réservoirs pleins s'entrechoquer bruyamment. Cela semble indiquer qu'ils ne sont pas immobilisés par la glace. En revanche, rien ne tombe. À travers les superstructures extérieures, nous voyons que la sangle qui retient le 10B est toujours tendue, ce qui nous laisse penser que le réservoir est solidement fixé. Nous en arrivons à la conclusion que les sangles se sont emmêlées avant le décollage et qu'il n'y a aucun risque que le cylindre se détache tout seul. Nous pouvons donc nous dispenser de sortir et continuer à voler en toute tranquillité. Nous ne découvrirons qu'après le vol que l'élément chauffant a correctement fondu le Nylon, mais en a rigidifié les deux bouts en une masse agglomérée, qui gênait le passage à travers l'ouverture du bras métallique, d'où le blocage actuel.

Alan n'est pas satisfait de notre hypothèse. Il nous conseille d'essayer d'autres méthodes car il pense que le cylindre est peut-être tout simplement coincé entre ses voisins. Si c'est le cas, il faudrait procéder à une EVA, mais il suggère que nous opérions à haute altitude et avec masques à oxygène. Bertrand s'est entraîné à cette manœuvre lorsque la capsule d'*Orbiter 2* a été testée dans une chambre de dépressurisation dépendant de la Direction générale de l'armement, à Saclay, près de Paris.

Attention! ajoute Alan. *Vous serez bientôt à la verticale d'une île. Vérifiez bien sa position sur vos cartes avant de larguer quoi que ce soit.*

Malgré ce problème et les soucis qu'il nous cause, l'ambiance est toujours à la fête dans la salle du PC.

Salut, les gars! nous faxe Cecilia. *Le monde entier vous encourage avec enthousiasme et bonne humeur. Envie de partager avec vous quelques-uns des messages arrivés sur Internet* :

Allez-y! Réussissez! (Karl Bulach, Suisse.)

Vous êtes une source d'encouragement pour tous ceux qui ont des rêves. S'IL VOUS PLAÎT, POSEZ-VOUS EN ÉGYPTE, près des pyramides de Guizeh. Vous allez réussir! Dieu bénisse toute votre excellente équipe. (Nabil Mikhail, Le Caire, Égypte.)

Salut ! Ici l'équipe d'Apron Control de l'aéroport de Zurich. Tous nos vœux. Vous y arriverez !

Attention ! Élevage de poulets en liberté près des pyramides ! (Tom Holt Wilson.)

Ce dernier message fait allusion au jour où, lors d'un rassemblement de quatre-vingts ballons, à Northampton, j'ai effectivement survolé un élevage de poulets en liberté, ce qui m'a valu d'être exclu pour le reste du festival. Pas une mince humiliation pour un chef instructeur ! L'affaire me poursuit depuis...

Cette nuit, après sept jours passés au-dessus de l'eau, nous abordons les côtes mexicaines et retrouvons enfin la terre ferme. De notre altitude, je ne vois absolument rien, mais j'exulte tout de même, et traduis mon bonheur par un nouveau poème :

À Mexico City, les passantes
Sont, paraît-il, ravissantes.
Mais nous ne faisons que passer
Sans pouvoir nous arrêter
Dans cette contrée si accueillante.

Aux premières heures du 17 mars, je fais le rapport suivant :

Contact établi avec Mexico City sur VHF. Alors, comme ça, ce qu'on appelle le Pacifique, c'était cette mare minuscule ? Merci pour les messages Internet. C'est formidable de savoir que tant de gens se passionnent pour notre petite virée...

Les choses, malheureusement, ne tardent pas à se gâter pour de bon. Pour nous maintenir à cette altitude extrême, je suis obligé de chauffer en permanence et notre paire de réservoirs actuelle est sur le point de rendre l'âme après seize heures et demie seulement. Si les quatre paires restantes ne durent pas plus longtemps, il est clair que nous n'arriverons pas de l'autre côté de l'Atlantique. Je faxe :

Je ne sais pas si c'est la glace, ou simplement les brûleurs qui fonctionnent mal à cette altitude. Demandez à Luc s'il serait possible de maintenir notre vitesse à une altitude plus faible. Dans le cas contraire, nous risquons de nous retrouver dans la m...

Soudain, je suis tétanisé sur place. Alors que nous sommes largement au-dessus des terres, je sens la capsule tressauter et crois distinguer le bruit caractéristique du largage d'un réservoir. *Je suis à peu près certain que nous venons de perdre le réservoir qui était coincé*, rapporté-je en précisant notre position exacte pour le cas où quelqu'un, plus tard, retrouverait le cylindre ou constaterait d'éventuels dégâts.

Bertrand, qui était couché, a lui aussi entendu le bruit. Noyé par une vague brutale d'adrénaline, il s'est écrasé l'oreiller sur la tête. Il me dira plus tard que des visions de cauchemar l'ont empêché de se rendormir.

C'est un moment abominable. Si jamais nous avons blessé ou tué quelqu'un, notre aventure sera réduite à néant et notre rêve détruit. Le reste de la nuit n'est qu'une longue suite d'angoisses. À cause du réservoir, en premier lieu, mais aussi du combustible, de la vitesse, de la trajectoire.

5 h 10, voici la situation :

Au FL 335, notre trajectoire est de 095°. Trop au sud, je le crains. La situation est vraiment délicate. La paire n° 3 fonctionne encore, mais, à mon avis, seulement grâce à de la vapeur résiduelle. On dirait qu'il y en a beaucoup, à cause de la taille de ces bouteilles. Difficile, par conséquent, d'évaluer la consommation avec exactitude avant de passer à la paire suivante. Je suis déjà à un demi-degré environ au sud de la cible fixée par Luc pour 06 h 00 Zulu. Et je suppose que c'est mauvais d'être trop au sud.

Ce qui m'inquiète le plus, néanmoins, c'est le problème du carburant si nous devons traverser l'Atlantique à haute altitude. Vous tiendrai au courant de mes prochaines observations en la matière. J'espère que nous n'allons pas nous faire alpaguer par la police mexicaine pour agression aérienne, à cause de ce réservoir. D'après les cartes, nous pensons qu'il est tombé dans les contreforts montagneux. Prions...

Les messages fusent dans les deux sens. J'ai besoin d'être rapidement conseillé sur la stratégie à adopter. À 6 h 10, je faxe une courte mise à jour :

La dernière paire a duré dix-neuf heures avant d'être complètement à sec. Je l'ai branchée la nuit dernière à 10 h 30 Zulu. Le soleil s'est levé à 14 h 00 Zulu. Les réservoirs ont duré jusqu'à 05 h 30 Zulu. Nous avons dû beaucoup chauffer pendant la journée. Quand nous sommes dans le jet, il y a souvent une couche de strato-cirrus qui diminue l'ensoleillement. Il est certain que nous brûlons davantage de combustible au-dessus de 10 000 m. Par conséquent, si les quatre paires qui restent ont la même durée de vie que la précédente, nous serons complètement à sec samedi à 12 h 00 Zulu, et sans aucune marge de sécurité pour l'atterrissage.

Je crois que nous consommerions moins si nous arrivions à rester hors des nuages et/ou si nous pouvions voler aux alentours de 9 000 m. Je ne peux pas le dire avec précision, c'est pourquoi le compromis entre vitesse et altitude est difficile à trouver. Il n'y a plus, j'imagine, qu'à nous en remettre aux calculs de Luc et Pierre. Mon instinct me dit de foncer.

Comme pour ajouter à nos contrariétés, l'alarme du système de sécurité des brûleurs commence à se déclencher toutes les minutes, sans aucune raison. Je demande à Kieran comment l'arrêter sans abîmer quoi que ce soit. En suivant ses directives, je plonge les mains dans la forêt de fils située derrière le tableau de contrôle et parviens à déconnecter l'alarme qui, entre-temps, s'est mise à hurler toutes les vingt secondes. Je trouve le moyen de m'amuser malgré tous ces problèmes, et j'en fais part à John et Debbie :

On n'a pas le temps de s'ennuyer, vous ne trouvez pas ? Le moins qu'on puisse dire, c'est qu'un tour du monde, ça se mérite !

La question de savoir si oui ou non nous aurons assez de propane pour affronter l'Atlantique me préoccupe de plus en plus. Malgré tout, je reste d'humeur plutôt enjouée. À 9 h 34, je m'adresse à Alan, qui vient de reprendre son poste au PC :

La paire de réservoirs n° 9, que nous pensions vide, donne toujours de la vapeur depuis quatre heures. Il n'y a pas de petit profit. Dans la mesure où nous allons nous mesurer à l'Atlantique, nous aimerions être tenus au courant des idées qui vous viennent, et participer aux prises de décisions. Merci. Malheureusement, il nous est impossible d'apercevoir le réservoir qui refusait de se détacher. Le dôme n'est pas assez haut pour offrir l'angle de vue nécessaire, même en utilisant un miroir. Mais je suis à peu près sûr de l'avoir senti tomber. L'une des sangles, que nous pouvions voir auparavant, a disparu. Je prie le ciel pour que nous n'ayons pas fait de dégâts...

Réfléchissant au problème de notre surconsommation, Alan évoque la possibilité que, durant les dernières vingt-quatre heures, nous avons volé trop haut et accidentellement traversé notre plafond. Le ballon aurait donc évacué de l'hélium et perdu de sa portance, ce qui nous aura obligés à chauffer plus souvent. D'après lui, la glace sur l'enveloppe n'a pas changé grand-chose. Son inquiétude au sujet du carburant est palpable. Après nous avoir conseillé de descendre de 1 000 m, il ajoute :

Il est VITAL *que vous ne traversiez pas votre plafond. Vous avez besoin de tout votre hélium et de chaque goutte de propane contenue dans chaque réservoir restant. D'après nos modèles informatiques, vous pouvez encore parvenir à faire le tour complet avec une petite réserve pour l'atterrissage. À condition toutefois de rencontrer des vents rapides et de ne surtout pas augmenter votre consommation.*

À 10 heures Zulu, épuisé, je réponds :

Bertrand s'est levé, sommes tous les deux opérationnels jusqu'à nouvel ordre. Je crois que, ce soir, je vais lui demander de me faire une séance d'hypnose : si je ne dors pas rapidement, j'aurai une mine épouvantable à l'arrivée.

Je termine par ce rappel de mauvais augure :

FL 335. Mais nous avons perdu 10 nœuds et dévié de 5° vers la droite.

Bertrand

J'avais tellement froid dans ma couchette que, même enfoui dans deux sacs de couchage, je continuais à frissonner en somnolant. Quand Brian me réveille, c'est pour m'apprendre que nous avons consommé une énorme quantité de propane et que nos chances d'atteindre l'Afrique semblent minces. Il ne tarde pas à se coucher à son tour, me laissant seul dans le cockpit... seul avec mon trac.

Le froid a dû me saper le moral. Toujours est-il que celui-ci est au plus bas et que je ne suis guère sensible à la beauté de l'aube multicolore qui se lève sur les montagnes boisées du Mexique. Notre vitesse chute dans des proportions affolantes, et notre trajectoire passe de plein est à près de 110° : ce n'est plus vers l'Afrique que nous nous dirigeons, mais vers le Venezuela... et vers la catastrophe à brève échéance. J'ai du mal à croire Luc quand il m'appelle pour dire :

– Ne t'affole pas. Vous allez bientôt virer à gauche et, dans dix-huit heures, vous retrouvez le jet-stream.

J'esquisse tout de même un sourire en recevant un message à la fin duquel Alan a cru bon d'ajouter : « Ce n'est pas une plaisanterie ».

Son Altesse Royale le duc d'Édimbourg prie le Docteur Bertrand Piccard et Monsieur Brian Jones de lui faire le plaisir de l'accompagner, quand il visitera Cameron Balloons à Bristol, le 1er avril 1999.

Si le Docteur Piccard et Monsieur Jones réussissent dans leur tentative de tour du monde, le duc sera accompagné de Sa Majesté la reine.

– Nous serons ravis de voir la reine si nous réussissons, réponds-je, mais encore plus ravis de réussir.

N'étant pas d'humeur à tenir compte des règles du protocole, j'ajoute, par téléphone afin de me défouler :

– J'aime les gens qui croient à notre victoire avant que celle-ci ne se réalise. Si la reine attend le résultat des courses pour décider si elle vient ou non, autant qu'elle ne vienne pas !

– Bertrand, dit Alan dans un grand éclat de rire, dans l'absolu, tu as raison. Mais la reine est une exception.

De toute manière, j'ai d'autres chats à fouetter pour l'instant. Notre vitesse est tombée à 42 nœuds et notre trajectoire est passée à 100°, ce qui est un peu mieux qu'avant, mais toujours trop au sud. Une question m'obsède : quand le jet-stream va-t-il nous venir en aide ? Pour me changer les idées, j'interroge notre PC à propos du nouveau record de durée de vol revendiqué par Andy Elson avant qu'il ne tombe dans la mer du Japon. J'ai envie de savoir si nous avons une chance de l'égaler. Réponse de John :

Le record annoncé par Andy est de 17 jours, 18 heures et 35 minutes. Per Lindstrand a annoncé une altitude de 11 095 m (qu'à notre avis vous avez probablement battue). Quant au tour du monde de Dick Rutan dans son « Voyager » (un appareil à moteur), la distance parcourue est de 40 200 km.

Luc est satisfait de votre trajectoire, mais vous fait dire que votre vitesse n'augmentera pas avant 24 heures. Cela dit, en tenant compte de ces divers éléments, il prévoit toujours une arrivée victorieuse pour samedi.

Au même moment, le retour de Colin et Andy est fêté chez Cameron, à Bristol. Quand Don Cameron les félicite pour leur nouveau record de durée de vol, Andy répond, avec un sourire désabusé :

– Demain, ce sera trop tard pour le célébrer !

Malgré tous ces signes encourageants, mon moral n'arrive pas à remonter. Qui plus est, je commence à me sentir mal. Pour des raisons que je ne m'exlique pas, je suis essoufflé en permanence, haletant comme si j'avais fait un gros effort physique alors que je n'ai pas bougé de mon siège. Ce désagrément ne fait que s'accentuer... jusqu'au moment où, bien avant l'heure où il est censé se lever, Brian émerge soudain de la couchette en hoquetant :

– Je n'arrive plus à respirer !

– Moi non plus, articulé-je péniblement.

Nous sommes aussi secoués l'un que l'autre par ce handicap brutal qui évolue en empirant. J'appelle le PC par téléphone satellite et, apprenant que Michèle est là, demande à lui parler. En entendant le son de sa voix, j'éclate en sanglots :

– Tu te rends compte ?... J'ai l'impression que nous allons échouer MAINTENANT ! si près du but ! Après tous ces efforts ! Nous nous dirigeons de plus en plus vers le sud et nous serons bientôt à court de carburant ! Je ne vois pas comment nous pouvons encore réussir...

Michèle m'écoute, préoccupée, mais ne perd pas pour autant son sang-froid.

– Bertrand, il faut que tu te reprennes. Tu as une expérience suffisante des situations extrêmes pour parvenir à trouver en toi les ressources nécessaires. Applique les techniques que tu connais ! Expire profondément et recentre-toi.

Sa voix affectueuse et son bon sens me calment malgré ma sensation de suffoquer.

C'est l'heure de l'émission consacrée chaque après-midi par la radio suisse romande à notre expédition. Mon père et les météorologues y participent en direct. En raison du décalage horaire, je n'ai pas pu les joindre depuis plusieurs jours, car l'émission se déroulait pendant ma période de sommeil. Aujourd'hui, je peux enfin reprendre contact, et leur faire un bref résumé de la situation :

– Je suis... dans le cockpit... Brian essaie... de dormir... Nous sommes... tous les deux... complètement essoufflés... pas dans notre meilleur jour...

En m'entendant haleter et faire des efforts pour prononcer chaque mot, tout le monde commence à s'inquiéter, et à appeler tous azimuts médecins et autres spécialistes à la rescousse. Il est facile d'échafauder les pires scénarios catastrophes : les deux pilotes sombrant dans le coma, pendant que le ballon, toutes communications coupées, dérive vers le sud, livré à lui-même, avant de s'abîmer à jamais dans les profondeurs de l'océan...

Mais Brian et moi, si malades soyons-nous, n'avons pas perdu la tête pour autant. Nous savons où nous sommes et ce que nous faisons. Nous sommes toujours capables de raisonner et de calculer parfaitement. Le PC commence à en douter et se met à nous poser des questions élémentaires pour nous tester. Brian ne comprend pas tout de suite, il se fâche. À la question d'Alan : « Quel est le jour de ton anniversaire ? », il explose :

– Nom de nom ! Nous avons assez de problèmes emmerdants à résoudre comme ça, sans que tu ailles encore t'occuper de la date de mon anniversaire !

Comme Alan insiste, Brian lâche, exaspéré :

– C'est le 27 mars.

– D'accord, reprend Alan, quel est ton numéro de téléphone ?

– P... ! Alan !...

Brian comprend alors qu'Alan est en train de nous tester pour voir si nous sommes en état d'hypoxie, c'est-à-dire en manque d'oxygène. Il se calme, un peu honteux.

Nos symptômes ne sont pas ceux de l'hypoxie. Il ne semble pas non plus que nous soyons victimes d'une intoxication à l'acide carbonique. Les indicateurs de niveaux de CO_2 n'ont pas bougé, et aucun de nous n'a mal à la tête. L'un des détecteurs, au-dessus de la couchette, a été recouvert de vêtements et pourrait ne pas avoir fonctionné. Mais l'autre se trouve à l'avant de la capsule, sur le tableau de bord, et nous ne voyons pas pourquoi il serait défectueux. Toutes ces analyses, aussi rassurantes soient-elles, ne nous empêchent cependant pas d'être lentement asphyxiés.

Brian

Au lit, j'avais du mal à respirer. Mais c'est en me levant que je réalise qu'il y a un problème sérieux. Sortant la tête de la couchette, j'aperçois Bertrand, dans le siège de droite, écroulé contre la cloison et haletant comme un poisson hors de l'eau.

Quand je l'entends parler à Michèle en français avec des sanglots dans la voix, je n'ai pas besoin de comprendre ce qu'ils se racontent pour savoir qu'il est dans un état pitoyable. Il est évident que nous subissons tous les deux le contrecoup d'une accumulation de tensions, même si, par chance, je viens de dormir profondément et ne me sens momentanément pas trop mal.

– Écoute, dit-je à Bertrand, ça va aller. Tu es éreinté. Va donc te coucher.

Il acquiesce et s'emmitoufle tout habillé dans trois sacs de couchage, avec un masque à oxygène relié à notre réserve principale. Après avoir également mis mon masque, je vais toutes les quelques minutes jeter un coup d'œil dans sa couchette, histoire de m'assurer qu'il respire correctement.

Au sol, l'équipe tente désespérément de comprendre nos ennuis et multiplie les appels aux divers spécialistes, comme en témoigne ce fax d'Alan :

Brian, je suis en rapport avec un grand professeur de médecine en Suisse. Il veut savoir si vous avez à bord un médicament appelé Nifédipine, qui sert à traiter ce qu'on appelle le préœdème. D'après lui, vos symptômes sont peut-être annonciateurs d'un œdème pulmonaire – une accumulation de fluides dans les poumons –, ce qui pourrait être très grave.

Recommandons que vous descendiez au FL 250, et même plus bas, jusqu'à ce que nous ayons d'autres précisions médicales. Augmentez aussi le taux d'oxygène dans votre atmosphère. Mais faites attention de ne pas la rendre explosive. Vous pouvez au besoin respirer également l'oxygène pur de votre équipement de survie. Tenez-nous au courant des résultats. À tout de suite. Alan.

Installé au poste de pilotage, je tente de me persuader que le fait de se sentir mal est au fond parfaitement normal, après tout ce que nous avons subi. Et je m'efforce d'accepter cette difficulté à respirer comme un inconfort de plus. L'effet de mon masque à oxygène se fait graduellement sentir, et je commence à aller mieux.

En réfléchissant davantage, je me dis : « Au diable les détecteurs ! Si ça se trouve, ils sont défectueux. Je vais remplacer les filtres et on verra bien ce qui se passera. » Je change donc à la fois les filtres à CO_2 et les filtres de charbon destinés à purifier l'air. Au bout de quelques minutes, les choses s'améliorent.

Toutes ces opérations ne m'ont pas dispensé d'avoir à manœuvrer notre ballon. Nous étions à 10 500 m, mais le ballon n'arrêtait pas de tirer vers le bas et je devais chauffer toutes les vingt secondes pour ne pas perdre d'altitude. Je me stabilise donc à 10 000 m et, après avoir consulté Alan à propos des autres altitudes envisageables, j'ajoute :

Si Michèle est là, dis-lui que Bertrand va bien. Il est toujours au lit avec son masque à oxygène. Il était juste un peu ému au téléphone.

Reçu ton message rapport à l'œdème. J'en parlerai à Bertrand à son réveil. Mais nous sommes tous les deux sous oxygène non-stop depuis une demi-heure et je me sens en meilleure forme. Le niveau d'oxygène dans la cabine est à présent de 18,9 %, l'équivalent de 26,9 % au niveau de la mer. Je ferai attention, mais il n'est pas question de mettre inutilement le vol en péril.

Le ballon est à peu près bien équilibré autour du FL 320. Je consomme beaucoup moins de combustible à cette hauteur. Trajectoire 100°, 38 nœuds.

Réponse d'Alan :

Luc est satisfait de votre altitude moyenne de 320. Perdre un peu de vitesse en économisant beaucoup de carburant est une bonne stratégie. Trajectoire OK également.

Nous envisageons l'hypothèse selon laquelle vous souffririez d'une exposition prolongée au styrène [1]*. En suivant cette piste, vous pourriez dépressuriser à haute altitude pour changer l'air de la cabine puis repressuriser en utilisant l'azote et l'oxygène liquide. Mais il se peut que ce ne soit pas du tout ça...*

Ne donnez plus d'interviews aux radios et aux télévisions. La Suisse entière ne parle plus que de vos problèmes respiratoires. Vous êtes tous les deux trop fatigués pour consacrer du temps à cela.

---

1. Un produit contenu dans la colle utilisée pour assembler les différentes parties de la coque de la capsule.

Pour repressuriser, il nous faudrait alternativement libérer de l'oxygène pendant une seconde et de l'azote pendant quatre secondes, et continuer ainsi jusqu'au retour à une pression satisfaisante en recréant un mélange composé de 20 % d'oxygène et de 80 % d'azote.

Au bout du compte, nous n'aurons heureusement pas besoin d'avoir recours à cette manœuvre extrême. Un coup de fil aux fabricants a permis à notre équipe d'apprendre que le styrène contenu dans la résine de la coque peut induire des symptômes dépressifs et qu'il peut avoir aussi des incidences sur la respiration. Sur le moment, cette hypothèse nous semble évidente. Sans être exactement déprimés, nous sommes fatigués, angoissés par un échec de plus en plus probable... et avons en effet beaucoup de mal à respirer. Mais, avec le recul, c'est le diagnostic du professeur suisse qui nous semblera le plus plausible : nous souffrons très probablement d'un préœdème pulmonaire causé par l'inhalation prolongée d'un air exceptionnellement sec. Il fait si froid dans la capsule que toute la vapeur d'eau se condense sur les hublots, ce qui fait chuter l'humidité relative à 29 %. C'est certainement cet air trop sec, ajouté à la fatigue et au froid, qui nous a rendus malades. L'oxygène nous a soulagés, d'autant mieux que les masques ont tendance à retenir de l'humidité près du nez. L'armoire à pharmacie de Bertrand contient des médicaments contre l'œdème, mais, faute de certitudes, nous n'avons rien pris.

Nos malaises auront eu au moins un effet positif : en bas, tout le monde a enfin pris conscience que notre aventure n'est pas une course d'école, mais une expédition difficile et dangereuse. Jusqu'à présent, aux yeux du grand public, tout avait probablement semblé trop facile...

Après avoir de nouveau jeté un coup d'œil à Bertrand et constaté qu'il paraissait aller bien, j'appelle moi-même Michèle. Je ne sais pas trop ce qu'ils se sont dit, mais il me semble utile de la tranquilliser :

– Ne t'inquiète pas. Bertrand est O.K. Il est allé se coucher, il est sous oxygène et, quelle que soit la gravité de cette crise, nous allons de toute façon la surmonter.

– Merci, Brian, dit-elle, c'est très gentil à toi de prendre la peine de me rassurer.

Je parle aussi à Jo, qui a cette phrase merveilleuse :

– Si les encouragements et l'amour pouvaient vous servir de carburant, vous en seriez déjà à votre deuxième tour du monde.

Je lui demande de joindre le directeur du Centre aéromédical de la RAF, à Boscombe Down, qui a supervisé nos exercices d'hypoxie. À son avis, nos symptômes sont ceux d'un empoisonnement à l'acide carbonique. Sauf que... aucun de nous n'avait mal à la tête, alors que les céphalées sont en principe les premiers signes d'un excès de CO_2 dans l'air ambiant.

Bertrand

Malgré le froid et le masque encombrant, j'ai plongé dans un profond sommeil, dont j'émerge deux heures plus tard, nettement plus en forme. Physiquement, nous allons tous les deux beaucoup mieux et c'est déjà ça. Mais nous restons confrontés à un dilemme que nous ne savons pas comment résoudre : monter très haut pour aller plus vite et tenter de rectifier notre trajectoire ? Ou descendre pour économiser le carburant et nous donner le temps de réfléchir ? Les météorologues penchent pour l'ascension, et Alan pour une diminution de notre consommation...

Pendant mon sommeil, Brian nous a fait redescendre, et notre vitesse est tombée en même temps. Il a suivi à la lettre les conseils du PC, mais à présent nous sommes entraînés, impuissants, de plus en plus loin vers le sud et nous éloignons du jet-stream.

Un de mes amis médecins, Pierre Steiner, qui pratique l'hypnose, m'a entendu haleter au journal télévisé et a eu l'intuition qu'il devait m'aider. À 22 heures, heure de Genève, il débarque donc dans la salle du PC et demande à voir Pierre Eckert. Celui-ci est légèrement surpris. Les contrôleurs aussi. Tout le monde se demande ce que peut bien vouloir cet intrus et quelles sont ses intentions. On me contacte néanmoins par le téléphone satellite :

– Tu veux lui parler ?

Je bondis :

– Bien sûr ! Immédiatement !

J'ai donc Pierre Steiner en ligne. Aussitôt, il commence une séance d'hypnose par téléphone. Nous avons participé ensemble à des ateliers et des séminaires, et il me connaît parfaitement. Il sait quels sont mes *safe places* – un terme technique désignant les pensées, sensations, images ou souvenirs associés à une impression de confort et de sécurité. Une fois qu'un hypnothérapeute a cerné les safe places d'un patient, il peut, à n'importe quel moment, le ramener à un état de sérénité complète.

– Laisse-toi tranquillement revenir à un état de calme intérieur en utilisant ta safe place préférée, me suggère doucement Pierre Steiner.

Immédiatement, je commence à me détendre.

Il poursuit, ne parlant que lorsqu'il m'entend expirer :

– Tu sais, Brian et toi êtes en train de réussir quelque chose d'extraordinairement difficile. C'est tout à fait normal que vous soyez angoissés. Avant tous les grands triomphes, il y a inévitablement une phase d'angoisse. Sans cela, rien de grand ne s'accomplit. Si vous étiez parfaitement sereins au-dessus du golfe du Mexique, cela voudrait probablement dire que vingt personnes au moins auraient déjà fait ce tour du monde avant vous. En fait, plus vous êtes angoissés, plus cela signifie que ce que vous faites est grand et plus vous pouvez vous sentir proches de la victoire. Brian et toi avez déjà volé plus loin que n'importe qui avant vous. Ne sois pas inquiet d'être angoissé ! C'est formidable d'être angoissé ! Profite de cette sensation ! Quand tu te seras posé en Afrique, tu repenseras à ton angoisse comme au premier signe de ton triomphe.

Pour parler en termes professionnels, il a « recadré » notre situation : c'est-à-dire qu'il l'a décrite, mais en interprétant les faits d'une manière complètement nouvelle. Le résultat est immédiat : je me sens plus fort et plus confiant, et retrouve du plaisir à l'idée de devoir résoudre les difficultés qui nous attendent. Quand Pierre Eckert reprend la ligne, je le remercie de m'avoir passé l'autre Pierre.

– Ça va infiniment mieux, lui dis-je. J'ai envie d'essayer quelque chose de nouveau. Qu'est-ce qu'on vise, question trajectoire et altitude ?

– Monte aussi haut que le ballon en est capable, répond Pierre. Va jusqu'à l'extrême limite. Tu devrais trouver un courant tirant un peu plus à gauche, ce qui te permettra d'échapper au Venezuela. C'est votre dernière chance de réussir.

Aussitôt après avoir raccroché, j'allume les brûleurs et commence à monter, sans m'arrêter et sans me préoccuper de la consommation de carburant.

Puis plus tard, je rappelle Michèle au téléphone en la réveillant au milieu de la nuit :

– J'ai dormi profondément pendant deux heures et, après la séance d'hypnose avec Pierre, je sens que j'ai retrouvé mes moyens et mon optimisme. Brian est couché. Je tente la dernière manœuvre possible pour sauver le vol...

Tout en lui parlant, je brûle une quantité monstrueuse de propane. Notre cap cependant reste toujours désespérément vissé sur le Venezuela.

Et puis, soudain, j'ai l'impression qu'il se passe quelque chose :

– Michèle, on dirait que le vent tourne ! Attends !... Oui, c'est bien ça ! Le vent tourne ! Le GPS indique un degré de plus au nord... Non, deux degrés !... Trois ! C'est fabuleux !

Dans une bouffée d'espoir, je continue à commenter :

– Il ne me reste plus qu'une cinquantaine de mètres avant de toucher le plafond... Mais écoute ! C'est incroyable ! Maintenant, nous tournons vraiment ! Nous avons dévié de 10° ! Tu te rends compte, Michèle ? DOUZE degrés !

– Magnifique, Bertrand ! dit-elle. Je suis sûre que ça va marcher. C'est extraordinaire que nous puissions vivre ce moment ensemble !

– Ça s'améliore encore ! enchaîné-je. La trajectoire est passée de 100 à 85 ! Incroyable ! Tu as raison, je crois que nous allons réussir ! Je...

C'est vrai que c'est extraordinaire d'avoir Michèle en ligne au moment précis où ce miracle arrive, extraordinaire qu'elle partage en direct mon excitation. Quand elle raccroche, nous sommes à 11 000 m et nous n'allons plus vers le Venezuela, mais vers la Jamaïque. Notre vitesse n'est toujours que de 45 nœuds, mais notre trajectoire est de 82° : exactement ce qu'il nous faut pour retrouver le jet-stream ! En quelques minutes, nos perspectives viennent de changer du tout au tout.

Avec un enthousiasme non dissimulé, j'informe Brian du renversement de situation, dès qu'il se réveille, après deux heures de repos. Je me couche à mon tour et me remémore les mots de Pierre, pour m'endormir en autohypnose. J'utilise comme safe place un souvenir d'enfance. Quand j'étais petit, à l'heure où je me couchais, un avion de ligne venait chaque soir bourdonner au-dessus de Lausanne et le bruit rassurant de ses moteurs me parvenait par la fenêtre au moment précis où je glissais dans le sommeil. À présent, j'associe le ronflement des brûleurs à celui de l'avion de mon enfance, et m'endors en toute sécurité.

Brian

Les augures nous sont à nouveau favorables, et notre trajectoire continue à s'infléchir vers le nord. Au PC, les Smiffs sont de garde. Je les interroge :

Quelle journée ! Et ce n'est pas la première du genre. À ce stade décisif, j'ai une question : nous nous dirigeons plus au nord que les objectifs qu'on nous a fixés. Est-ce un avantage d'aller encore plus au nord que prévu ?

Cecilia me répond :

Je voudrais que tu puisses voir la carte que nous avons sous les yeux : le jet-stream se trouve juste au nord de votre position et traverse tout l'Atlantique d'une seule traite. Luc est sorti, mais je lui ai demandé tout à l'heure si votre route était bonne, et il m'a dit que oui. D'après la carte, le jet-stream se trouve un peu au nord-est de Cuba, et sa vitesse augmente régulièrement en allant vers l'est. La Jamaïque sait que vous arrivez. Contactez l'ATC sur 124.0 ou 128.1 MHz, quand vous serez à proximité.

Il est clair que notre équipe au sol fait le maximum pour entretenir notre moral. Et un message du père de Bertrand y contribue d'une manière non négligeable :

Mes chers Bertrand et Brian,

La victoire est à portée de main. Vous êtes fatigués, tendus, impatients d'atteindre le but. Qui ne le serait pas dans ces conditions ?

Tout en restant prudents, ayez encore le courage d'aider, en réussissant, tous ceux qui vous soutiennent ici de toutes leurs forces, de tout leur cœur et de toutes leurs compétences. Il ne vous reste guère à faire que le millième de ce que vous avez déjà fait, en comptant les années que vous avez passées sur ce projet. Moins de trois jours avant d'arriver à votre méridien, avec un vent en accélération constante.

Courage. Tout le monde vous aime et vous embrasse.

Papa. Mercredi soir, 17 mars.

P.-S. : Peut-être qu'un peu d'exercice physique vous ferait du bien (je juge de loin). Pourrait-on envisager une descente à 2 500 m et une bonne aération de quelques heures au hublot, avant la traversée de l'Atlantique ? (À nouveau, je parle de loin.) Pardonnez ces conseils. C'est seulement une manière de vous dire combien je pense à vous.

Bertrand est sincèrement ému par les encouragements de son père, mais, si plaisante que soit la perspective de ce bol d'air frais, une autre EVA à basse altitude n'est pas sérieusement envisageable. Nous n'avons d'autre choix que de rester à haute altitude.

C'est au moment où nous avons plus que jamais besoin d'être gonflés à bloc que la contrôleuse de Kingston, Jamaïque, intervient.

Je lance :

– Hôtel Bravo – Bravo Romeo Alpha : un ballon faisant route au cap zéro huit un, niveau de vol trois cinq zéro.

– O.K., qu'est-ce que tu fais, *man* ? me répond une délicieuse voix féminine.

– Nous sommes partis de Suisse en espérant faire le tour du monde. Nous nous dirigeons vers l'Afrique.

– Wahoo !... s'écrie-t-elle. Vous avez peur de rien, vous autres ! Vous êtes où exactement, au fait ?

– Au-dessus de Kingston.

– Bouge pas.

Je n'entends plus rien pendant deux minutes. Puis ma contrôleuse reprend, un peu déçue :

– Suis sortie. Mais je vous vois pas.

Plus tard, Bertrand insinuera que je suis tombé sous son charme. Lorsqu'il me remplacera aux commandes, il l'appellera pour lui dire au revoir de ma part...

En attendant, cette romance, si brève soit-elle, aura contribué à mettre une bonne ambiance à bord. Je me surprends à signer les messages suivants : « Brian le super-mec ».

Après quelques échanges à propos de cumulo-nimbus qui se trouvent devant nous, au-dessus des Caraïbes, Smiffy enchaîne :

Ouais, cool, man*! On dirait que le rosbif barbu fait un tabac avec la reggae-woman. Ça va faire baisser le prix des bananes. Ferme les volets, que les danseurs de limbo viennent pas encore se rincer l'œil. Plus de mauvais temps sur la carte. T'es content de tes conditions de vol,* man*?*

Je réponds :

Hey, man, *me bourre pas le mou! Tu sais ce que tu peux en faire, de tes CB pourris?*

Je crois que, pour rester dans l'ambiance locale, Pierre devrait nous faire son prochain rapport météo en style rap.

Ça monte et ça descend un peu. Est-ce qu'on ne serait pas dans de légères turbulences? De temps en temps, le ballon décide de se mettre en descente. Obligé de chauffer énormément pour le faire remonter.

En quelques heures, notre vitesse passe à 60 nœuds, et tout le monde y va de sa propre plaisanterie, genre « rendez-vous dimanche au bistrot du coin », etc. Mais notre équipe sait, comme nous, que la situation est très critique côté carburant, et personne ne peut affirmer avec certitude que nous en aurons assez pour traverser l'Atlantique...

Très important, me faxe Debbie à 10 h 30 Zulu : *peux-tu nous faire un rapport carburant précis – réservoirs en fonction maintenant, et depuis combien de temps, ainsi que réservoirs encore pleins. Alan suggère que nous attendions d'être au-dessus de Porto Rico avant de vous donner ou non le feu vert pour l'Atlantique.*

Trop de variables entrent en jeu pour permettre à qui que ce soit d'évaluer avec précision notre autonomie. La température à différentes altitudes au-dessus de l'Atlantique conditionne plusieurs paramètres : à quelle fréquence et à quelle intensité devrons-nous chauffer pour rester au-dessus de 11 000 m? Mais la plus grande inconnue reste l'accélération hypothétique du jet-stream : s'il atteint cent nœuds et plus, comme nous l'espérons, nous arriverons secs en Afrique.

Bertrand

Lorsque je me réveille, je m'empresse de rejoindre Brian dans le cockpit, pour connaître notre position. Je le vois faire pivoter son fauteuil et son grand sourire me rassure tout de suite :

– Bertrand, nous avons dépassé la Jamaïque et nous sommes déjà en route pour Haïti.

Notre vitesse est de 65 nœuds, autrement dit 50 % de plus que les 45 nœuds annoncés.

Le miracle continue.

Désormais, notre vitesse dépassera constamment les prévisions.

Au-dessus du golfe du Mexique, nous avons vu des îles magnifiques et, en longeant la côte nord du Honduras, nous embrassions plusieurs autres pays du regard : le Mexique, le Guatemala, le Belize. Ce n'est pourtant plus la beauté du paysage qui nous intéresse. L'important est qu'il y ait des îles en dessous de nous. Si nous décidons en fin de compte d'atterrir plutôt que d'affronter l'Atlantique, c'est ici – avant d'avoir dépassé Porto Rico – qu'il faudra le faire.

À l'aube du 18 mars, nous avons quitté Haïti et survolons Saint-Domingue. Notre équipe de Swiss Control a eu du mal à contacter Haïti, mais le contrôleur portoricain s'est montré plein d'enthousiasme.

– Ne vous en faites pas, assure-t-il. Je vais leur faire la commission.

De toute évidence, il est ravi à l'idée de jouer les intermédiaires. Son homologue de Saint-Domingue est tout aussi enjoué et, après quelques échanges radio en jargon technique, il me demande, avec de l'envie dans la voix :

– Quel effet ça fait d'être là-haut ?

J'essaie de lui décrire l'ambiance en quelques mots. Aussitôt, mon interlocuteur me lance :

– Ça a l'air génial ! Si vous recommencez, appelez-moi, je viendrai avec vous...

Au PC, les regards commencent à se tourner vers l'Afrique.

Vu d'ici, selon Alan, *tout se présente bien. Nous en reparlerons dans trois heures, quand vous serez au-dessus de Porto Rico, histoire d'examiner les chiffres et de décider si la traversée est envisageable.*

Le ballon est collé à son plafond. La trajectoire et la vitesse sont idéales. Mais, soudain, voilà que nous nous remettons à dériver vers le sud. J'appelle Luc et Pierre, qui me répondent .

Ne soupape pas plus d'hélium que nécessaire, mais la trajectoire est effectivement mauvaise. Il faut redescendre de quelques centaines de mètres.

De toute façon, nous sommes déjà en train de perdre de l'hélium. Nous volons au niveau des cirrus ; cette fois, curieusement, ils amplifient l'énergie solaire autour du ballon. Résultat : l'enveloppe chauffe de plus en plus et a déjà commencé à évacuer le trop-plein d'hélium par les appendices. Je peux apercevoir les tubes pleinement dilatés sur toute leur longueur, en train de cracher du gaz, sans toutefois que cela provoque de descente en raison de la surchauffe du ballon.

Que faire ? Mon instinct me crie de ne pas redescendre. Si nous perdons de l'altitude, il faudra chauffer d'autant plus pour la regagner ultérieurement. D'autre part, il ne sert à rien de conserver des réserves suffisantes de carburant si c'est pour s'engager sur une mauvaise trajectoire. Il est encore préférable de rester sur la bonne route, même si le niveau de propane devient inquiétant. Au poker, on parlerait de quitte ou double. Alors... je double la mise et prends la décision déchirante d'ouvrir la soupape du sommet de l'enveloppe pour évacuer davantage de notre précieux hélium et nous faire redescendre.

Faisant pivoter mon siège, j'ouvre le réservoir d'azote et tourne la manette pneumatique de la soupape. Le gaz se force un passage dans le tube avec un « psssccchhhittt ! » sonore. Les témoins rouges s'allument sur le tableau de bord, indiquant que la soupape est ouverte. Je répète l'opération à cinq reprises vingt secondes chaque fois, en gardant le doigt sur la manette (c'est une règle que nous avons établie) afin que la soupape ne reste pas ouverte par erreur. Nous commençons à perdre de l'altitude, ce qui a bien l'effet escompté de nous remettre sur le bon cap. Mais ma crainte se confirme au sujet de la consommation. Durant tout le reste de la journée, je devrai compenser la perte de l'hélium en brûlant une quantité de propane qui me paraît énorme.

Nos réserves de combustible sont à présent dramatiquement faibles. Nous avons encore une paire de réservoirs pleins, et une à demi pleine. En tout, une quarantaine d'heures de chauffe au maximum. À l'approche de Porto Rico un détail me frappe. Au moment où nous nous préparons à prendre la décision cruciale d'entreprendre ou non la grande traversée, je remarque que le code que Porto Rico a donné à Brian dans le transpondeur est : 5555.

Le 5 a pour moi toujours été associé au bonheur et à l'harmonie. Pendant toute la période qui fut la plus heureuse de mon enfance, avant la mort de ma mère, nous étions cinq dans la famille. Le 5 est devenu mon chiffre favori, presque un chiffre fétiche, et il est souvent apparu à des moments déterminants de ma vie ; à cet instant où il me fait signe une fois de plus, je ne peux pas croire que ce soit seulement le fruit du hasard. Après avoir expliqué à Brian pourquoi les chiffres inscrits sur l'écran me touchent pareillement, j'ajoute encore :

– C'est incroyable ! Je ne sais pas d'où ça vient, mais je suis sûr que c'est un signe qui nous dit qu'il faut y aller. Et que nous allons réussir !

Au sol, les médias sont proches de l'hystérie. Après l'épisode dramatique de notre malaise – diffusé sur toutes les radios et les télévisions –, la question qu'on retrouve sur toutes les lèvres est de savoir si oui ou non nous allons tenter de traverser l'Atlantique. Notre centre de presse – que seule une mince paroi sépare du PC – est pris d'assaut et l'endroit commence à être sérieusement surpeuplé. Une partie de la horde des journalistes est obligée d'annexer le restaurant, et pas un membre de notre équipe ne peut faire un pas dehors sans être assailli de questions.

C'est un vrai zoo, ici, se plaint Alan. *Pierre a même donné une interview pendant qu'il faisait pipi ! Mais je suppose que, pour Breitling, c'est un retour sur investissement, alors on essaie de faire plaisir à tout le monde.*

Le moment crucial – celui où nous devons prendre la décision finale – intervient dans l'après-midi du 18 mars (en fin de journée au PC). Alan suggère que nous la prenions en direct, pendant une conférence de presse organisée avec soin, et nous faxe ses instructions :

La conversation sera courte et aura lieu en anglais, parce que la plupart des équipes TV présentes en ce moment sont britanniques ou américaines ; toutes les grandes chaînes sont représentées. Je vous interrogerai sur vos réserves de carburant ; vous prierai de vérifier vos systèmes d'oxygénation ; vous ferai un point météo. Pour terminer, je vous demanderai si vous vous sentez capables d'attaquer la traversée. J'ajouterai que c'est OK pour moi, mais que la décision vous appartient.

Svp, ne prolongez pas la communication en exigeant de parler à Luc ou à Pierre. Il faut qu'on dégage le PC aussi vite que possible. Après quoi, ils vous appelleront si vous désirez plus de détails.

À l'heure dite, avec toutes les caméras du monde braquées sur lui, Alan nous appelle au téléphone et nous demande solennellement notre vitesse, notre trajectoire, notre altitude et notre niveau de carburant. Dans le cockpit, haut-parleur branché pour que nous entendions tous les deux la conversation, je tiens le récepteur et Brian les documents correspondants. Une fois l'analyse de la situation terminée, Alan annonce :

– Je crois que vous pouvez tenter le coup.

– Bertrand, me crie Brian, dis-lui qu'on y va de toute façon !

Je me souviens soudain d'une phrase extraordinaire de Dick Rutan, dans un message qu'il m'a envoyé avant le départ du premier *Orbiter*. Évoquant son propre tour du monde en avion à bord de *Voyager*, il me racontait comment, les deux derniers jours, il craignait de ne plus avoir assez de carburant pour terminer, et comment, poursuivant malgré tout, il réussit, constatant à l'arrivée qu'il lui restait à peine deux litres dans ses réservoirs. Il concluait : « Bertrand, n'oublie jamais que la seule manière d'échouer, c'est d'abandonner. »

À cet instant critique de notre propre vol, je répète les paroles de Dick Rutan en répondant à Alan :

– La seule manière d'échouer, c'est d'abandonner. Et nous n'allons pas abandonner.

Brian approuve à cent pour cent. Tous les deux, nous sommes intimement persuadés que nous pouvons y arriver. Une chose est claire : c'est notre dernière chance de réaliser notre rêve. Si nous plongeons dans les vagues de l'Atlantique, nous passerons certes un moment pénible mais sans commune mesure avec les dangers que nous aurions rencontrés dans le Pacifique. Selon toute probabilité, les secours arriveront jusqu'à nous assez rapidement. Cela dit, loin de prendre notre décision sur un coup de tête, nous avons assez de recul pour l'agrémenter d'un zeste d'humour. Je braque la caméra vidéo sur l'ours Sean, installé sur une de nos cartes, et lui demande avec un grand sérieux :

– Sean, si tu ne veux pas qu'on y aille, fais un signe.

Il ne bouge évidemment pas, mais, à tout hasard, Brian ajoute en insistant :

– Sean, avant de répondre, souviens-toi d'une chose : si tu refuses d'affronter l'Atlantique, nous serons obligés de nous poser au large de Porto Rico. Et à Porto Rico, ils mangent les ours !

Notre mascotte ne marquant toujours aucune opposition, Brian le remercie chaleureusement pour son aide précieuse et lance :

– Allons-y !

Un fax émouvant nous est envoyé par nos trois fidèles amis de Swiss Control :

Cher Bertrand, cher Brian,

Ces quelques mots pour vous dire à quel point nous et tous nos collègues de Swiss Control vivons intensément votre voyage autour du monde. Nous traversons tous des moments chargés d'émotion. Chaque fois que nous sortons pour manger quelque chose, on nous bombarde de questions, et les gens se bousculent devant la grande carte du monde pour y suivre votre progression.

Nous vous souhaitons tous la meilleure santé et la meilleure forme physique et intellectuelle possible pour attaquer cette dernière grande étape. Et même si vous décidiez d'arrêter, soyez certains que vous nous aurez permis de participer à une aventure aussi extraordinaire que passionnante.

Courage, et tous nos vœux. Niklaus, Greg et Patrick.

Porto Rico est maintenant derrière nous. L'Atlantique s'étend, immense, sans aucune étape possible avant l'Afrique.

Au moment où nous entamons la traversée, le contrôleur de New York Oceanic avertit Niklaus qu'un gros trafic aérien quitte le secteur et lui demande de nous faire descendre de notre altitude de 11 000 m. Sans trop y croire, Nik suggère que les avions pourraient voler plus bas, et il entend avec stupéfaction l'Américain répondre spontanément :

– Excellente idée.

Mais les choses ne tardent pas à se compliquer, et les négociations doivent reprendre. En cette fin de journée, l'espace que nous nous apprêtons à traverser est une zone d'intense trafic aérien commercial, tant vers le nord que vers le sud, et New York avertit Nik qu'il est exclu que le ballon continue vers l'est à 11 000 m. Nik est très surpris. Il ne s'attendait pas au moindre problème avec les Américains ! Il leur répond qu'il lui est impossible de nous arrêter et que nous devons absolument rester à notre altitude actuelle pour des raisons d'économie de carburant.

New York Oceanic cite alors un accord écrit que j'ai signé en tant que commandant de bord bien avant le vol, et dans lequel je m'engageais à voler entre 9 500 et 10 000 m.

– Respectez l'accord, lâche sèchement le contrôleur, avant de raccrocher.

Nik attend quelques minutes, puis il rappelle :

– Écoutez, il faut que nous discutions encore un peu de ce problème.

Il explique alors que la lettre a été écrite trois mois plus tôt, et que le jet-stream se trouve à une altitude plus élevée que celle initialement prévue.

– D'accord, dit l'Américain. Et qu'est-ce qu'on fait des autres pilotes ? Ils ne peuvent pas arrêter leur montée avant le niveau 290. Eux aussi doivent économiser le carburant.

– Vous devez pouvoir les convaincre, insiste Nik. Demandez-leur de rester à 290. Ou de monter à 390. Juste pour ce soir. Pourquoi pas ?

– Bien... nous allons voir, dit l'autre. Nous allons peut-être essayer.

– Vous comprenez, poursuit Nik, si nos gars sont obligés de descendre à 310, ils n'arriveront pas jusqu'en Afrique et tomberont dans l'Atlantique. Et vous savez qui devra les sortir de ce bain ? C'est vous, parce qu'ils seront dans votre zone de surveillance...

Après trente secondes de silence, l'Américain reprend :

– Écoutez... On vous rappelle.

Une demi-heure plus tard, nous recevons le feu vert.

Brian

En nous lançant à l'assaut de l'Atlantique, nous prenons un risque calculé. Même si nous n'atteignons pas les côtes africaines, nous aurons traversé les trois quarts de l'océan et nous serons dans le rayon d'action des hélicoptères de secours dépendant des bases américaines des Açores. Autrement dit, même si nous faisons un plongeon, nous avons toutes les chances de survivre.

Au PC, Alan se projette déjà dans l'avenir :

Pour le moment, nous prévoyons un atterrissage au Mali, dimanche matin à l'aube. Mais les choses peuvent encore changer. Le territoire malien est essentiellement désertique, avec une faune sauvage composée de lions, de léopards, etc. Nous pourrions avoir du mal à vous atteindre. Nous arriverons en jet privé, et il nous faudra sans doute louer des 4 × 4 pour traverser le désert, car il ne semble pas y avoir d'hélicoptères au Mali. Quant au Niger... Les autorités du Niger ne se montrent pas particulièrement coopératives. Et aucun avion étranger ne peut pénétrer en Libye. Si vous avez assez de carburant, l'Égypte serait l'idéal.

Avons eu James Manclark et Kevin Uliassi au téléphone. Tous deux vous félicitent pour ce que vous avez déjà accompli et vous souhaitent de réussir.

Je réplique dans mon style facétieux :

Merci pour tes projets d'atterrissage au Mali. Je constate, par contre que tu persistes à ajouter régulièrement douze heures à notre vol.

*Il me vient une idée pour nous permettre d'atteindre l'Égypte et épargner à tes fesses un long voyage en 4 × 4 : si tu plaçais sur notre route un ou deux des réservoirs d'*Orbiter 2 *? Après le méridien d'arrivée, bien sûr. Nous n'aurions qu'à les scotcher sur la capsule et continuer tranquillement.*

Un merveilleux message d'encouragement nous parvient alors de Pierre Blanchoud, un homme d'une très grande sensibilité, qui a contribué, au-delà de ses conseils aéronautiques, à donner une dimension spirituelle à ce vol. Je l'entends encore nous dire : « Efforcez-vous de visualiser un halo bleuté autour du ballon. Vous serez protégés. » Et nous l'avons fait.

Nous avons le bonheur de voir s'annoncer un vol rapide, à haute altitude, dans un ciel parfaitement bleu, sans crainte de cumulo-nimbus, pour la bonne raison que les « CB » ne peuvent pas se former dans des vents aussi rapides. Si l'un d'eux tente de monter jusqu'à vous, il se désagrégera immédiatement. Nos cartes laissent apparaître un jet-stream qui vous emmènera jusqu'en Égypte sans aucun problème.

Brian – ton rêve est en train de se réaliser : tu vas peut-être atterrir à côté des pyramides.

Bertrand – profite de ces moments de vol inoubliables. Parle au vent, ton allié, et remercie-le, comme le marin remercie le dauphin qui lui a sauvé la vie. Regarde comme les nuages s'écartent de ton chemin pour te laisser passer, et comme les cirrus devant toi te montrent la route à suivre, celle du jet-stream.

Restez concentrés et vigilants, à la fois confiants et à l'écoute de votre intuition. Visualisez votre atterrissage dans le sable et – en attendant de nous retrouver – que Dieu vous accompagne de Sa main bienveillante.

11

Dernière ligne droite

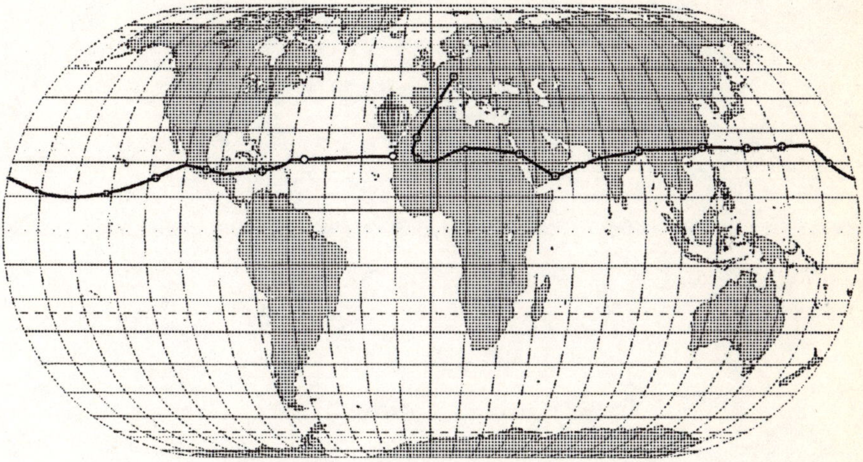

19-20 mars
Océan Atlantique,
Afrique

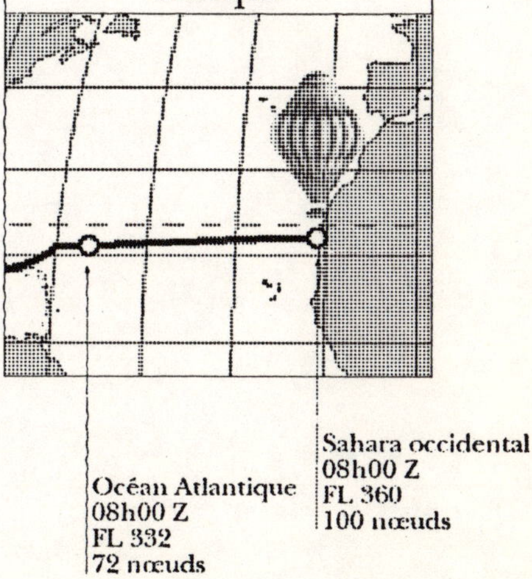

Bertrand

Nous traversons l'Atlantique comme une fusée. À 5 heures Zulu, le 19 mars (toujours le milieu de la nuit, pour nous), nous filons 80 nœuds en direction de l'Afrique et notre trajectoire de 78° ne cesse de nous ramener vers le centre du jet-stream. Il est exaltant de voir évoluer ainsi nos paramètres de vol sur le GPS après les angoisses que nous avait réservées le golfe du Mexique. Quand Brian me réveille et que je regagne le cockpit, il fait encore nuit noire. Le froid est intense. La température extérieure est de – 50 °C et il fait – 2 °C dans la capsule. Notre premier chauffage a rendu l'âme et le second est réduit par la glace à une malheureuse petite flamme de 3 cm de hauteur. En mettant la main devant les ventilateurs qui devraient souffler de l'air chaud, je ne sens qu'un courant froid.

Le lever du jour n'amène qu'une lumière grisâtre. Je réalise soudain que nous volons en plein nuages, probablement des altostratus, qui se déplacent à la même vitesse que nous. Les panneaux solaires n'arrivent pas à recharger les batteries, et j'ai à nouveau des raisons de craindre que la condensation n'alourdisse l'enveloppe en la recouvrant de glace. Pour grimper audessus de cette couche, je suis obligé de brûler une quantité affolante de propane, en essayant d'oublier que chaque coup de brûleur raccourcit notre autonomie de plusieurs kilomètres.

Après un temps qui paraît interminable, nous nous retrouvons soudainement en plein soleil. Notre vitesse a grimpé à 85 nœuds, mais je continue de prier pour que le jet-stream nous garde en son centre.

Chaque fois que j'ai Luc ou Pierre au téléphone, je les harcèle avec la même question :

– Êtes-vous sûrs que nous n'allons pas nous faire éjecter une nouvelle fois ? Nous ne pouvons vraiment pas nous le permettre.

Systématiquement, ils tentent de me rassurer :

– Ne t'inquiète pas. Vous êtes en plein dedans. Mais il est vrai que, si vous pouviez monter plus haut, vous iriez encore plus vite.

En apprenant que notre PC n'est plus qu'une forêt d'antennes paraboliques et que la salle de presse n'arrive plus à contenir l'effervescence des médias du monde entier, j'ajoute ces quelques notes à mon journal, les doigts gelés malgré les gants :

Je ne peux pas me permettre d'imaginer tout ça. Cela reviendrait à croire que nous avons d'ores et déjà réussi. Je préfère oublier pour l'instant les espoirs de notre équipe, de nos familles et de nos amis. Tout donne à penser que nous allons y arriver, mais je ne m'autorise pas encore à me réjouir. D'ailleurs, je suis sûr que, même une fois notre rêve réalisé, je ne parviendrai pas à y croire.

Tout a pris des allures irréelles. Depuis deux jours, nous vivons avec la sensation étrange d'être sur le point d'accomplir un immense exploit, sans pour autant oser nous laisser aller à notre joie. C'est à peine imaginable que les journalistes suivent avec tant de passion nos moindres faits et gestes. Les regards de toute la planète sont braqués sur nous. Méritons-nous déjà toute cette attention ?

On dirait que le temps s'est arrêté. Je ne sais même plus depuis quand nous en avons perdu la notion. Le début de notre vol, c'était hier... et il y a une éternité. Pour inscrire la date dans le livre de bord, nous nous surprenons à compter les jours sur nos doigts.

Dans ce moment hors du temps, je me fais la promesse de ne pas chercher, en cas de réussite, à me venger de ceux qui nous ont traités avec mépris et médisance durant notre longue période d'attente. Je ne répondrai pas aux critiques gratuites qui ont créé un climat détestable avant notre départ. J'arriverai même sûrement à rire de ce soi-disant expert en aéronautique, impliqué dans un projet concurrent qui n'a, malheureusement pour lui, jamais vu le jour; poussé par je ne sais quels sentiments, il a ameuté la presse pour affirmer que notre équipe était incompétente, le ballon trop petit, le carburant totalement insuffisant, et que Breitling nous envoyait au casse-pipe en nous faisant décoller pour des motifs publicitaires! Je suis toujours prêt à tenir compte des critiques si elles sont constructives et me permettent d'évoluer; quant à la mauvaise foi, laissons-la faire tout naturellement de l'ordre dans mon carnet d'adresses...

Cet après-midi, nous volons en douceur, le ballon est bien équilibré à 11 000 m – juste au-dessous de son plafond – et file entre 84 et 90 nœuds. Tout se présente si bien qu'une fois Brian installé aux commandes je suis excité au point de ne pas arriver à m'endormir. Je reste allongé sur la couchette à écouter les brûleurs. Je me sens parfaitement bien. Mon corps est tellement détendu que j'ai l'impression d'en être sorti; il se repose, pendant que mon esprit reste éveillé.

De toute façon, cette nuit sera plus courte que les autres parce que nous filons vers l'est à toute vitesse. De plus, nous avons décidé de raccourcir chacun notre période de repos car nous tenons à être ensemble dans le cockpit lorsque nous passerons demain la ligne d'arrivée.

Brian

Tout le monde ressent les effets du stress. Après avoir envoyé plusieurs messages au PC sans obtenir de réponse, je m'aperçois que, dans ma nervosité, je me suis trompé d'ordinateur.

Désolé, m'excusé-je, *ce doit être l'excitation. Suis repassé sur le Capsat 2. Pas étonnant que vous ne me répondiez pas.*

Vingt minutes plus tard, je transmets :

Altitude de 11 500 m, 95 nœuds. Crève d'envie d'atteindre les 100, mais, ne vous en faites pas, je n'irai pas jusqu'à traverser le plafond. À moins que le boudoir d'une dame ne se trouve au-dessus. Volé au niveau 365 tout à l'heure. Avons-nous battu le record de Per Lindstrand?

Le PC me répond que, d'après Alan, l'altitude correspondant à la pression actuelle doit être d'environ 12 000 m :

Tout ce bruit que nous entendons vient sans doute des records que vous pulvérisez.

Après un échange de plaisanteries à propos de la quantité d'alcool consommée au PC, je m'amuse à déformer le nom de Smiffy en « Squiffy [1] » :

Salut, « Squiffy » et « C », comment ça va ? On dirait que c'est la dernière nuit que je passe dans ce fauteuil à me les geler. Encore un petit degré vers l'ouest avant de pouvoir plier la carte de façon à apercevoir la Terre. J'ai le dos de la main enflé, et je ne sais pas pourquoi. J'ai d'abord cru que je m'étais cogné, mais ça ressemble de plus en plus à une infection. Il ne manquerait plus que je sois sous antibiotiques et privé d'alcool pour une semaine ! Vous seriez obligés de boire à ma place. Il y en a un qui serait content... « C », as-tu vu cette étincelle dans le regard de « Squiffy » ?

Au fur et à mesure que nous avancions dans notre vol, un réseau de plus en plus vaste s'était formé pour nous soutenir. Quand je demande à Smiffy de se renseigner sur l'état de la mer dans l'Atlantique, il appelle son ami Mickey Dawson à New York Oceanic Control pour obtenir l'information. S'étonnant de cette demande, ce dernier s'écrie :

– Nom de nom ! Ils vont plonger ?

– Non, le rassure Smiffy, Brian est simplement prudent, comme tous les Anglais.

– O. K., fait Mickey, donne-moi dix minutes.

Très vite, il rappelle :

– C'est bon : je viens de parler à une charmante jeune garde-côte de San Juan, à Porto Rico. Voici les conditions en surface : vent nord-ouest à 10 nœuds, vagues de un mètre.

Les messages de nos experts météo ne cessent d'être rassurants.

Félicitations, vous êtes toujours en plein milieu du jet-stream, faxe Pierre à 0 heure Zulu. *Mais le plus haut reste le mieux.*

---

1. « Éméché » en anglais.

Après nous avoir conseillés de ne pas descendre au-dessous de 11 500 m, il annonce une accélération de notre vitesse jusqu'à 220 km/h et conclut :

Ceci nous amène à une entrée dans l'espace aérien égyptien à 03 heures Zulu le 21 mars. Si vous montez, ça ira encore plus vite. 500 m plus haut vous donne par exemple une entrée à 01 heures Zulu. Mais économisez le carburant.

Au sol, les choses tournent à la folie. Le PC nous transmet d'autres messages Internet arrivés du monde entier, mais plus particulièrement des États-Unis. « *Incroyable!!! Tenez le coup et atterrissez en douceur* », écrit un correspondant de Seattle. « *Allez, les petits, allez!* » nous lance un internaute californien. Et un autre, depuis le New Jersey : « *Vous faites un travail magnifique, les gars! Vous êtes presque rentrés chez vous.* » Nous ne savons pas encore qu'Andy Elson a eu la bêtise d'aller déclarer à la télévision britannique qu'après avoir calculé le niveau de nos réserves de carburant il peut déjà annoncer que nous n'atteindrons pas les côtes africaines...

Il est temps maintenant d'aller me coucher, mais je grelotte au point de ne pas pouvoir dormir. Je suis emmitouflé dans mon sac de couchage, lequel est censé me protéger jusqu'à des températures extrêmes. Pourtant, je n'arrive même pas à me réchauffer les pieds. Quand j'ai passé le relais à Bertrand, j'avais enfilé l'un sur l'autre presque tous les vêtements dont je disposais, soit deux pantalons et trois pull-overs en laine polaire, sous un coupe-vent. Je n'ai rien enlevé en me couchant. Le problème vient en partie du manque d'exercice physique, qui, en temps normal, stimulerait notre circulation. Suivant les conseils du père de Bertrand, j'ai bien essayé de faire quelques appuis faciaux : le couloir central est juste assez large, à condition de serrer les coudes. Mais, après une série de trente ou quarante pompes, je me suis retrouvé à moitié paralysé par le manque d'entraînement de ces derniers jours, et j'ai fait une croix sur la gymnastique.

Bertrand

Lorsque Brian va se coucher, je lui promets de le réveiller une demi-heure avant que nous ne franchissions la ligne d'arrivée. Nous fonçons vers l'Afrique et il fait une nuit d'encre. Nous sommes toujours sur l'avant-dernière paire de réservoirs : numéro 5. Encore un signe favorable en ce qui me concerne ! Et quand je presse le bouton du tableau de bord pour lire le niveau de propane restant, c'est le chiffre 55 (kg) qui apparaît... Je reste figé. C'est comme si mon ange gardien venait de s'asseoir à mon côté dans le cockpit. Ces chiffres, magiques pour moi, me submergent d'un sentiment de reconnaissance et d'émotion. Je me jette sur mon journal :

J'adore ces signes. Je ne sais pas d'où ils viennent, mais je les accepte avec joie comme faisant partie des mystères de la vie. La plupart des gens les négligent, et beaucoup m'échappent sans doute à moi aussi. J'ai toujours trouvé merveilleux les moments où l'on arrive à reconnaître un signe comme tel, à l'instant où il se manifeste. De telles coïncidences ne peuvent pas relever que du hasard seul. J'ai véritablement la conviction que quelqu'un, ou quelque chose, nous guide.

Un peu plus tard, je noterai encore :

Il est difficile de comprendre pourquoi nous, là-haut, avons tant de chance. Durant ces trois semaines de vol dans le monde de notre capsule, il n'y a eu aucune trêve dans la souffrance de beaucoup d'habitants de cette planète, que nous avons observée pourtant avec tant d'émerveillement. Nous pouvons certainement faire quelque chose pour soulager un peu de cette misère, et c'est à cela que devrait servir la notoriété vers laquelle nous nous dirigeons.

Par association d'idées, je repense au prix d'un million de dollars que le brasseur américain Budweiser a promis au premier équipage qui aura réussi le tour du monde en ballon. La firme de Milwaukee a stipulé que la moitié de cette somme devrait être reversée à une organisation caritative. Au cours de ce vol, Brian et moi avons plusieurs fois imaginé le plaisir que nous aurions à en choisir le bénéficiaire. Peut-être pourrions-nous créer notre propre fondation, qui récompenserait chaque année un projet contribuant à promouvoir davantage de respect, d'harmonie et de tolérance sur cette terre. Ce serait une manière de faire profiter les autres de la chance que nous avons.

Au PC, les Smiffs sont de service. Je leur adresse un petit fax amical :

Bonjour, les amis ! Quand nous franchirons la ligne d'arrivée, vous serez tous dans la capsule avec nous. Ce sera la victoire de la passion, de l'amitié et de la persévérance. Notre victoire à tous !

Merci pour ton message, répondent Smiffy et « C ». *Nous sommes avec vous depuis le départ et nous n'allons pas vous laisser franchir la ligne sans nous. Vous êtes maintenant dans le champ de contrôle des Canaries : fréquence 124.7, 119.3 ou 126.5.*

Quelques minutes plus tard, Cecilia ajoute :

Cher Bertrand,

Ce mesage sera probablement mon dernier. Ici, on dirait que c'est le calme avant la tempête. Il y a de fortes chances pour que je ne puisse bientôt plus accéder au clavier.

J'avais juste envie de te dire quel grand honneur cela a été de travailler avec vous deux sur ce projet extraordinaire. Depuis le début, Smiffy et moi répétons autour de nous à quel point nous espérons que les « gentils » gagneront. Il nous a toujours semblé essentiel, comme Jo l'a dit si souvent, que la victoire revienne à deux véritables passionnés d'aérostatique. C'était à la fois une évidence et un fol espoir. Aujourd'hui, c'est un rêve qui est en train de se réaliser.

Avec toute notre affection. Cecilia et Brian.

À 5 h 56, je m'adresse à mon tour au PC :

Bonjour. Nous approchons du continent... Il n'y a strictement rien à voir. Le GPS indique que nous sommes sur le point de survoler la terre ferme, mais je n'en ai aucune confirmation visuelle.

Ce coin d'Afrique est privé d'électricité et il n'y a pas une lumière en vue. Quel contraste avec les côtes précédentes que nous apercevions à des dizaines de kilomètres !

C'est Jo qui, de Genève, me répond :

Bonjour, Bertrand et Brian. D'après nos calculs, vous devriez être en train de franchir la côte en ce moment même. Bienvenue en Afrique ! Je vous souhaite un magnifique lever de soleil et une journée superbe. Tendresses. Nous pensons à vous deux.

Je réplique :

Chère Jo. Vos calculs sont exacts. Nous sommes maintenant de retour au-dessus du Sahara occidental, après un dernier périple de près de trois semaines. Ces quelques heures avant le méridien seront certainement les plus longues de ma vie... J'aperçois les premières lueurs du jour. Affectueusement. Bertrand.

Cette aube est fabuleuse. À 6 h 15, le soleil surgit de l'horizon, droit devant nous, et je retrouve avec bonheur ce désert que j'ai survolé il y a vingt jours. La ligne d'arrivée est encore à 500 km ; à la vitesse où nous allons, c'est une affaire de deux heures et demie.

Je me demande ce qui peut encore nous arrêter lorsque soudain les brûleurs décident de s'éteindre. J'essaie de les rallumer, mais en vain. « Ce n'est pas possible, pensé-je, nous n'allons tout de même pas échouer de si peu... » Je prends une grande respiration pour me calmer et, après plusieurs tentatives, parviens enfin à les faire repartir et à stabiliser le ballon. Quelle frayeur !

À peine remis de cet incident, je reçois un appel qui m'apprend que Terry Lloyd, d'ITN, ne va pas tarder à nous rejoindre avec un avion. Le journaliste veut filmer l'instant de la victoire et faire une interview.

Le soleil est à peine levé quand le petit jet passe non loin de nous. Nous sommes si haut que le pilote est dans l'impossibilité d'utiliser ses aérofreins ou son train d'atterrissage pour ralentir et doit voler à grande vitesse, en laissant une longue trace de condensation blanche autour de nous. Au moment où l'appareil nous dépasse dans un hurlement de réacteurs, Terry Lloyd se manifeste par radio, insistant pour que je réveille Brian afin qu'il puisse l'interviewer.

– Terry, dis-je, durant tout le vol, nous avons eu pour règle de ne jamais réveiller l'autre à moins d'une situation d'urgence.

– S'il te plaît, Bertrand, supplie-t-il, j'ai absolument besoin de Brian pour la TV britannique.

– Je comprends. Tout ce que je peux faire, c'est parler suffisamment fort dans le micro pour que, si Brian est réveillé, il m'entende et se lève.

– Parle plus fort, Bertrand ! Hurle !

– N'aie pas peur, c'est ce que je fais !

Ma voix ne tarde pas à produire l'effet escompté. La tête de Brian émerge du rideau de la couchette et mon coéquipier se traîne jusqu'au cockpit.

Brian

Pendant que le ballon court son sprint final vers la ligne d'arrivée, nous mettons tous les deux des habits propres – afin d'avoir l'air chic sur la vidéo que nous avons prévu de tourner – et nous nous installons dans le cockpit en procédant au compte à rebours des degrés de longitude. Notre vitesse dépasse toujours allégrement la barre des 100 nœuds.

Au PC, Brian Smith exhorte tout le monde à rester concentré et à ne pas se laisser emporter par l'enthousiasme. Patrick Schelling nous rend attentifs :

On y est presque, mais il nous faut encore accorder nos violons avec le contrôle aérien.

De la tour de Dakar, qui supervise également l'espace aérien mauritanien, arrive une voix étonnée :

– Hôtel Bravo – Bravo Romeo Alpha? Encore vous? Combien de tours allez-vous faire?

Pour Dakar, il serait préférable que nous volions à 10 500 m, mais notre présente altitude de 11 500 m est acceptable.

En ce qui concerne la Libye et l'Égypte, le droit de survol est déjà accordé.

Nous savons que, désormais, le principal problème auquel se trouve confronté notre PC est celui de notre récupération, une fois que nous aurons touché terre. Personne ne veut nous voir atterrir en Mauritanie ou au Mali. Outre les léopards précédemment évoqués par Alan, ces territoires sont apparemment truffés de mines. Et il n'y a pas d'hélicoptères. Quant aux Algériens, ils ne se montrent guère empressés à nous recevoir. De plus, ils affirment ne pas pouvoir garantir notre sécurité. La solution suivante serait la Libye. Bertrand meurt d'envie d'y atterrir, depuis qu'il a entendu dire que Kadhafi possédait une garde personnelle de deux cents femmes-soldats... Mais, même si le cher Colonel nous réservait un accueil chaleureux, il ne laisserait pas les avions de la presse pénétrer sur son territoire. Qui plus est, il refuserait sans doute aussi l'accès du pays au jet de Breitling, qui transporte notre équipe de récupération.

Reste donc l'Égypte. À ce stade de notre vol, nos instructions se résument à : « Restez aussi haut que vous pouvez et continuez à voler aussi vite et aussi longtemps que vous pouvez » Je commence à me sentir un peu stupide d'avoir répété depuis Porto Rico, à longueur de fax et d'interview, que je n'étais pas sûr que nous ayons assez de carburant pour atteindre les côtes africaines. Voilà qu'à présent nous sommes partis pour des milliers de kilomètres supplémentaires... L'explication est pourtant simple : notre vitesse a triplé au cours des deux derniers jours, sans que nous ayons pu le prévoir à l'avance.

Nous nous sentons soudain invincibles, Bertrand et moi. Comme si tout, désormais, nous était possible : faire route vers la mer Rouge, filer jusqu'en Arabie saoudite... Les idées les plus absurdes nous traversent l'esprit. Chez moi, cependant, une seule domine toutes les autres.

Lors de ma première conférence de presse – après que Bertrand m'eut officiellement choisi comme coéquipier –, quelqu'un m'a demandé où j'aimerais atterrir si nous réussissions le tour complet. Sans hésiter, j'ai répondu : « En Égypte, à côté des Grandes Pyramides. » Maintenant que ce rêve semble parti pour se réaliser, la presse s'en empare et en fait ses gros titres.

Cela dit, au bout du compte, nous devrons lutter pour nous éloigner du Caire, où s'est levée une tempête de sable. Le vent ne doit pas dépasser 4 ou 5 nœuds au sol, et autour des Pyramides, il soufflera à plus de 20 nœuds. Tenter d'atterrir dans ces conditions serait presque suicidaire.

À mesure que nous approchons de la ligne d'arrivée, située à 9° 27' ouest, Alan – dont le sens de l'organisation atteint des sommets – se surpasse dans l'amabilité et l'émotion :

Messieurs, ce que vous allez accomplir aujourd'hui est un exploit historique aux répercussions planétaires. Il faut par conséquent le mettre en scène avec soin.

Je vous propose le déroulement suivant (vu et approuvé par Breitling) :

1) Après avoir franchi la ligne, vous appelez le PC au numéro habituel pour confirmer votre heure de passage. Je vous féliciterai en quelques mots (j'espère ne pas fondre en larmes par la même occasion...). Cette conversation sera couverte par une seule équipe TV, qui retransmettra ces images un peu partout dans le monde.

2) Une fois cet entretien terminé, soyez gentils d'attendre quelques minutes, le temps que je me fraye un passage jusqu'à la salle de presse. Appelez ensuite le 717 7999. Cette nouvelle conversation, que j'animerai, se déroulera en direct devant l'ensemble des journalistes. Je voudrais que vous parliez tous les deux et que vous exprimiez vos sentiments (Bertrand, tâche de persuader Brian de se montrer un peu plus loquace que d'habitude : les médias se plaignent de ne pas l'avoir assez entendu). Je vous transmettrai quelques questions... Pour gagner du temps, je suggère que Bertrand réponde en français, Brian en anglais. Au bout de quelques minutes, écourtez la communication, afin d'économiser votre courant. De toute façon, vous les reverrez tous à votre retour à Genève.

3) Enfin, soyez gentils de rappeler le PC pour parler à Michèle, Jo et Thedy Schneider en privé.

Nous prévoyons que vous franchirez la ligne d'arrivée à 10 h 30 Zulu environ. Je vous recontacterai plus tard pour parler de l'atterrissage. Jusqu'à nouvel ordre, celui-ci devrait avoir lieu en Égypte. Je suis fier de vous deux. Alan.

Bertrand

Au moment où nous approchons de la ligne d'arrivée, le téléphone tombe en panne... L'antenne a gelé une fois de plus ! Il nous est impossible d'appeler le PC, et personne ne peut nous joindre. Nous franchissons la ligne peu avant 10 heures Zulu. Impossible de connaître l'heure avec davantage de précision : nous allons si vite, en effet, qu'entre deux coups d'œil lancés au GPS la ligne était déjà derrière nous...

Nous attendions cet instant debout, et, pris d'émotion, tombons dans les bras l'un de l'autre. Nous nous embrassons en nous tapant sur l'épaule et en criant :

– C'est fabuleux ! On l'a fait ! On a réussi !

Dans un réflexe, nous tapons dans le petit ballon de foot que Brian m'a offert le jour de mon anniversaire, au-dessus des Alpes. Fidèlement, celui-ci entonne son refrain : « Olé ! Olé ! Olé Olé !... » Pour la première fois, sa rengaine de perroquet est justifiée : « On est les champions ! On est les champions ! »

La foule rassemblée au PC attend fébrilement de nos nouvelles. Comme rien n'arrive, Alan faxe :

D'après la télémétrie, vous avez franchi la ligne à 9 h 54 Zulu. Bravo, les gars. Vous l'avez fait. Félicitations de la part de tout le monde, ici, à Genève. On vous aime tous les deux. Alan.

À nous maintenant de répondre. Brian et moi avons déjà discuté de la manière dont nous pourrions évoquer notre sentiment d'avoir été guidés à travers tant d'obstacles par une force supérieure. Afin de permettre à tous de s'y reconnaître, nous choisissons d'appeler cette force la « main invisible ». Sans qu'il soit question de tomber dans une religiosité un peu naïve, nous désirons laisser chacun libre de son interprétation selon ses convictions. J'envoie donc le message suivant :

Bonjour à tous nos amis de Genève.

Nous avons du mal à croire que notre rêve s'est enfin réalisé. Nous avons failli nous perdre dans les problèmes politiques, dans les vents trop lents du Pacifique, les mauvaises trajectoires au-dessus du golfe du Mexique... Mais chaque fois, avec l'aide de Dieu et d'un formidable travail d'équipe, le ballon a été remis sur la bonne voie.

Nous sommes les deux membres privilégiés d'une équipe aussi efficace que merveilleuse, que nous tenons à remercier du fond du cœur, maintenant que nous partageons avec Breitling les fruits de cinq années d'efforts. Nous serons éternellement reconnaissants à la « main invisible » qui nous a guidés à travers tous les obstacles de ce voyage fantastique.

Peu après ce fax, le téléphone par satellite se remet à fonctionner et notre conférence de presse conduite par Alan peut enfin avoir lieu. À Genève, c'est un délire dont les échos nous parviennent en direct. Des flots de champagne jaillissent dans tous les sens. Les gens rient, pleurent, hurlent de joie, s'embrassent. Les journalistes, conscients d'être les témoins d'un grand moment, sont emportés par l'exaltation ambiante et les plus grandes chaînes de télévision du monde continuent à retransmettre les événements bien au-delà des cinq ou dix minutes prévues dans leur temps d'antenne.

Mon père se trouve quelque part dans la foule qui a envahi le PC. Je sais qu'il ne se détendra vraiment qu'une fois le vol terminé. Au lieu de se laisser aller à l'enthousiasme général, il garde la tête froide et ne laisse pas transparaître ce qu'il ressent.

– Bertrand, me dit-il calmement au téléphone, ce que tu as fait est extraordinaire. Mais il te reste à atterrir et je tiens à te rappeler une chose très importante. Tu y as sans doute pensé, mais, juste au cas où..., n'oublie pas de plier les genoux à l'atterrissage !

Adolescent, j'ai parfois été excédé par cette manière de me traiter comme un petit garçon. Mais plus tard j'ai compris à quel point il est capital pour mon père de me rendre attentif à tout ce qui peut contribuer à ma sécurité. En fait, c'est surtout pour lui une manière de gérer ses émotions. Personnellement, je trouve beaucoup plus facile, beaucoup plus naturel, de laisser les sentiments s'exprimer, de les extérioriser. Mais cela n'est pas le genre d'éducation qu'a reçu mon père. Bien qu'il n'ait jamais cessé, tout au long du vol, d'être inquiet pour nous, il s'est toujours efforcé de rassurer les autres, autant au cours de ses interviews quotidiennes à la Radio suisse romande qu'autour de lui. Je réaliserai à mon retour combien ces trois semaines ont été difficiles pour lui, et combien sa santé en a souffert. Heureusement, à cet instant, Thierry et Marie-Laure sont avec lui pour partager ces événements en famille.

Je les imagine émus et plus démonstratifs... tout comme Stefano Albinati. J'aurai avec lui une conversation merveilleuse... jusqu'à ce que, submergé par l'émotion, il s'engouffre dans un placard ouvert et y reste, la tête dans les mains, dos à la salle, secoué par des sanglots de joie et de soulagement.

Brian

Dans la capsule, l'excitation ne tarde pas à retomber. Nous volons toujours. Le même désert se trouve en dessous de nous. Et il fait toujours aussi froid dans la cabine. Un journaliste me demande au téléphone satellite :

– Et maintenant qu'allez-vous faire ?

– Dès que j'aurai réussi à joindre ma femme au téléphone, je vais lui dire que je l'aime. Ensuite, je vais me faire une bonne tasse de thé.

Typiquement british ! Mais, pour l'occasion, nous ouvrons quand même notre précieux pâté truffé. Nous avions prévu de le déguster pour fêter notre traversée de l'Amérique, mais les choses se sont si mal passées entre le Mexique et le Honduras que nous n'avions plus le cœur à la gastronomie. Nous l'entamons finalement au-dessus de la Mauritanie. Les boîtes sont à l'ancienne et s'ouvrent en détachant un ruban métalique du pourtour à l'aide d'une sorte de clé fendue. L'une des boîtes a perdu sa clé et Bertrand l'attaque à l'aide de son couteau suisse. C'est une tradition dans la famille Piccard que les hommes aient toujours un couteau suisse dans leur poche. Le père et le grand-père de Bertrand avaient conservé précieusement ceux qu'ils avaient emportés dans la stratosphère et au fond de l'océan. Bertrand, lui, en a même emporté trois dans la capsule, espérant secrètement rapporter des souvenirs historiques de ce vol. Après une bataille acharnée, nous étalons le pâté sur des biscuits originellement fournis – quelle ironie ! – par Tony Brown.

Nos démêlés avec la boîte de pâté nous font éclater de rire, et effacent le léger blues qui m'avait envahi une fois la surexcitation passée. Nous reprenons les commandes comme si de rien n'était. Le froid devient pire que jamais, car nous venons de faire exploser notre seconde bouilloire en la branchant sans l'avoir remplie d'eau. Il n'y a donc plus moyen de faire chauffer quoi que ce soit. Nous nous nourrirons désormais de quelques biscuits et de panettone, d'un peu d'émeu fumé, de gruyère de l'Etivaz, de pain de seigle noir et de margarine. Dans l'espace de stockage situé sous le sol de la cabine, nos bouteilles d'eau ont gelé. Pour boire, nous devrons sortir une bouteille à la fois, arracher le plastique et faire fondre les morceaux de glace dans des tasses que nous réchaufferons entre nos mains.

Un deuxième réservoir vide refuse de se détacher, puis un troisième. J'imagine que ces cylindres récalcitrants sont retenus par une accumulation de glace. Il faudra y prendre garde en redescendant à plus basse altitude car l'air chaud que nous rencontrerons inévitablement risquera de les faire tomber de façon inopinée.

À Genève, le comité de réception Breitling se prépare à s'envoler pour l'Égypte. Dans un fax, Alan nous avertit qu'il partira dans deux heures, avec Thedy Schneider et une équipe de secours. Il en profite pour nous prodiguer quelques conseils et recommandations :

Je suggère un vol à grande vitesse et à haute altitude au-dessus de la Libye. Une fois que vous serez largement à l'intérieur de l'espace aérien égyptien, commencez à descendre progressivement jusqu'à, disons, 1 600 m, en tenant le contrôle aérien au courant de vos intentions. Pendant la descente, votre route s'infléchira de 92° à 98° en valeur réelle. Nous prévoyons de vous faire atterrir entre 26° et 28° nord, 29° est, mais nous ne pouvons pas encore situer le point d'impact avec exactitude à l'heure présente. Il y a de vastes étendues dégagées et des rangées de collines qui ne semblent pas avoir plus de 400 m de haut.

Suggérons que vous ayez à portée de main des objets pouvant servir de test. Avec les recommandations d'usage : évitez tout dégât en dessous de vous. Vous allez devoir trouver le moyen de régler le problème des réservoirs coincés. S'ils se décrochent au moment où vous toucherez le sol, cet allègement soudain vous fera remonter. Il serait peut-être préférable de sortir et de couper les sangles avant de vous stabiliser à basse altitude.

Nous serons au Caire tard ce soir et nous aurons des hélicoptères prêts à décoller aux premières heures du jour. Malgré cela, je crains que nous ne puissions pas être avec vous lors de l'atterrissage. Ne cédez pas à la tentation de laisser le ballon gonflé trop longtemps. Cela nous évitera d'avoir les mêmes problèmes qu'en Birmanie.

Bertrand

La journée du 20 mars est un sprint à travers le désert. Il y a trois semaines, nous survolions lentement ces étendues immenses, partagés entre le rêve de réussir et la peur d'échouer. Aujourd'hui, toute angoisse a disparu ; la victoire est là, et j'en éprouve un bonheur intense. Pour des raisons de sécurité, nous couvrons 4 000 km supplémentaires, mais cela ne nous en procure que davantage de plaisir. Le ballon avance bien et – mis à part le froid – tout va pour le mieux.

Avant le décollage, nous avons inévitablement évoqué la possibilité d'établir de nouveaux records. Records de distance, de durée de vol, d'altitude... Chaque fois que nous commencions à en parler, l'un de nous disait : « Arrête ! Il ne faut pas tenter le sort. » Maintenant, après avoir obtenu le record absolu de distance, nous avons empoché celui de durée de vol, ce qui signifie que personne, dans toute l'histoire de l'aviation, n'a jamais volé sans ravitaillement aussi longtemps et aussi loin que nous.

Il reste le record d'altitude. Nous n'avons jamais sérieusement envisagé d'essayer de le battre, dans la mesure où une telle tentative aurait été de la pure folie : nous aurions brûlé d'énormes quantités de propane et surtout risqué de faire déborder de l'hélium, si notre ballon en venait à traverser son plafond atmosphérique. Mais, avec l'atterrissage en vue..., c'est une autre histoire.

Brian

Je ne souffle pas un mot à Bertrand à propos de records éventuels, lorsqu'il va se coucher. Mais à 16 h 05, je faxe à John, au PC :

J'espère que le barographe fonctionne. C'est notre dernière chance de monter en utilisant très peu de carburant. Nous allons nous approcher de notre plafond, pour voir si nous ne pourrions pas décrocher aussi le record d'altitude. FL 371, 113 nœuds.

La réponse est immédiate. Et cinglante :

Espèce de petit prétentieux ! Il te faut encore des records ? Même si tu vises les hautes sphères, ne quitte ta trajectoire sous AUCUN *prétexte. Vous devez absolument vous maintenir aussi au sud que possible, à cause du risque de forts vents au niveau du sol, demain matin près du Caire. Par ailleurs, ne perdez pas d'hélium.*

Alan vous rappelle que vous disposez d'un radioaltimètre qui vous aidera à naviguer à basse altitude.

Cette dernière remarque me fait bondir. Le radioaltimètre est le plus volumineux de tous nos instruments. Il est situé en plein milieu du tableau de bord et nous avons le nez dessus depuis trois semaines... Difficile de l'oublier. Je ne peux pas laisser passer ça sans une riposte ironique :

Remercie Alan mille fois pour la leçon. Le radioaltimètre, disais-tu ? Est-ce que c'est celui qui a trois grandes aiguilles blanches, ou le jaune sexy avec le bouton orange ? Alan souhaiterait-il être chef instructeur, l'année prochaine ?

À petits coups de brûleurs, je fais doucement monter le ballon. Puis, pendant deux ou trois minutes, j'examine le fond de la cellule d'hélium dans le faisceau d'une lampe-torche. Lorsqu'elle semble tendue à éclater, je décrète l'expérience terminée. Plus tard, la Fédération aéronautique internationale nous confirmera que nous avons établi un nouveau record pour Rozière avec une altitude corrigée de 11 737 m.

Quand Bertrand se réveille, il émerge de la couchette avec une expression déconfite :

– Brian ! Nous avons complètement oublié le record d'altitude ! Cette nuit était notre dernière chance !

Avec un grand sourire, je lui réponds :

– Moi, je ne l'ai pas oublié. Je l'ai battu pendant que tu dormais...

Un moment plus tard, Jo, dans un mot où elle nous appelle généreusement « mes héros », me transmet les félicitations affectueuses de la famille. Elle m'annonce aussi qu'elle a confié pour moi à Alan un sac contenant des affaires de rechange et de quoi me raser, et passe le relais à John, qui ajoute :

La reine (oui, la vraie !) et Tony Blair, ainsi que Jacques Chirac et Lionel Jospin ont envoyé leurs félicitations. Juan Antonio Samaranch a annoncé que vous seriez tous les deux décorés de l'Ordre olympique. Est-ce que tu m'adresseras encore la parole ?

Je réponds :

Salut, ma chérie ! (Pas toi, John !) La reine a-t-elle téléphoné pour nous féliciter ? J'espère que le vieil enfoiré n'a pas essayé de lui vendre un ballon ? Il faut que je garde ma barbe jusqu'à Genève pour que Bertrand n'ait pas l'air trop hirsute en comparaison. Je suppose qu'il est prévu de nous y rame-

ner directement ? Personne ne nous dit jamais rien. Tu crois qu'on nous laissera faire une halte dans un hôtel pour nous rafraîchir ? C'est dans leur intérêt. Dis à John qu'il pourra toujours m'appeler par mon prénom quand nous serons en privé. FL 365, 130 nœuds.

Bertrand

Ma dernière nuit aux commandes est la plus meveilleuse. Devant nous, né du désert, brille le mince croissant de la nouvelle lune. Je me sens vivre pleinement cette relation intime et affectueuse que nous avons établie avec notre planète. Pour la première fois depuis vingt jours, je n'ai plus peur de l'échec et j'éprouve un plaisir immense à voler sans me demander avec angoisse ce qui arrivera si je fais une erreur, ou si nous sommes sur la mauvaise route. J'ai l'impression d'avoir quitté le cockpit pour planer dans la voûte étoilée qui a avalé notre ballon. Je sais que je suis privilégié et j'ai envie d'éterniser chaque seconde pour en profiter davantage.

Peu après l'aube, le *Breitling Orbiter 3* atterrira dans le sable égyptien. Des hélicoptères nous arracheront au désert, et nous devrons tout de suite trouver des mots pour satisfaire la curiosité du public. Mais pour l'instant, seul, emmitouflé dans ma veste en duvet, je laisse la morsure du froid me rappeler que je vis l'un des moments les plus exaltants de mon existence. J'écris :

La seule manière de cristalliser cet instant est de le partager avec d'autres. Il faut que nous racontions tout cela dans un livre. Nous le signerons ensemble, Brian et moi, et nous tâcherons d'y restituer l'esprit de cette aventure.

Je ne peux m'empêcher de penser à ce qui arrivera dans les jours, les semaines, les années qui viennent. Chaque fois que mon esprit s'évade, l'intensité du froid me ramène au présent.

Entouré d'étoiles, j'éprouve un immense respect face aux forces qui ont façonné cet Univers. Ni Brian ni moi ne sommes des pratiquants dogmatiques, bien que tous deux convaincus de l'existence d'un Être supérieur. Je crois personnellement en l'existence du Dieu qui a créé les hommes, mais non en celle du Dieu que les hommes ont créé.

Il me semble que la plupart des religions se sont façonné un Dieu à leur convenance : une projection humaine, plus qu'une réalité mystique. J'ai été baptisé dans la religion protestante, mais je refuse de me définir comme protestant plutôt que catholique, ou quoi que ce soit d'autre. Je me sens tout simplement chrétien, car le christianisme me paraît être une excellente manière d'expliquer le sens de la vie et de trouver son chemin vers Dieu. À son origine, le christianisme était une religion parfaitement tolérante, tout comme d'ailleurs l'islam, le judaïsme ou le bouddhisme : toutes ces approches encourageaient dans leur essence le développement même d'une part de divinité, par l'ouverture de son cœur aux autres et à Dieu.

Mais, plutôt que de parler « religion », je préfère parler de « spiritualité », autrement dit d'une façon de ressentir Dieu en soi, plutôt que d'un système de pensée ayant pour but de se rassurer et de prouver la supériorité de sa propre compréhension. Il m'arrive d'aller à l'église, mais j'entre aussi bien dans une mosquée ou un temple bouddhiste que dans un lieu de culte chrétien. C'est selon l'endroit où je me trouve. J'ai le souvenir vivant de cet instant où, durant mon dernier voyage en Chine, je me suis agenouillé dans un temple bouddhiste en priant pour le succès de notre vol. Le gardien des lieux a visiblement trouvé curieux cet étranger prosterné dans les volutes d'encens, les mains jointes. Nos regards se sont croisés, et j'ai lu dans ses yeux qu'il comprenait l'importance que ce moment avait pour moi.

Ma quête principale est la recherche de l'essentiel. Nous sommes souvent perdus dans la vie, emportés par des pensées et des comportements automatiques, et nous oublions ce que le simple fait de se sentir exister peut avoir de fondamental. Beaucoup de nos quêtes sont dérisoires et leurs fruits sont éphémères. Il me semble primordial qu'en certaines occasions au moins nous prenions conscience de la sensation d'être vivants jusqu'au plus profond de nos cœurs. Il m'arrive de vivre de tels moments dans les églises, mais j'en ai vécu de semblables en méditant, ou en volant. Mon aile delta et mon ballon ont parfois été mes temples.

J'aurai connu plusieurs de ces moments forts durant mon vol autour du monde – et pas seulement quand tout allait bien. Ils se sont produits aussi dans certaines périodes difficiles, au-dessus du Pacifique, par exemple, lorsque nous volions lentement, le doute omniprésent et la peur au ventre. Pour moi, ces instants ont été magiques : j'y ai perçu la conscience d'être vivant, en éveil, et à l'écoute de ce qui comptait vraiment. Confronté à l'océan ou au désert, à l'eau, à l'air, au sable et à la lumière, il m'est apparu évident qu'il me fallait accepter la réalité des choses.

Il ne s'agit pas d'une attitude fataliste, mais plutôt d'une philosophie de l'acceptation. Dans la vie, certains paramètres sont contrôlables, et beaucoup d'autres ne le sont pas. L'origine de nombreuses déceptions et souffrances provient de nos tentatives désespérées de maîtriser ce qui ne peut l'être. La direction du vent en est un bon exemple. Ne pouvant la modifier, on ne peut que s'y adapter. L'acceptation est fondamentale. Et le vol en ballon est une belle métaphore pour traverser la vie avec une plus grande sérénité et une plus grande confiance.

Les instruments de bord me rappellent à l'ordre. Le jet-stream comprend plusieurs couches, si nettement séparées les unes des autres que l'enveloppe se déforme chaque fois que nous montons ou que nous descendons. En suivant le compas et le GPS, et en notant du regard comment le tissu du ballon réagit, je peux dire si la couche dans laquelle nous entrons est meilleure ou non que celle que nous venons de quitter. Notre objectif est de nous maintenir le plus au sud possible. Aussi, quand le flanc gauche de l'enveloppe se creuse, je sais que le vent nous pousse vers la droite et je m'efforce de rester dans cette couche. Physiquement et visuellement, le pilotage du ballon m'évoque soudain la conduite d'un voilier : j'entends le Mylar claquer dans le vent et je vois notre enveloppe argentée frémir dans la lueur des flammes des brûleurs.

Durant la journée, Don Cameron est venu de Bristol remplacer Alan au PC. Il nous envoie un message de félicitations pour notre « magnifique exploit » et nous donne ses conseils pour la matinée suivante : nous devrions commencer notre descente en traversant la frontière égyptienne, avec pour objectif d'atterrir près d'un village nommé Mut, peu après le lever du soleil. À mon tour de lui répondre :

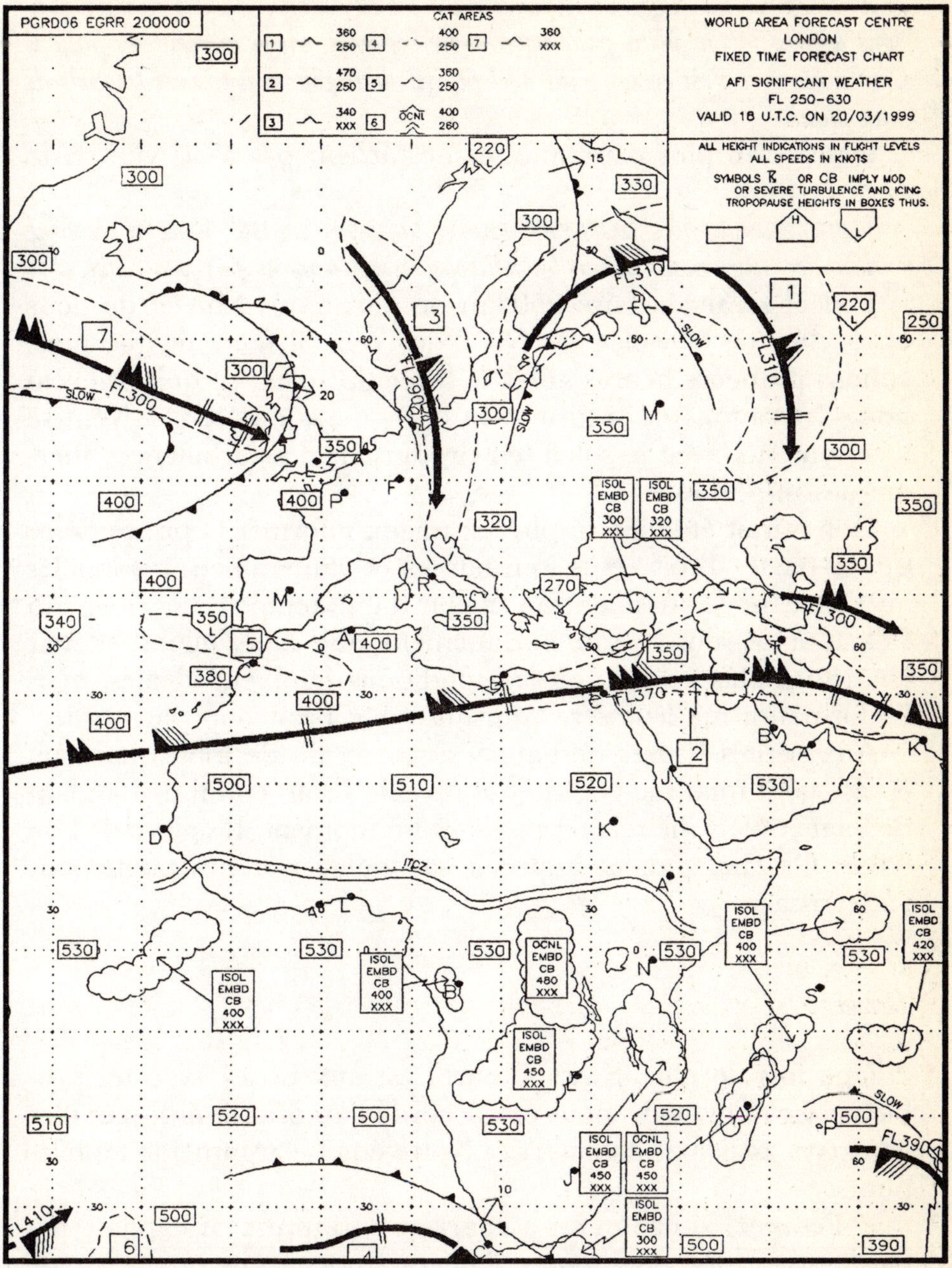

Carte météorologique du dernier jour de vol, le 20 mars 1999. Les lignes noires montrent le trajet des jet-streams sur l'Europe et l'Afrique. Le trait quasiment rectiligne représente le courant qui a conduit le ballon en Égypte. Les jet-streams soufflant vers l'Europe sont fragmentés et n'auraient pas permis une traversée de l'Atlantique Nord.

Chaque petit triangle noir correspond à une vitesse de 50 nœuds (90 km/h), chaque trait fin à 10 nœuds

Merci pour tes suggestions concernant l'atterrissage. Toutes nos félicitations à toi et à ton usine pour nous avoir construit un si merveilleux ballon. Cela a été – et c'est encore – un réel plaisir de le piloter à travers les ciels de cette planète.

Des ordres plus péremptoires ne tardent pas à arriver, de la part de John :

N'ATTERRISSEZ PAS DANS LA GRANDE MER DE SABLE ! Vous y resteriez coincés des semaines : même les hélicoptères ne peuvent pas y accéder.

L'idéal serait de faire 250 km de plus après Mut et de nous approcher de la vallée du Nil. Pour cela, il faudrait que nous volions plusieurs heures après le lever du soleil, ce qui est exclu pour des raisons de sécurité. En effet, dans le désert, le vent se lève toujours avec le soleil, en produisant des turbulences thermiques importantes.

Don aurait été bien inspiré de mieux informer la presse de ce qui se passe. Trois cents journalistes et cameramen, rassemblés au Caire, nous attendent au milieu d'une tempête de sable. Au PC, tout le monde sait parfaitement que nous allons atterrir beaucoup plus au sud, où les conditions semblent idéales, mais l'information ne leur sera transmise que beaucoup plus tard.

Aux petites heures de l'aube, avant la fin de mon quart, un épuisement total me gagne et je réveille Brian en lui demandant de bien vouloir me relayer pendant un moment. Il se lève de bon cœur. Ce changement imprévu va bouleverser nos plans pour l'atterrissage.

Brian

Une fois de plus, Swiss Control est aux prises avec un problème. Les Égyptiens nous ont accordé l'autorisation de survoler leur pays, mais pas d'y atterrir ! Notre équipe argumente au téléphone :

– Écoutez, le ballon est à court de carburant. Si le pilote n'a pas l'autorisation de se poser, il devra amorcer une procédure de détresse pour effectuer un atterrissage d'urgence. Dans ce cas, les règlements internationaux vous obligeront à l'aider.

– Bon, répond le contrôleur égyptien, je vous donne l'autorisation de vous poser.

Nos cartes, assez précises, indiquent une zone verte qui ressemble à la vallée d'une rivière ou à une oasis, tout près du village de Mut. Nous pensons qu'il pourait s'agir de champs cultivés. Pour atterrir, c'est mieux que le désert. Nous essayons de nous y diriger. Peu après le début de mon dernier quart, je rapporte au PC :

Salut, les garçons et les filles. Ici Brian, de retour dans le siège du commandant, afin de permettre à Bertrand de se faire un masque de beauté et de mettre ses bigoudis. Si vous pouviez nous faire monter une tasse de thé, ce serait encore mieux, à l'heure actuelle, qu'une des blagues de Smiffy.

Si l'atterrissage est signé Jones, ça risque de se traduire par des sauts de kangourou de ville en village. Dis à Alan que nous n'avons besoin ni d'un récapitulatif de la check-list, ni de conseils sur la manière de piloter cet engin, ni d'un mode d'emploi des câbles et des manettes. Nous avons notre fierté. Toutefois, nous acceptons avec plaisir toutes informations concernant la stratégie de l'atterrissage et les conditions météo au sol.

J'envoie un nouveau fax à 2 h 23 :

État des lieux (et quel état !) côté carburant : les paires 5 et 11 indiquent 25 kg à la jauge. Aucune idée de ce que cela veut dire, mais nous devrions avoir environ six heures de chauffe.

Si ces estimations sont fausses, nous risquons de devoir nous poser dans la Grande Mer de sable. On nous dit de l'éviter, pourquoi donc ? Y a-t-il un élevage de poulets dans les parages ?... À moins que ce ne soient les sables mouvants ?... Quoi qu'il en soit, nous voulons éviter de descendre à un niveau où le vent serait trop faible, ce qui nous obligerait à consommer du carburant pour remonter chercher des courants plus rapides. Si Luc voulait bien nous faire profiter de ses compétences à ce sujet, elles seraient les bienvenues.

Je me rebranche sur la paire de réservoirs n° 5, qui sera sans doute larguée avant de toucher le sol. Passionnant, n'est-il pas ?

John s'empresse de me répondre :

Vous devez éviter la Grande Mer de sable pour la bonne raison que le sable y est profond, espèce de crétin ! Nous mettrons des jours à vous en extirper. Il y a des terrains d'aviation à ASYUT, NEW VALLEY (AL-KHARIJAH) ET DAKHLA (MUT), et des routes qui ont l'air d'être dans un état convenable. Alan se dirige vers Mut, alors voyez ce que vous pouvez faire.

Je réplique :

Merci pour les informations concernant l'état du sable. Ils n'ont donc pas de pelles, dans cette région ? Je crains que nous n'arrivions pas jusqu'à Mut. De toute façon, d'après ma carte, le terrain est en pente ascendante tout de suite après la route, ce qui pourrait nous compliquer la vie si nous dépassions la cible, d'autant que les vents sont imprévisibles. Al-Kharijah me semble un bon point de départ pour Alan, mais je ne parierais pas sur Mut si j'étais toi.

Il y a tellement de glace ici que, pendant notre descente, c'est le Nil qui va couler dans la capsule, et non le contraire. Il se peut que nos communications soient coupées. Dans ce cas-là, considérez que tout va bien, à moins qu'on ne salope vraiment le boulot, auquel cas nous déclencherons l'EPIRB (balise de détresse). Nous nous servirons des émetteurs manuels pour communiquer avec le sol et les équipes de secours.

J'ajoute, un peu plus tard :

C'est typique des aérostiers : incapables de prendre une décision. Il me semble à présent que nous aurions intérêt à envisager une approche possible sur la route allant vers le nord-ouest de Mut. La prochaine est probablement à 180 miles nautiques, ce qui nous exposerait largement au soleil matinal. J'envisage donc de commencer notre descente à 26° 45' est. Qu'en penses-tu ?

Ce message croise celui des météorologues, qui nous font la même proposition : commencer notre descente au lever du soleil en visant Mut, ou « la piste qui va de Mut vers le nord-ouest » :

Tout le monde ici est très concentré sur votre succès et votre atterrissage dans les meilleures conditions possible, poursuit Luc. *Svp, essayez de nous confirmer que vous avez bien atterri, dès que ce sera fait.*

Toujours aussi euphorique, je réponds :

Ne vous en faites pas. Vous serez les premiers à savoir que nous nous sommes posés en douceur. Ensuite, j'en informerai Bertrand !

12

Seuls dans le désert

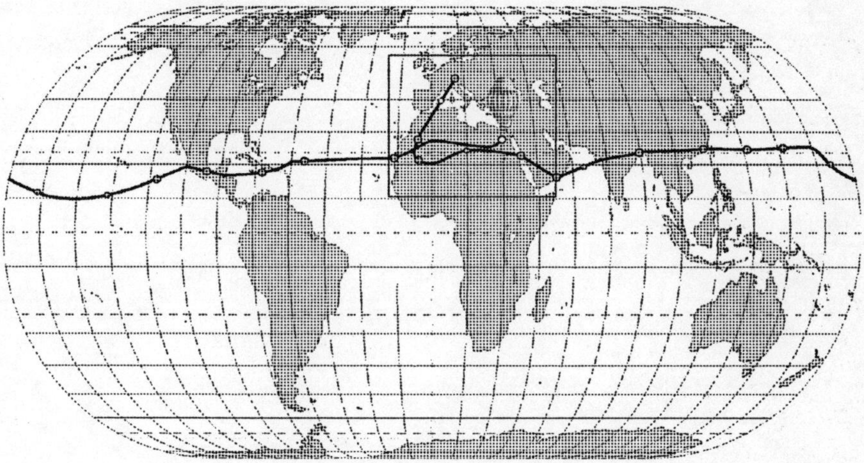

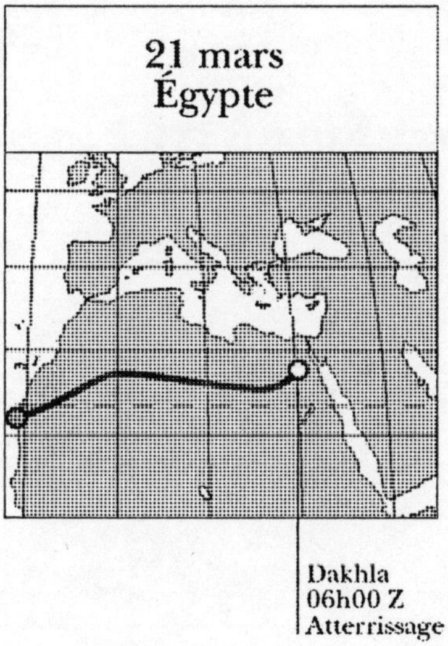

Bertrand

Notre entraînement pour l'atterrissage s'est fait en partant du principe que je serais aux commandes, pendant que Brian s'occuperait de l'appareillage extérieur. Nous avons adopté ce système de fonctionnement dans la mesure où j'avais déjà posé deux fois une Rozière. Mais, lorsqu'il me réveille, il vient d'amorcer la descente et je constate qu'il maîtrise bien les paramètres de vitesse et de trajectoire du ballon.

Je ne vois par conséquent aucune raison de lui reprendre les commandes. Nous décidons d'échanger nos rôles et, le moment venu, c'est moi qui sortirai et monterai sur le toit. Il faudra bien avouer que cet arrangement ne s'est pas révélé idéal, puisque nous devions sans cesse nous conseiller l'un l'autre quant aux manœuvres à suivre. Pourtant, sur le moment le choix de cette solution coulait de source.

Brian

Nous sommes à 10 500 m et nous traversons la frontière entre la Libye et l'Égypte quand nous entamons notre descente. Nous prévoyons de perdre environ 100 m à la minute, tout en ralentissant progressivement. Pour l'instant, nous filons encore à 110 nœuds. Nous avons évalué notre trajectoire en fonction des vents que Luc et Pierre ont annoncés à différents niveaux. Il s'avère que leurs prévisions sont inexactes, et nous avançons toujours beaucoup trop vite. De plus, nous n'arrivons pas à descendre au rythme souhaité. J'ai d'abord cru qu'il me suffirait, pour perdre de l'altitude, d'éteindre les brûleurs. Mais la chaleur du soleil gagne rapidement en intensité et, aux alentours de 7 000 m, les couches de glace qui se sont formées à l'intérieur du cône à air chaud commencent à fondre et à s'abattre par blocs sur la capsule.

À l'intérieur, le fracas est assourdissant. L'enveloppe perd tant de poids que le ballon refuse de descendre. La seule manière de l'y obliger est d'évacuer de l'hélium. J'ouvre une soupape et la laisse ouverte pendant un temps qui me semble infini. Nous ne descendons toujours pas. De là où il se trouve, sous le dôme supérieur, Bertrand me crie :

– Ouvre les deux soupapes !

Ce que je fais. Après un instant, nous tombons comme une pierre à 300 m/mn. Beaucoup trop vite. Mais, soudain, un autre bloc de glace se détache et nous remontons brutalement.

Bertrand

Pendant notre descente, alors que nous surveillons le variomètre, je me trouve soudain en face d'une scène fabuleuse : derrière les hublots sà moitié gelés du cockpit se lève un soleil écarlate qui fait scintiller chaque paillette de glace. L'effet est tellement frappant qu'il faut absolument que je l'immortalise sur pellicule.

– Brian, excuse-moi, dis-je. Je sais que ce n'est vraiment pas le moment, mais est-ce que tu pourrais te pousser un peu ?

Légèrement étonné, Brian obtempère et ne le regrettera pas : ce sera la photo la plus saisissante du vol.

Sous l'avalanche de glace, je suis obligé d'attendre longtemps avant d'ouvrir l'écoutille supérieure. Quand je la soulève enfin, des plaques de glace et des torrents d'eau froide s'engouffrent dans la cabine. Pendant vingt jours nous avons réussi à garder notre espace sec et bien rangé. Voilà qu'en quelques secondes notre habitacle est inondé par un véritable raz de marée !

Je monte sur le toit et me retrouve brusquement en plein soleil. Il fait chaud. Devant nous s'étendent de sombres collines rocheuses, creusées de ravins. Avec les mains, je repousse par-dessus bord des quantités énormes de glace, puis je déroule le guiderope. Il s'agit d'une corde de chanvre de 50 m de long et pesant près de 100 kg. Elle traînera par terre avant notre contact avec le sol et maintiendra la capsule dans l'alignement de notre trajectoire. J'enlève ensuite les goupilles de sécurité des quatre pistons du mécanisme de largage situés à chaque angle du cadre de charge. Ce système pneumatique peut être déclenché, en cas de nécessité, pour séparer l'enveloppe de la capsule. En même temps, d'une main, je filme absolument tout : l'enveloppe, la glace, Brian dans le cockpit... J'ai le sentiment qu'il est essentiel de tout enregistrer.

Quand j'essaie de remonter les panneaux solaires qui traînent en dessous de nous, je m'aperçois que trois semaines sans le moindre exercice physique m'ont affaibli. Cette tour me semble peser une tonne et je demande à Brian de m'aider. De l'intérieur, debout sous l'écoutille, il attrape le bout de la corde. Je compte : « Un, deux, trois », et nous unissons nos forces pour hisser l'objet.

Je dois encore détacher tous les fils reliant la capsule à l'enveloppe et couper ceux du thermocouple avec des tenailles, en suivant les procédures de la check-list.

Brian

Impossible d'atterrir dans la vallée, près de la rivière. Nous la dépassons, faute d'avoir pu descendre assez vite. À 1 000 m, au lieu des 15 nœuds prévus, nous filons toujours à 28. Ce n'est qu'à 300 m du sol qu'enfin nous ralentissons suffisamment.

L'équipe Breitling, qui est venue à notre rencontre, se trouve déjà dans le secteur. Depuis leur jet Canadair, nos amis ont tenté de nous joindre sur 121.5, la fréquence d'urgence. À défaut d'avoir pu repérer le ballon, le pilote choisit de se poser sur l'aérodrome de Dakhla. Il est en approche finale, à dix secondes de toucher le sol quand, soudain, il entend ma voix dans son casque :

– À toutes les stations. Ici *Breitling Orbiter 3*. Est-ce que vous nous recevez ?

Dans un réflexe, il remet les gaz à fond et efface la piste. Une fois que l'appareil a repris de l'altitude, Stefano Albinati, qui s'est précipité dans le cockpit, peut enfin nous parler. Je lui donne nos coordonnées GPS et l'avion met le cap sur nous.

Dakhla se trouve à moins de cent kilomètres de notre position, ce qui signifie que l'avion nous aura rejoints dans quelques minutes. Bertrand remonte sur le toit avec la caméra vidéo pour le filmer. Lorsque nous l'apercevons à l'horizon, c'est un moment d'émotion intense. Le jet blanc, survolant le désert à basse altitude, décrit des cercles autour de nous en balançant les ailes en signe de victoire. Alan nous appelle par radio. Je l'informe qu'après avoir manqué la vallée nous allons essayer de nous poser près d'une route qui, selon nos cartes, se trouve à environ quatre-vingts kilomètres devant nous.

– D'accord, dit-il. Si nous allions repérer les lieux ?

– Parfait, Alan !

L'avion disparaît pendant quelques minutes.

– Crois-moi sur parole, me lance Alan : il n'y a pas la moindre route là-bas. Autant atterrir dès que possible.

De retour à l'intérieur, Bertrand s'affaire à amarrer et mettre à l'abri tout le matériel qui risquerait de voler dans l'habitacle en cas de choc. Nous ne laissons dans le cockpit que l'ordinateur portable dont nous avons encore besoin pour communiquer avec le PC. Debout dans le couloir, le tableau de contrôle des brûleurs à portée de main, je me bats toujours pour stabiliser notre descente. Les hublots nous donnent une faible visibilité du sol. D'autant plus faible que la capsule a choisi d'avancer à reculons. Aussi ridicule que cela puisse paraître, nous avons tous les deux omis d'utiliser le fameux radioaltimètre à propos duquel Alan nous a fait tout un plat la veille encore...

Au moment précis où je me dis : « Nous devons être à environ cinquante mètres du sol », mon regard plonge par le dôme avant.

Je vois des pierres. Elles semblent extrêmement proches. J'en suis à me demander si, par hasard, cette vitre convexe n'aurait pas un effet grossissant, quand Bertrand, qui regarde par l'écoutille arrière (c'est-à-dire vers l'avant), me crie :

– Brian ! Attention ! Nous sommes à moins de dix mètres ! Accroche-toi ! Nous allons percuter !

Instantanément, j'allume tous les brûleurs à pleine puissance. Nous nous accrochons au rail supérieur de la couchette, genoux pliés pour absorber l'impact. Quelques secondes plus tard, le sol nous accueille brutalement. Un choc colossal secoue la capsule.

L'instant suivant, provisoirement soulagé de sa charge, le ballon rebondit et nous propulse d'un seul coup à cent mètres. Nous parvenons à l'y maintenir à coups de brûleurs.

Un coup d'œil à l'extérieur nous montre que nous avons choisi – si l'on peut dire – le pire endroit qui soit pour poser un ballon. Nous sommes tout près d'un plateau sablonneux, mais juste au-dessous de nous, à sa limite inférieure, commence une pente abrupte de rocaille érodée. C'est cette rocaille que nous avons touchée. Par chance, les blocs de polystyrène que j'ai renoncé à larguer après le décollage ont amorti le choc et évité tout dommage à la capsule. Surtout, ils ont empêché nos quatre réservoirs restants de heurter les rochers : si l'un d'entre eux s'était fendu, il aurait pu transformer le ballon en une énorme boule de feu... Le destin, une fois de plus, nous a souri.

La voix d'Alan, légèrement sarcastique, sort de la radio.

– Nous vous accordons « cinq sur dix » pour votre première tentative !

Bertrand remonte sur le toit et aperçoit, à deux ou trois kilomètres, un plateau régulier qui semble idéal pour nous poser.

– Attends cinq minutes, me conseille-t-il, et nous serons sur un bon terrain.

Nous avançons à 5 ou 10 nœuds. Le Canadair nous accompagne toujours. Depuis ses hublots se prennent les seules images qui témoigneront de notre arrivée. À bord se trouve aussi l'observateur officiel de la Fédération aéronautique internationale, Jakob Burkard, chargé d'enregistrer officiellement l'instant exact de notre atterrissage.

Quand nous arrivons au-dessus du plateau, Alan rappelle :

– L'endroit semble convenable. Allez-y.

Bertrand, qui a réintégré la cabine, me suggère de mettre mon casque. Sur le moment, je suis si concentré que je ne l'entends pas. En observant les témoins lumineux du tableau de bord, il remarque que je n'ai ouvert qu'une seule soupape. Il me demande d'ouvrir la seconde et de les laisser toutes les deux ouvertes. Pour diminuer l'inertie d'une Rozière à l'atterrissage, il faut se débarrasser d'une grande quantité d'hélium et régler l'altitude à coups de brûleurs. À force d'économiser l'hélium pendant trois semaines, je n'ai visiblement pas eu le réflexe d'en évacuer suffisamment.

Maintenant enfin je sens que je maîtrise cet engin, au lieu de me laisser piloter par lui ! Quelques courts jets de propane me permettent de stabiliser la descente. Lorsque nous allons toucher le sol, nous nous tenons à nouveau au rail de la couchette. Cette fois, il n'y a pratiquement aucun choc. Après un dernier rebond, nous recollons à notre planète. La capsule continue sur le ventre pendant quelques mètres et s'immobilise. Nous nous regardons pendant un moment, sans dire un mot, le temps de prendre conscience que le vol est terminé. Un silence absolu s'installe.

Jusqu'à ce que Bertrand me lance :

– Peux-tu regarder l'heure !

Il est quelques secondes après 6 heures Zulu, le dimanche 21 mars. Je récupère l'ordinateur portable, qui a traversé la cabine en me cognant la cuisse au passage, et je faxe au PC à 6 h 01 :

L'aigle s'est posé. Tout est OK. C'est super. B.

Rétrospectivement, je suis presque gêné de ce manque de créativité, mais, au moins, mon exclamation était spontanée : la vue du désert a dû éveiller en moi des souvenirs inconscients de l'alunissage d'*Apollo* [1]. Je voulais que le PC sache que nous étions arrivés en douceur, et n'avais pas envie de m'attarder sur mon clavier.

1. *The eagle has landed* (« l'aigle s'est posé »), expression utilisée par l'équipage d'*Apollo 11* tandis que l'engin spatial se posait sur la Lune.

En fait, le PC est déjà au courant de notre atterrissage, la télémétrie lui ayant transmis trois fois de suite les mêmes données. Sue nous le confirme :

L'avion est-il là ? Y a-t-il quelqu'un au sol à côté de vous ? Faites-nous un bilan de la situation, svp.

Bertrand

Le soleil est déjà haut dans le ciel. Nous sommes au milieu de nulle part. La capsule rouge fluorescente est posée sur le sable, l'enveloppe argentée est toujours au-dessus de nos têtes, et un triréacteur blanc fait des cercles autour de nous, à une quinzaine de mètres du sol. Dans le cockpit de l'avion, l'alarme d'altitude s'est déclenchée, mais l'euphorie est telle que personne n'en tient compte.

Je réalise tout à coup que mes oreilles me font mal. Après la violence du premier contact avec le sol, je me suis enfoncé précipitamment mon casque sur la tête, en me les retournant complètement.

Depuis l'intérieur de la capsule, nous tirons, par l'écoutille supérieure, sur la corde rouge du panneau de déchirure afin de vider la cellule d'hélium. Mais l'enveloppe ne réagit pas et reste maintenue en l'air par le petit ballon du sommet.

J'ouvre le dôme arrière et m'extrais de la cabine. Mon pied gauche s'enfonce dans le sable et son empreinte me rappelle en un éclair une image qui a également fait le tour du monde... Je ne sais pourtant pas encore que Brian s'est inspiré d'*Apollo 11* dans son dernier message. Le désert est aussi vierge que la surface de la Lune. En contemplant la trace que ma botte vient d'y laisser, je ne peux m'empêcher de penser : « Pour Armstrong et Aldrin, c'était extraordinaire de poser le pied si loin de la Terre. Mais, pour moi, c'est une sensation merveilleuse de fouler à nouveau le sol de notre planète. »

En faisant mes premiers pas dehors, je suis rattrapé par l'émotion. Décidé à filmer le ballon avant qu'il ne s'affaisse, je m'éloigne en courant, très rapidement essoufflé à cause du manque d'exercice. L'enveloppe est inclinée à quarante-cinq degrés environ et le vent souffle déjà dans son embouchure, faisant onduler le Mylar. Tout en filmant, je me surprends à parler – à personne en particulier, peut-être simplement au ciel : « C'est fabuleux ! Merci ! Merci ! »

Quand l'avion de Breitling passe en rase-mottes au-dessus de moi, je hurle de joie, exultant, en faisant des signes de la main.

Avant que Brian ne me rejoigne, j'improvise un support pour la caméra. Je l'oriente vers la capsule, la mets en marche, puis rentre et referme l'écoutille.

– O.K., Brian, maintenant, faisons notre sortie officielle !

Sous l'objectif d'un cameraman imaginaire, le dôme arrière bascule, et nous sautons dans le sable en nous étreignant. Dans le soulagement d'être de retour sur la terre ferme, en toute sécurité, nous pouvons enfin laisser libre cours à un bonheur total.

Nous sommes là, seuls au milieu de ce désert immense. Je porte encore ma combinaison de vol par-dessus trois couches de laine polaire, et ne tarde pas à fondre littéralement. Mais c'est le cadet de mes soucis, tant il y a de choses à enregistrer dans nos mémoires et sur nos pellicules. J'ai soudain l'impression de revivre, éveillé, ce rêve étrange d'il y a quelques nuits : Brian et moi avions réussi notre tour du monde, mais ne pouvions pas l'annoncer autour de nous. Ici, sans personne avec qui partager notre victoire, ce rêve prend des allures de prémonition.

Brian

Une fois à l'air libre, nous comprenons à quel point nous avons à nouveau eu de la chance. Nous avions prévu de larguer les réservoirs restants sur un côté de la capsule pendant que nous étions encore en altitude, afin d'atterrir en présentant le flanc dénudé de la coque. Avec tout le travail que nous avons eu à faire, nous n'avons pas trouvé le temps de les détacher. Le guiderope a traîné inefficacement sur le sable, mais, par miracle, nous nous sommes posés dans le sens de la longueur et la présence des réservoirs n'a pas posé de problème.

À présent, nous pouvons constater « de visu » le peu de carburant qui nous reste. Ce qui subsiste du propane liquide est si froid que, malgré la chaleur du sol, de la glace se forme à l'extérieur des parois des réservoirs et met clairement leur contenu en évidence. Nous calculons rapidement que le solde de nos 32 cylindres n'aurait pas rempli le tiers d'une seule bouteille. De quoi chauffer pendant quelques heures à peine ! Nous avons vraiment poussé les choses jusqu'à l'extrême limite...

Le Canadair spirale encore pendant une dizaine de minutes avant de disparaître. Par radio, Alan nous informe qu'il va tâcher de nous récupérer avec des véhicules 4 × 4. Nous sommes furieux, Bertrand et moi, croyant que, dans un sursaut d'avarice de dernière minute, Alan veut faire des économies en évitant de louer un hélicoptère. Franchement, nous n'avons aucune envie de passer cinq heures à attendre les secours, et surtout de nous retrouver cinq heures dans une voiture, secoués dans la poussière avant d'arriver enfin à un hôtel.

En réalité, nous nous trompons en soupçonnant Alan de mesquinerie. Nous ignorons encore que notre PC a reçu un appel du Caire, émanant d'un prétendu « agent » qui se dénommait « Zizgaz » ou quelque chose du genre. M. Zigzag, ainsi que tout le monde l'a instantanément baptisé, exigeait soudain le double de la somme négociée pour l'hélicoptère de secours : 30 000 dollars. Faute de quoi, l'appareil, qui était déjà en route, ferait demi-tour.

Notre équipe se retrouva désarmée face à ce nouveau problème, tous les décisionnaires étant en route pour l'Égypte. Après réflexion, Smiffy se résolut à recourir à notre arme secrète : une liste de numéros de téléphone hautement confidentiels. Il appella à son domicile privé le ministre suisse des Affaires étrangères. À sa surprise, ce dernier répondit instantanément et se laissa courtoisement exposer la situation. La suite restera entourée de mystère. Toujours est-il que, quatre heures plus tard, M. Zigzag reprit contact en disant que tout était réglé : un hélicoptère et deux avions-cargos Hercules C-130 étaient en route. Et tout cela gratuitement !

Dans la capsule, nous réactivons le téléphone satellite pour bien confirmer au PC que nous sommes en un seul morceau. La communication est coupée au bout de trente secondes, et il est impossible de la rétablir. Nous nous rabattons sur le fax :

06 h 39. Nous sommes au milieu de ce qui s'appelle nulle part. Envisageons cinq heures d'attente avant d'être récupérés. Enveloppe toujours en place. La prochaine fois, Don, prévois un moyen de vider le ballonnet supérieur. Quelqu'un veut-il acheter du sable ? Merci les gars, à bientôt. Bertrand et Brian.

Sue répond :

Gardez le fax branché, svp, pour que nous puissions communiquer. Il y aura quelqu'un ici en permanence jusqu'à ce que les secours vous aient rejoints. Cela dit, nous avons veillé toute la nuit et pris un petit déjeuner au champagne... Ne construisez pas trop de châteaux – de sable – en Égypte !

Nous aurions de quoi en bâtir beaucoup. Ils mettraient un peu de variété dans le paysage : le désert, autour de nous, est désespérément plat – aussi plat qu'on peut l'imaginer –, dans toutes les directions où se porte le regard. Le sol est constitué de sable doux, d'un jaune tirant sur le brun, sur lequel s'éparpillent d'innombrables petits cailloux. Aucune trace de végétation, d'insectes, d'oiseaux ou d'animaux. Rien. En dehors de l'enveloppe qui ondule doucement dans le vent, la seule chose qui bouge est la brume de chaleur à l'horizon. On dirait que nous avons atterri sur une autre planète. D'ailleurs, après le vol que nous venons d'effectuer, il y a une certaine logique à ce que nous nous retrouvions dans un monde à part, au lieu d'atterrir en direct devant les caméras de CNN...

Mais un bruit de moteur ne tarde pas à se faire entendre. Un autre avion apparaît : un Pilatus PC-12 turbopropulsé, loué par des journalistes qui arrivent tout droit d'Europe. En rase-mottes, il nous frôle à cinq ou dix mètres à peine, pendant que nous agitons les bras en formant le « V » de la victoire. Un troisième visiteur s'annonce ensuite. C'est un petit quatre-places rouge et blanc dont un des pilotes se présente par radio. Il s'agit de Peter Blaser, un aéronaute suisse, ami de Bertrand. Voulant à tout prix assister à notre atterrissage, il est descendu avec sa femme et un ami, en faisant escale à Malte, à Chypre et au Caire. Même s'ils ont raté l'atterrissage proprement dit, ils ont quand même devancé les trois cents journalistes toujours coincés dans la capitale égyptienne.

Le petit avion disparaît. Nous sommes seuls à nouveau, à l'exception de quelques libellules et d'un couple d'hirondelles sorties de je ne sais où, qui se mettent à tourner autour du tissu argenté de l'enveloppe. Imaginant qu'elles ont peut-être soif, nous disposons un récipient plein d'eau à leur intention, mais elles l'ignorent.

Comme nous pensions être récupérés rapidement, nous avons déjà commencé à décharger le matériel important que nous voulions emporter avec nous : kit de survie, trousse de premiers secours, radios, ordinateurs, etc. Bertrand rassemble les films, moi les appareils enregistreurs de données et le barographe. Nous entassons le tout à l'extérieur.

Nous sortons aussi quelques bouteilles d'eau pour nous offrir un luxe que nous attendons depuis des jours : nous laver les cheveux ! La bouteille à laquelle nous avons bu pendant la nuit ne contient qu'un peu de glace, et les autres sont totalement gelées. Nous les étalons sur le sable brûlant et vaquons à nos occupations, le temps qu'elles dégèlent. Quand le moment du shampooing arrive, je me mets torse nu, choisis la bouteille la plus chaude et la tends à Bertrand, qui m'en verse le contenu sur la tête pour me rincer. Puis nous inversons les rôles. Il n'y a plus d'eau tiède et... je verse de l'eau glacée sur la tête de mon coéquipier, qui pousse des cris.

– Espèce de fillette ! dis-je.

– Mais elle est glacée ! s'insurge-t-il.

J'éclate de rire, sachant qu'il a raison.

Bertrand

Une fois les avions disparus, nous nous retrouvons dans un silence absolu, troublé uniquement par les froissements de l'enveloppe de Mylar dans la brise. Mais peu à peu, à mesure que la surface du désert se réchauffe, le vent se lève et, en s'engouffrant dans l'embouchure du ballon, le regonfle. Par crainte de perdre l'enveloppe, devenue une pièce de musée, nous décidons d'essayer de l'affaler. Nous remettons donc en place les capuchons de sécurité du mécanisme de largage et faisons exploser trois coins l'un après l'autre, pour détacher les câbles un par un. Le ballon s'incline mais garde encore suffisamment de force pour renverser la capsule et la traîner dans le sable sur environ dix mètres, brisant au passage les antennes de communications.

L'inquiétude s'empare de nous. Il y a un instant, nous nous sentions parfaitement en sécurité. Et voilà que, soudain, nous sommes coupés de tout contact avec qui que ce soit. Il fait très chaud, nous sommes épuisés et confrontés au risque de voir la capsule emportée sur des kilomètres.

– Bon sang, s'écrie Brian, nous n'avons qu'à larguer l'enveloppe une fois pour toutes !

Mais je m'obstine à refuser de la perdre. Alors, nous l'attaquons avec nos couteaux de survie, attendant qu'un coup de vent la rabatte vers nous, pour essayer de percer la cellule d'hélium. Non contente de monter et descendre, l'enveloppe roule sur elle-même et nous devons sans cesse nous jeter en arrière pour éviter qu'elle ne nous écrase.

La membrane étanche est plus résistante que nous ne l'aurions cru. Nous la poignardons de toutes nos forces sans lui faire beaucoup de mal, et sans autre résultat, pour Brian, qu'un poignet foulé.

Brian

Nos lames s'avérant sans effet, je suggère de tirer nos fusées éclairantes sur la chambre à hélium. Nous avons un paquet de minifusées, avec un lanceur en forme de stylo assez puissant pour les envoyer à cent ou cent cinquante mètres avant qu'elles n'explosent en gerbes lumineuses. Nous en tirons trois, mais elles ne font que rebondir sur l'épaisse paroi de Nylon.

J'ai alors une inspiration soudaine :

– Voilà la solution ! Notre fusée de détresse !

Mise au point pour être utilisée en pleine jungle, elle est en principe capable de traverser la voûte végétale et de grimper à 500 m. Un sacré feu d'artifice ! Mais nous n'en possédons qu'une seule. Je m'installe donc dans l'embouchure du ballon, visant le sommet avec le tube lance-fusée. La puissance du recul me projette à deux mètres. Une boule de feu s'engouffre dans le cône à air chaud, frappe la cellule d'hélium, rebondit et se met à ricocher à l'intérieur de l'enveloppe avant de venir mourir en traversant le Mylar auquel elle met le feu. Bertrand saisit une bouteille à portée de main et se précipite pour la vider sur les flammes, pendant que je me rue dans la capsule pour y attraper l'extincteur.

Nous venons à bout de l'incendie. L'épisode nous a secoués. Nous sommes vaincus, désarmés. C'est alors que les forces de la nature nous viennent en aide. Une puissante rafale de vent tord soudain le ballon sur lui-même, tournant vers le haut toutes les entailles que nous y avons faites. À notre grand soulagement, l'enveloppe s'écroule alors d'elle-même, mais si rapidement que Bertrand, surpris, n'a pas le temps de s'en écarter. Il se retrouve à terre, asphyxié par l'épaisseur du matériau, dont le poids le fait tomber à genoux. Pendant un instant, il se voit mourir écrasé. Il m'appelle au secours, mais sa voix est étouffée et je ne l'entends pas. Comme je me trouve de l'autre côté de l'énorme masse – qui, par endroits, a encore sept ou dix mètres de haut –, je ne réalise pas ce qui est en train de se produire. Heureusement, Bertrand arrivera à se délivrer tout seul, en se frayant un passage au couteau à travers les multiples couches entassées sur lui.

Cette fois, j'en ai ma dose. Je n'ai qu'une envie : m'allonger. Je rentre dans la capsule par l'écoutille supérieure, qui se trouve à présent sur le côté. Les couchettes sont à la verticale, donc inutilisables, et l'ensemble de la cabine est dans une pagaille épouvantable. Non seulement elle est inondée de glace fondue, mais nos affaires sont éparpillées un peu partout. En rampant à l'intérieur, je laisse avec mes bottes des traces de sable sur l'isolation des parois, jusque-là d'un blanc immaculé. Je suis tellement à bout de forces que je m'écroule sur l'un des sièges dont le dossier est maintenant horizontal. Cette couche est d'un inconfort extrême. Peu importe. Tout ce que je veux, c'est fermer les yeux. Pour ajouter à tout le reste, je crois que j'ai attrapé une insolation...

Bertrand

Une fois l'enveloppe abattue, je m'assois, le dos appuyé à la quille de la capsule, le regard fixé sur l'horizon. Comme je l'imaginais pendant le survol du Sahara, je peux maintenant laisser couler le sable entre mes doigts. Je suis heureux de retrouver ce contact physique avec la Terre. J'ai de la peine à croire que je viens d'en faire le tour complet. Je pourrais rester longtemps là, à profiter de la saveur de cet instant, mais le vent se met à souffler de plus en plus fort et le sable commence à me fouetter le visage. Je dois rentrer dans la cabine pour me mettre à l'abri.

Comme Brian, je suis épuisé et j'ai terriblement envie de dormir. À mon tour, je cherche un endroit où m'allonger. Faute d'en trouver, je coupe les harnais de sécurité de la couchette pour en extraire le matelas et le poser sur les étagères du couloir, qui se trouvent à présent au niveau du sol. Je m'étends sur ce lit de fortune et ne tarde pas à sombrer dans un sommeil profond.

Brian

Ma position recroquevillée sur le siège de pilotage devient si inconfortable qu'il m'est impossible de rester ainsi plus longtemps. Retrouvant un rectangle de caoutchouc-mousse avec lequel nous avions prévu de nous protéger en cas d'atterrissage brutal, je l'étends à côté de Bertrand. Je tiens à peine dessus, mais c'est déjà mieux que le fauteuil. Nous nous retrouvons ainsi allongés, tête contre tête.

Soudain Bertrand se met à jurer horriblement, en français – c'est la première fois que je le vois s'énerver de la sorte – parce qu'il est réveillé par des gouttes d'eau qui lui tombent sur la tête. Nous ne savons pas d'où elles viennent, mais, à notre avis, de la glace a dû se former à l'intérieur des cloisons de Kevlar, derrière la mousse isolante. Toutes les deux minutes, Bertrand attrape un chiffon et essuie nerveusement la paroi qui se trouve au-dessus de lui. Exaspéré de ne pouvoir se rendormir, il explose :

– M... ! Qu'est-ce que c'est que cette saloperie ?

Quant à moi, je ne peux pas m'empêcher de voir le côté comique de la situation et je ris dans ma barbe.

Bertrand

Privés de nos principaux moyens de communication, nous allumons nos radios portables. Évidemment, leur rayon est plus que limité et, dans un premier temps, nous n'arrivons à joindre personne. Incapable de me rendormir à cause de l'eau qui continue à me dégouliner sur la figure, je reste allongé, les yeux ouverts... Soudain, j'entends parler, moitié en arabe, moitié en français. Je me rue à l'extérieur et tâche d'établir le contact sur la fréquence d'urgence de la VHF. Sans succès.

Enfin, aux alentours de 15 heures, heure locale – sept heures après notre atterrissage –, je distingue à travers un vent de poussière deux avions Hercules C-130 qui se dirigent vers nous. L'équipage répond à mes appels et m'annonce l'arrivée d'un hélicoptère dans cinq minutes. Les Hercules entament de grands cercles, à 300 m d'altitude, pour indiquer notre position à un énorme hélicoptère militaire russe MIL-17, capable d'accueillir trente passagers. Quelques instants plus tard, celui-ci atterrit à côté de nous dans une tempête de sable.

Les six hommes à bord, qui forment une équipe de secours aérien, se montrent chaleureux et prêts à nous offrir toute l'aide possible. Je ne peux éviter de penser que, si nous avions réellement eu besoin d'assistance médicale, nous serions morts depuis longtemps. Les Égyptiens nous aident à charger notre équipement à bord de leur appareil. Nous surveillons attentivement chaque élément de notre matériel qui revêt pour nous une importance considérable : le courrier philatélique que nous avons transporté autour du monde, les ordinateurs qui gardent en mémoire tous les messages échangés, le barographe et les morceaux de l'enveloppe. En souvenir, Brian et moi en avons chacun découpé un morceau où s'inscrit le numéro d'immatriculation du ballon : HB-BRA.

Une fois à bord de l'hélicoptère, l'un des officiers nous demande :

– Avez-vous pris tout ce que vous voulez ?

Je réponds par l'affirmative, ce qui n'empêche pas deux hommes de sauter de l'appareil, de courir vers la capsule et d'attraper tout ce qu'ils sont capables de porter. Je leur crie que nous n'avons pas besoin de cela tout de suite, que notre équipe viendra le chercher plus tard, mais ils l'embarquent quand même, sous prétexte de nous aider. Beaucoup de choses ne seront pas déchargées de l'hélicoptère en même temps que nous. C'est ainsi que nous perdrons le tiers de notre courrier, une de nos combinaisons, un kit de survie et un radeau gonflable, entre autres.

Les pilotes nous annoncent qu'ils comptent effectuer escale à Asyut pour faire le plein, avant de gagner Le Caire. La totalité du vol prendra trois heures, ce qui, vu le bruit et les vibrations de l'appareil, est une perspective peu réjouissante. Mais moins d'une demi-heure après le décollage, en survolant Dakhla, nous apercevons l'avion de Breitling.

– Nos amis sont là ! crié-je au pilote en désignant l'aéroport.

Il me répond que ses ordres ont changé et que c'est justement là que nous allons.

Nous descendons aussitôt vers une grande oasis entourée de milliers de palmiers et de plusieurs pyramides. En approchant du sol et en découvrant sur le tarmac une foule qui, de toute évidence, nous attend, nous comprenons que c'est maintenant qu'a lieu notre retour réel dans le monde.

Avant même d'avoir posé le pied par terre, nous sommes assaillis par une centaine de journalistes qui se jettent sur nous, en se battant pour obtenir la première interview ou la meilleure photo. Nous, qui avons vécu en parfaite harmonie pendant trois semaines dans une capsule minuscule, nous sommes comme paralysés par leur agitation.

À cause de cette barrière humaine, il s'écoule un certain temps avant que nous ne puissions nous frayer un chemin jusqu'à nos amis de l'équipe Breitling Orbiter. Enfin, submergé par l'émotion, je parviens jusqu'à Thedy et nous tombons dans les bras l'un de l'autre, en silence. Je sens dans son regard une immense admiration mêlée de reconnaissance, mais c'est moi qui ai envie de le remercier. Il a énormément investi dans ce projet, pas seulement de l'argent, mais surtout de la foi, de l'énergie, de l'enthousiasme et la réputation de sa firme. Il m'est impossible d'exprimer tout cela en ce moment, mais entre nous il n'y a jamais eu besoin de longs discours. Je suis également ému de retrouver Thierry Lombard, banquier privé genevois, grand bienfaiteur de plusieurs organisations caritatives. Cet excellent ami, passionné par notre expédition et sensible à la dimension humaine que nous voulions lui donner, a toujours su être à nos côtés, où et quand il le fallait, pour nous aider et nous redonner confiance.

Les cérémonies officielles commencent sans tarder. Le gouverneur de Dakhla veut nous rencontrer. L'ambassadeur de Suisse en Égypte, spécialement venu du Caire, me remet une lettre officielle de la présidente de notre pays. En termes chaleureux, celle-ci nous félicite, Brian et moi, de notre persévérance malgré tous les obstacles et ajoute que notre vol, suivi par le monde entier, a su porter haut et loin l'image d'une Suisse ouverte et performante. Débordés par ces torrents de joie et d'émotion, nous sommes constamment partagés entre rires et larmes. Un journaliste me tend un téléphone grâce auquel j'appelle Michèle, au Caire. En entendant sa voix, les mots se bloquent dans ma gorge. Je parviens quand même à articuler :

– Tu te rends compte, chérie ?... Nous avons réussi !

Brian

Il y a deux absents de marque : Stefano Albinati et Alan Noble. Quand nous sommes arrivés, ils étaient déjà partis à notre recherche dans un convoi de 4 × 4. Joints par satellite, ils ont tout de suite fait demi-tour, mais ils avaient déjà effectué cinq heures de route dans le désert. Il nous faudra attendre autant de temps avant de les retrouver.

Dans l'intervalle, le gouverneur nous invite à sa résidence pour nous y rafraîchir et partager un magnifique déjeuner constitué de spécialités égyptiennes : tomates farcies, poulet, agneau, riz, concombre, yaourt... Après trois semaines sans avoir pu nous laver correctement, la douche est un véritable délice. Et le repas a pour nous des allures princières après des jours passés à nous nourrir exclusivement de pain de seigle, de fromage et d'un peu de pâté. Je suis si fatigué que je peux à peine manger. Bertrand, lui, fait honneur au festin avec son appétit habituel.

Nos hôtes sont absolument charmants. Malheureusement, après le repas, ils insistent pour nous faire faire une promenade touristique... Rien au monde ne pourrait nous ennuyer davantage ! La seule chose dont nous ayons vraiment envie à ce moment précis, c'est de monter à bord du confortable jet affrété par Breitling et de rentrer chez nous. Au lieu de cela, le gouverneur nous emmène dans sa limousine climatisée visiter des sources chaudes qui jaillissent d'une profondeur de 1 500 m et dont il est, de toute évidence, particulièrement fier. Nous traversons la ville, escortés par deux voitures de police, sirènes hurlantes. Tout est devenu surréaliste. Bertrand et moi, toujours vêtus de nos combinaisons de vol et de nos bottes isothermiques, ivres de fatigue et écrasés par un soleil torride, arborons des sourires figés pendant qu'on nous abreuve de détails sur la technologie du pompage de l'eau thermale...

Il était prévu que nous retournions à Genève le jour même. Mais il fait déjà noir quand Alan et Stefano surgissent enfin du désert, et nous décidons de passer la nuit au Caire. Après ces nouvelles retrouvailles chargées d'émotion, nous pouvons enfin tous embarquer. Une heure plus tard, nous sommes à l'aéroport de la capitale. Là, c'est une nouvelle bousculade. De partout, on se jette sur nous avec des micros et des caméras, et il s'écoule un bon moment avant que Bertrand puisse apercevoir Michèle et les enfants. Estelle, Oriane et Solange se précipitent sur lui et il les serre contre son cœur en criant :

– Bonjour, les filles !

Elles sont surexcitées d'avoir pu venir en Égypte à la rencontre de leur père. Michèle et Bertrand se retrouvent sous l'œil indiscret des caméras et doivent contenir leurs élans.

La première personne à laquelle je parle est l'ambassadeur britannique, sir David Blatherwick, qui vient vers moi dans un impeccable costume à rayures et insiste pour porter mes sacs. Je proteste :

– Vous ne pouvez pas faire cela, Excellence !

– Mon garçon, je suis là pour ça.

« Génial ! pensé-je très fort. Je prendrais facilement goût à ce genre de chose. »

Je tombe ensuite sur Terry Lloyd, d'ITN, qui me colle un micro devant la bouche et crie :

– Comment vous sentez-vous ?

– Crevé !

Je me tourne vers l'ambassadeur :

– Est-ce que je peux dire cela à la télévision ?

– Je crois que vous pouvez dire tout ce que vous voulez, réplique-t-il.

Prochaine étape : le Swissôtel, en ville. Sir David tient absolument à m'y conduire dans sa voiture, plutôt que de me laisser prendre le bus officiel.

– Il me semble que je devrais y aller avec le reste de l'équipe, fais-je.

– Non, non, j'insiste, continue l'ambassadeur.

Nous voilà donc partis dans une impressionnante Rolls-Royce noire, au capot de laquelle flotte l'Union Jack. La classe absolue !

Je ne tarde pas à comprendre pourquoi sir David tenait tellement à m'emmener avec lui : il veut absolument que sa voiture arrive la première à l'hôtel pour que les caméras de télévision puissent montrer ma descente de la Rolls de l'ambassade britannique. Après avoir été si longtemps prisonnier de notre bulle en plein ciel, je ne peux qu'être heureux de cet accueil triomphal. Mais ma joie se teinte d'amertume lorsque je me vois replonger dans les réalités de ce bas monde, où tout est régi par la politique.

Bertrand

À cause du décalage horaire, notre arrivée au Caire coïncide exactement avec les journaux télévisés européens. L'aéroport est sens dessus dessous. Tout le monde nous agite des micros et des téléphones portables devant la figure pour des interviews en direct. Par chance, l'ambassadeur suisse pressent mon besoin de passer un moment seul avec ma famille, avant la conférence de presse officielle. Généreusement, il nous installe, Michèle, les filles et moi, dans sa grande limousine noire et ordonne à son chauffeur de nous emmener au Swissôtel. L'ambassadeur, lui, monte dans le bus bourré de journalistes... La vraie classe !

Ces vingt minutes de route passées entre nous seront inoubliables.

À l'hôtel règne une pagaille monstrueuse. Devant l'entrée grouille une foule hétéroclite composée de chameaux, de musiciens jouant de la musique bédouine, et de trois cents journalistes qui se battent pour nous photographier. Brian et moi avons chacun cinq gardes du corps, qui nous ouvrent périlleusement un chemin dans la cohue. La situation ne manque ni d'exotisme ni de piquant, mais nous sommes tous les deux sur pilotage automatique, souriant machinalement et allant où l'on nous conduit.

On nous propulse dans une grande salle où nous devons donner notre première vraie conférence de presse. Nous commençons par remercier Breitling pour le soutien inestimable que nous avons reçu, et faisons l'éloge de notre équipe, sans laquelle nous n'aurions jamais réussi cet exploit. Une première question hérisse Brian :

– Qu'avez-vous à répondre à ceux qui considèrent votre vol comme superflu et y voient un gaspillage financier ?

– Avant que quiconque pose une question de ce genre, répond Brian, je suggère qu'il essaie de comprendre l'histoire de notre expédition. Et il se rendra compte par lui-même que la question est inadéquate.

Personne ne désirera approfondir des sujets d'ordre technique. Les préoccupations de nos interlocuteurs se portent rapidement sur l'aspect philosophique de notre aventure. Les journalistes veulent savoir ce que nous avons éprouvé et cherchent à percevoir l'expérience d'un point de vue humain. Cela me donne l'occasion de dire à quel point je me suis senti privilégié de voler dans cette bulle de paix, au-dessus d'un monde où, au même moment, tant de gens se battaient, souffraient ou commettaient des atrocités. Nous nous sommes laissé pousser en douceur par le vent autour de la Terre, sans essayer de dominer la nature ou d'être plus forts que les éléments. Nos réponses, teintées de tolérance et de respect, tant à l'égard de l'humanité qu'à celui de la planète, ont rapidement permis aux gens de saisir l'esprit de notre aventure.

Le ministre égyptien du Tourisme vient nous féliciter mais nous avoue avoir été déçu que nous n'ayons pas atterri près des Pyramides. Il avait fait dresser à cet endroit une tribune pour que le public puisse assister à notre arrivée et avait même prévu un orchestre pour fêter notre succès... Je tente de lui expliquer que les vents soufflaient trop fort autour du Caire, mais de toute évidence il n'est pas un spécialiste d'aérostation.

On nous sert ensuite un autre festin, après lequel je suis déjà obligé de me séparer de Michèle et des enfants. Elles doivent reprendre l'avion affrété par la Télévision Suisse Romande pour rentrer à Genève, celui de Breitling étant plein.

Enfin, pour Brian et moi, arrive le moment de nous éclipser pour quelques heures de sommeil... Le lit qui m'attend est plus large que toute la capsule ! Au milieu de la nuit, je me réveille en sursaut, affolé parce que je n'entends pas le ronflement des brûleurs. Il fait un noir d'encre dans la chambre. « Brian devrait être dans le cockpit ! me dis-je, paniqué. Il a dû s'endormir ! » Je crie :

– Brian ! Brian ! Les brûleurs ! Ne nous laisse pas redescendre !

Je suis certain que nous tombons. Je me redresse dans mon lit, cherchant désespérément les commandes et trouve... l'interrupteur de la lampe de chevet !

Brian

Au matin, toute l'équipe nage en pleine euphorie. Levés de bonne heure, nous prenons notre petit déjeuner et partons pour l'aéroport. L'avion, aménagé en salon volant, est d'un luxe incroyable. Pendant le vol, une hôtesse nous sert un délicieux repas composé de homard et de cœur de filet, le tout arrosé d'un admirable Château-Cheval Blanc.

Le médecin, que Breitling a fait venir pour le cas où nous aurions besoin de soins urgents, s'assied à côté de moi. Il m'interroge sur mon état de santé. Je lui montre l'enflure de ma main et baisse mon pantalon pour exhiber la tuméfaction de ma cuisse, causée par la rencontre brutale avec l'ordinateur portable. « Des contusions sans gravité », conclut-il avant de poursuivre, me demandant si je ne souffre pas de difficultés respiratoires, de vertiges, d'urticaire, d'œdème, d'angoisses ?... Je réponds à tout par la négative car je me sens en forme. N'empêche qu'à la fin de la consultation je suis sur le point d'éprouver un début de malaise... suggestif. Heureusement, mon psychiatre personnel n'est pas loin !

Nous avons tant de choses à nous raconter que nous ne voyons pas passer les quatre heures du vol. Avec nos amis – Thedy, Stefano, Thierry, Alan –, nous évoquons les plus beaux moments de notre voyage autour du monde, et leur livrons déjà notre idée de créer une fondation humanitaire.

13

Les vents de l'espoir

Bertrand et Brian

Nous avons volé autour du monde à la recherche d'une nouvelle relation avec notre planète. Par amour du vol, par passion d'explorer tous les ciels et tous les horizons. Pas pour la gloire. Nous avions beau savoir que les premiers à réussir entreraient dans les livres d'histoire, nous avons été stupéfaits, à notre retour, par l'enthousiasme que notre expédition a suscité. À notre étonnement, dans l'esprit de beaucoup, ce que nous venions de réaliser représentait la plus fabuleuse de toutes les aventures. L'hystérie médiatique du Caire nous a certes donné un avant-goût de la suite, mais en nous posant à Genève, ce lundi 22 mars à 12 h 30, nous ne pouvons pas imaginer ce qui nous attend.

L'aéroport semble désert.

– Quel dommage que nous ne soyons pas rentrés hier, lâche Bertrand. Pendant le week-end, beaucoup d'amis auraient pu venir nous accueillir.

Quand l'avion roule devant le terminal, nous collons le nez aux hublots, sans voir personne.

– Ils auraient pu donner un drapeau suisse à l'une des employées de l'aéroport, murmure sombrement Brian. Elle serait sortie sur le balcon en l'agitant.

L'avion continue jusqu'à l'extrémité des pistes. Là, soudain, c'est la surprise. Le tarmac est entièrement couvert d'une foule immense, d'où émergent des milliers de mains qui nous saluent. Il pleut et des parapluies sont ouverts un peu partout, mais l'averse s'arrête au moment où nous nous immobilisons. Nous apprendrons plus tard que l'aéroport a été exceptionnellement ouvert au public pour la journée, que l'information a été répercutée par la presse, la radio et la télévision, et qu'un dispositif de sécurité colossal a été mis en place. Mais, dans la stupeur de l'instant, nous ne nous demandons pas comment tous ces gens ont pu arriver ici.

Quand la porte de l'appareil s'ouvre, une véritable ovation s'y engouffre. Nous nous regardons, l'air de dire : « On y va, ou pas ? »

Un instant plus tard nous sommes debout, en haut des marches, l'un à côté de l'autre, les bras levés pour exprimer notre joie. En dessous de nous, dans un océan de visages qui rient et qui crient, s'agitent frénétiquement des drapeaux suisses et britanniques. Sur le côté nous attendent notre équipe, nos familles, nos amis. Tous ont les larmes aux yeux, nous font des signes et nous appellent. Le bruit est tel que nous n'entendons pas ce qu'ils disent ; leur bonheur et leur surexcitation nous saisissent. Nous restons là, un temps qui nous semble infini. Simplement pour en savourer la sensation.

C'est le moment, enfin, de descendre l'étroite passerelle.

– Après toi, dit Brian en s'écartant légèrement.

– Non, répond Bertrand, allons-y ensemble.

Côte à côte, nous descendons lentement, une marche après l'autre. Ces quelques secondes appartiennent encore à notre aventure. Nous savons déjà que, dès que nous aurons touché le tarmac, nos vies seront bouleversées pour toujours.

Nous posons le pied sur le sol en même temps. Nos proches se précipitent vers nous. Jo. Michèle. Estelle. Oriane. Solange. Puis le père de Bertrand, son frère et sa sœur nous embrassent. Adolf Ogi, le vice-président suisse, que Bertrand n'a rencontré qu'en deux ou trois circonstances officielles, lui tombe dans les bras et le félicite en l'appelant par son prénom. Nos retrouvailles avec l'équipe du PC sont chargées d'émotion. Aussi extraordinaire que cela puisse paraître, c'est la première fois que Bertrand rencontre John et Debbie. Pourtant, il connaît leur voix, leur humour, leur style, leur personnalité. Pour Brian, c'est merveilleux de pouvoir remercier ses vieux amis pour tout ce qu'ils ont fait. Nous les serrons tous contre nous, fous de bonheur de pouvoir les associer à notre triomphe.

Même chose pour nos magiciens de la météo, Luc et Pierre, dont le professionnalisme, l'humour et la complicité ont fait des héros populaires. Ils étaient sur terre le pendant de la paire que nous formions en vol. À travers les médias, leurs visages sont devenus si célèbres qu'avant que notre avion ne se pose la foule leur a réclamé un tour d'honneur.

Tout, dans ces instants que nous vivons, est formidablement émouvant.

Brian

Mes retrouvailles avec ma femme sont bouleversantes. Enfin Jo et moi sommes à nouveau réunis. Ce n'est pas seulement une épouse que je retrouve après trois semaines de séparation, mais un membre à part entière du projet Orbiter. Elle a supporté tous mes accès de mauvaise humeur pendant les périodes difficiles d'*Orbiter 2* ; et pendant des mois, chaque jour que Dieu a fait, nous avons travaillé ensemble sur *Orbiter 3*. C'est pourquoi, outre le bonheur de nous retrouver sur un plan personnel, nous partageons l'exaltation d'une réussite commune.

Pour moi, ce retour constitue la somme d'émotions la plus intense de tout le vol. Jamais, auparavant, je n'ai pris part à une aventure de cette envergure. Depuis que nous avons franchi la ligne d'arrivée, je sais que ce que nous avons fait ne signifiera rien tant que nous n'aurons pas pu partager notre victoire avec d'autres. La véritable valeur de l'événement réside dans cette communion... C'est pourquoi notre arrivée à Genève représente le moment où tout devient réel, le moment qui restera le plus extraordinaire de toute ma vie.

Certes, j'attendais avec impatience de retrouver Jo et nos amis, John et Debbie, Brian et Cecilia. Mais cela ne m'empêche pas d'être très ému par la réaction de tous les Suisses qui sont venus nous accueillir. Leurs visages rayonnent de bonheur et d'euphorie, et j'ai le sentiment qu'ils vivent réellement notre joie. Cette communauté d'esprit donne à notre aventure une dimension nouvelle.

Bertrand et Brian

La foule est restée contenue derrière des barrières, mais d'innombrables mains se tendent vers nous. Alors, nous nous laissons pousser – presque porter – vers une voiture décapotable. Debout à l'arrière, nous longeons lentement le public en serrant autant de mains que nous le pouvons. Les gens nous jettent des fleurs, nous tendent des dessins d'enfants représentant notre ballon, nous offrent des photos de notre décollage...

Le fait que le véhicule soit une Peugeot peut paraître anodin, mais se trouve être le résultat d'un épisode amusant. Cette société avait retenu depuis longtemps les salles qui devaient nous servir de PC pour une réunion importante à la mi-mars. Contrairement aux prévisions statistiques, nous avons décollé le 1er mars et il n'était pas question que notre équipe déménage pendant le vol. Les dirigeants de Peugeot ont donc réussi de bonne grâce à trouver un autre endroit pour tenir le meeting, ce qui n'était pas chose facile en pleine période de Salon de l'auto. Le directeur de l'aéroport, soulagé, les a invités pour compenser ce désagrément à mettre une voiture à notre disposition dès notre arrivée. Les véhicules officiels de notre équipe sont des Chrysler Voyager, fournies par le Centre automobile romand, mais l'heure n'est pas aux mesquines rivalités commerciales.

Après ce bain de foule, le chauffeur nous conduit dans un énorme hangar. À notre stupéfaction, les personnes que nous avons vues dehors sont seulement celles qui n'avaient pas trouvé de place à l'intérieur...

Nous grimpons sur une estrade et tombons sur Don Cameron.

– Tu nous as fait le plus fabuleux ballon jamais construit ! s'exclame Bertrand.

– Peut-être, répond-il, mais j'avais les deux meilleurs pilotes du monde pour le faire voler !

Nous nous installons devant une forêt de micros. Notre arrivée est retransmise en direct dans le monde entier. Devant nous, la foule continue à crier et à gesticuler. Nous montons sur nos chaises, levant les bras, euphoriques jusqu'à l'ivresse. Même les journalistes sont gagnés par l'enthousiasme. L'ovation se prolonge et ce n'est qu'au bout d'un long moment que nous pouvons prendre la parole. Brian lâche un mot qui crée l'hilarité générale :

– Quel pays merveilleux, où personne n'est obligé d'aller travailler le lundi !

Très vite, l'ambiance devient la même qu'au Caire : plutôt que de se focaliser sur les records et les détails techniques, tout le monde nous interroge sur ce que nous avons vécu.

– Quel a été le meilleur moment du vol ? demande quelqu'un.

– Le moment entre le décollage et l'atterrissage, répond Bertrand ! C'est un flash qui a duré vingt jours.

– À quoi pensiez-vous, pendant tout ce temps ?

– Nous n'avions pas besoin de penser, continue Bertrand, nous nous contentions de ressentir... Nous ressentions un respect immense envers le miracle de la vie sur cette planète. Nous ressentions une admiration incroyable pour la beauté de notre Terre. Mais nous étions ulcérés de savoir que tant de gens continuaient à souffrir dans les pays que nous survolions, alors que nous vivions le plus beau rêve de notre vie...

– Et cette main invisible dont vous avez parlé ?

– Ce serait malhonnête de notre part d'affirmer que nous avons réussi tout seuls, répond Brian. Nous avions le meilleur ballon, la meilleure équipe, et le meilleur esprit possible, mais cela ne suffit pas à expliquer notre succès. La « main invisible » est le nom que nous avons trouvé pour qualifier cette force mystérieuse qui a si souvent semblé venir à notre aide.

Bertrand enchaîne :

– Nous nous sommes également sentis aidés par les encouragements de millions de gens. C'est pourquoi nous avons décidé de dédier notre vol aux enfants du monde entier. Ce sont les adultes de demain, et il faut qu'ils sachent l'importance de la paix et de la tolérance sur cette Terre.

– Maintenant que vous êtes des héros et que vous êtes célèbres dans le monde entier, demande quelqu'un d'autre, qu'allez-vous faire de cette notoriété ?

Pendant le vol, nous n'avons jamais osé évoquer ce genre de chose. Mais Bertrand répond carrément :

– Oui, on dirait bien que nous sommes célèbres, autrement, vous ne seriez pas là !... Mais ce serait futile d'utiliser notre célébrité à des fins personnelles. Les moments de gloire que nous vivons maintenant ne sont utiles que si nous rapportons un message. Pourquoi, sur cette Terre où il y a autant d'espace, les gens passent-ils leur temps à se battre pour l'argent et le pouvoir ? Il y a beaucoup de place pour le rêve, beaucoup de place pour réaliser ensemble sur cette planète un destin plus harmonieux. Nous allons utiliser le prix offert par Budweiser pour créer une fondation humanitaire. C'est dans ce sens-là que le *Breitling Orbiter 3* trouve sa signification.

Nous répétons aussi avec insistance que notre réussite est celle d'une équipe extraordinaire. Sans Breitling, le projet n'aurait jamais pu se monter. Sans Cameron Balloons, nous n'aurions pas eu le ballon performant dont nous avons bénéficié. Sans Alan Noble et l'équipe du PC, sans Luc et Pierre, et sans Swiss Control, ce vol n'aurait jamais pu être accompli. Sans les diplomates suisses, nous n'aurions jamais pu traverser la Chine. Et, sans la presse, le public n'aurait pas pu nous accompagner dans notre rêve.

Quelqu'un demande alors :

– Honnêtement, comment avez-vous fait pour tenir le coup, enfermés à deux pendant trois semaines dans une capsule aussi minuscule ?

– En nous respectant mutuellement, en abordant ouvertement tous les problèmes au fur et à mesure qu'ils se présentaient et en ne nous battant pas pour avoir raison, répond Brian. Si nous avons réussi à ne jamais nous disputer, c'est parce que nous avons laissé notre ego au vestiaire en partant.

Bertrand intervient, et la phrase qu'il prononce est appelée à devenir célèbre :

– Nous étions deux pilotes en décollant, deux amis pendant le vol, et deux frères à l'arrivée.

C'est alors que Richard Branson fait son apparition sur l'estrade avec un magnum de champagne, dont il nous asperge comme si nous étions des pilotes de Formule 1.

La conférence de presse se poursuit sous forme d'interviews individuelles, qui durent jusqu'à 23 h 30 et nous laissent épuisés.

Si nous avons parlé de main invisible, c'était pour ne heurter personne dans sa sensibilité religieuse. Mais nos propos déclenchent tout de même une polémique !

Chacun y va de sa propre interprétation. Les plus cartésiens affirment : « C'est évident : ils parlent de leurs deux experts météo. » Mais d'autres écrivent : « Ce ne sont pas les météorologues : c'est Dieu. » Certains encore sont convaincus que ce sont leurs prières qui nous ont aidés. Sans aucun doute, c'est tout cela à la fois.

Brian

Après avoir échappé à la foule et regagné le PC pour y boire une bonne tasse de thé, je remarque devant la porte un jeune homme blond qui danse d'un pied sur l'autre. Il me sourit nerveusement, et quand je ressors, près d'une heure plus tard, il est toujours là. Comme il semble hésiter à venir vers moi malgré une envie évidente de me parler, je vais à sa rencontre.

– Monsieur Jones, dit-il, est-ce que je peux avoir votre autographe ?

– Bien sûr.

Je signe le petit carnet qu'il me tend. Je vois alors ses yeux s'emplir de larmes et il me dit :

– Monsieur Jones, vous avez réalisé mon rêve.

À mon tour, j'ai les yeux humides. Ce garçon incarne l'imagination de millions de gens, nourrie par notre aventure. Il n'y a pas chez lui d'envie ou de jalousie, simplement une manifestation du fait que notre victoire appartient non seulement à Bertrand et à moi, mais aussi à tout le pays et, d'une certaine manière, au monde entier.

Bertrand et Brian

Pendant ce temps-là, le ballon est toujours au beau milieu du désert, sous la garde – si l'on peut dire – d'un groupe de gardes-côtes égyptiens. Melvyn James, qui dirige l'équipe de récupération, passe la nuit à Dakhla et, le lendemain, met sur pied une expédition pour rapatrier la capsule et la plus grande partie possible de l'enveloppe. Plusieurs véhicules se lancent à l'assaut du désert, et Melvyn ordonne à ses aides de ne toucher à rien avant son arrivée. Mais, le temps qu'il parvienne à la capsule, les autres ont déjà commencé à la dépouiller. Même les toilettes et les réservoirs d'oxygène et d'azote sont partiellement arrachés.

Un hélicoptère de transport soulève la cabine et la ramène à Dakhla, d'où elle est chargée pour la Suisse. Une bonne partie de ses équipements a disparu, y compris, nous le constaterons avec tristesse, le petit ballon de foot, qui est resté accroché dans le cockpit pendant tout le vol.

La capsule sera provisoirement exposée au musée des Transports de Lucerne. Mais sa destination finale est le National Air and Space Museum de Washington. Le *Breitling Orbiter 3* rejoindra d'autres témoins de l'histoire de l'aviation : le *Kitty Hawk*, des frères Wright, le *Spirit of Saint Louis*, de Lindbergh, le *X1*, de Chuck Yeager (le premier avion à franchir le mur du son), les capsules spatiales *Mercury*, *Gemini* et *Apollo*... Le gouvernement suisse l'aurait volontiers conservé sur le sol national, mais quand on nous propose de l'accueillir, aux États-Unis, dans le temple de l'aéronautique, nous ressentons cela comme le plus grand honneur qu'on puisse nous faire. Dans le hall d'entrée de ce musée prestigieux, la capsule d'*Orbiter 3* est la seule pièce qui ne soit pas américaine. Elle constitue du même coup une formidable publicité pour la Suisse, et l'Europe en général.

Dans les jours qui suivent, la maison de la famille Piccard est envahie de fleurs, de cadeaux, de bouteilles de vin, de milliers de lettres. Les gens nous félicitent, mais surtout ils nous expriment leur reconnaissance pour leur avoir permis de rêver avec nous.

Prouvant une fois de plus à quel point cette compétition a été amicale, nos adversaires – Steve Fossett, Richard Branson, Colin Prescott, Jacques Soukup, Dick Rutan, Kevin Uliassi – nous envoient des lettres émouvantes. Une nouvelle phrase de Dick Rutan nous restera en mémoire : « Dans quelque temps, quand toute l'excitation sera retombée, vous repenserez à tout cela et vous mesurerez à quel point votre exploit a été magnifique. »

Nous recevons aussi beaucoup d'invitations. Pendant cette seule – et incroyable – première semaine, nous nous rendons tour à tour à la mairie de Paris pour une cérémonie de l'Aéro-Club de France, au Palais-Royal de Bruxelles, à New York pour le gala de l'Explorer's Club, en Angleterre pour y rencontrer la reine, et à Berne, où le gouvernement suisse au complet veut féliciter officiellement notre équipe.

À Paris, nous recevons la médaille d'or de l'Aéro-Club de France. C'est Gérard Feldzer, son président, qui nous la remet. La cérémonie revêt un caractère exceptionnel, car le discours est prononcé par Jean-Pierre Haygneré, le spationaute français alors en orbite dans la station *Mir*. Il nous parle en direct, à un moment où *Mir* se trouve juste au-dessus de la France. Bertrand le connaît déjà – ils se sont rencontrés plusieurs fois bien avant leurs exploits à tous deux – et c'est extraordinaire de l'entendre nous féliciter ainsi depuis l'espace. Nous recevons aussi la décoration de la Jeunesse et des Sports des mains de la ministre, qui nous la remet, précise-t-elle, non pas pour ce que nous avons fait, mais pour les sentiments de paix et de fraternité que nous avons exprimés à notre retour.

En Angleterre, la reine et le duc d'Édimbourg se rendent chez Cameron, à Bristol, le 1er avril. Nous avions d'abord cru à une blague. Et même quand, le jour venu, tout le personnel de l'usine forme une haie d'honneur à l'entrée des locaux, nous nous attendons encore à ce que Don surgisse en criant : « Poisson d'avril ! » Mais la reine et son époux arrivent bel et bien, comme ils l'avaient promis lorsque nous suffoquions au-dessus du golfe du Mexique. Sa Majesté nous remet le trophée Charles-Green, un magnifique plateau en argent qui fut pour la première fois, en 1839, offert à l'aérostier du même nom, et prend la peine de féliciter chacun des membres de l'équipe.

À cette occasion, nous revoyons Andy et Colin. Entre nous, il n'y a pas le moindre sentiment négatif et Andy nous confie que, tout en étant déçu d'avoir échoué, il est heureux que ce soit nous qui ayons réussi. C'est bel et bien l'absence de piles de rechange qui l'a forcé à amerrir, explique-t-il avec franchise.

À Bruxelles, une grande cérémonie a lieu à l'Institut royal de météorologie, où travaille Luc et qui avait en son temps guidé le grand-père de Bertrand lors de son vol pour la stratosphère. Nous sommes reçus officiellement par le prince héritier Philippe de Belgique ; sa famille a toujours entretenu des liens d'amitié avec celle de Bertrand et cette rencontre se déroule dans la plus grande cordialité.

La médaille de l'Explorer's Club a une valeur toute particulière aux yeux de Bertrand, car son père l'a reçue avant lui. À la maison, elle était exposée dans le salon et Bertrand, enfant, ne cessait de la contempler. Aujourd'hui, il va recevoir la sienne. Nous allons à New York en Concorde, car c'est le seul moyen de caser ce voyage dans notre emploi du temps. Au dîner officiel, qui a lieu six jours après notre atterrissage, deux mille personnes nous réservent une « standing ovation ». Nous sommes assis à la même table que l'astronaute John Glenn, que Bertrand avait rencontré à Cap Kennedy quand il avait onze ans.

À Washington, les représentants de Budweiser nous remettent un chèque d'un million de dollars. La firme avait spécifié que la moitié de la somme devait aller à une organisation caritative. En fait, nous déciderons avec Breitling d'en utiliser les trois quarts pour créer notre fondation.

Deux mois, jour pour jour, après notre atterrissage, une autre cérémonie a lieu à Château-d'Oex, à l'endroit précis d'où nous avons décollé. Nous nous y rendons à bord d'un train panoramique spécial, et des milliers de personnes nous attendent à la gare. Avec Luc et Pierre, nous paradons dans le village avant de découvrir le monument élevé pour commémorer notre vol : une pyramide de pierre blonde surmontée d'un globe terrestre en bronze où s'inscrit notre parcours, avec de petits ballons à nos points de décollage et d'atterrissage. Dans un élan de sympathie débordante pour la population locale, Brian demande à Bertrand de lui traduire en français une phrase qui résume le fond de sa pensée. Il la répète au micro, ce qui lui vaut une nouvelle ovation :

– Aujourd'hui, ma femme Joanna et moi sommes rentrés à la maison.

Il est impossible d'évoquer ici toutes les cérémonies, tous les hommages. L'un d'eux, pourtant, symbolisera plus particulièrement l'atmosphère générale de toute cette période. C'est celui que nous rend le secrétaire général de la Fédération aéronautique internationale (FAI), dans le cadre du superbe Musée olympique de Lausanne. La grande salle d'honneur est plus que pleine, et des dizaines d'enfants sont assis par terre, devant les premiers rangs et jusque sur la scène. Avant de recevoir l'Ordre olympique des mains de Juan Antonio Samaranch, président du CIO, qui nous a soutenus à chaque instant de notre aventure, nous écoutons Max Bishop, qui s'exprime d'abord dans son anglais maternel avant de continuer dans un français impeccable.

Nous ne sommes pas les seuls à qui son discours met les larmes aux yeux :

« Monsieur le Président, chers invités, mesdames et messieurs, chers enfants.

« Nous sommes ici aujourd'hui pour honorer deux grands aviateurs, deux sportifs exceptionnels, et deux êtres humains hors du commun. Bertrand Piccard, Brian Jones, nous sommes tous fiers de vous. Nous avons le sentiment d'avoir, nous aussi, participé à votre grande aventure. Nous étions de cœur avec vous lorsque vous avez pris votre envol dans la vallée alpine de Château-d'Oex, lorsque vous vous êtes glissés sur la pointe des pieds dans le couloir autorisé par la Chine, quand vous avez stagné plusieurs jours au-dessus du Pacifique, et quand vous avez filé à grande vitesse à travers le Sahara pour enfin poser votre ballon – symbole des connaissances scientifiques de cette fin de XXe siècle – en Égypte, berceau d'une ancienne civilisation qui vous fascine, comme beaucoup d'autres.

« Nous avons tous partagé votre émotion : la joie et la peur, l'optimisme et la frustration, le doute, la gratitude, et finalement la liesse, que vous avez décrite avec tant d'éloquence. Votre ballon, pendant les trois semaines de son voyage autour de notre fragile planète, est devenu une balise pleine d'espoir pour tous les peuples du monde, et en particulier pour leurs enfants. Vous nous avez rappelé, de votre façon pleine de modestie et d'humilité, que l'effort et la persévérance donnent des résultats, qu'il y a des choses qui ne peuvent pas être obtenues instantanément.

« Vous nous avez enseigné qu'avec de la patience, de l'habileté, du courage et de l'engagement, on pouvait réussir ce que beaucoup croyaient impossible. Vous nous avez montré que des aventures incroyables sont toujours possibles, même en cette dernière année d'un siècle parfois sombre et turbulent, et que ces aventures résonnent dans le cœur des gens de tous âges à travers le monde, inspirant chez nous tous le désir de rejeter notre cynisme habituel et de nous définir des objectifs importants.

« Votre exploit en vol fut un exemple de tout ce qu'il y a de meilleur dans la tradition olympique et de la raison d'être de la FAI. En dérivant sans obstacle à travers un si grand nombre de frontières nationales, vous avez montré que celles-ci ne sont que des barrières imaginaires, divisant des gens qui en réalité partagent des soucis et des aspirations communes. En vous livrant à une compétition amicale et ouverte avec les autres aéronautes, qui cherchaient à boucler le tour du monde, vous avez fait preuve de fair-play et de respect pour autrui. En dédiant votre vol aux enfants du monde et en créant la fondation, « *Winds of Hope* », « Les Vents de l'espoir », vous avez démontré que les grandes performances sportives ne devraient pas être des actes d'égoïsme, mais d'altruisme.

« Ce dernier grand exploit aéronautique du XXe siècle s'inscrit parmi les plus marquants de ceux qui figurent dans les archives de la FAI, une fédération fondée en 1905 et qui, par une heureuse coïncidence, a déplacé ses bureaux de Paris à Lausanne, capitale olympique, il y a quelques mois.

« Parmi les vols que la FAI a eu l'honneur d'homologuer figurent ceux de :

– Louis Blériot, en 1909, première traversée de la Manche ;
– Georges Chavez, en 1910, première traversée des Alpes ;

– Charles Lindbergh, en 1927, première traversée de l'Atlantique en solo ;

– un certain Auguste Piccard, en 1931, record absolu d'altitude en ballon ;

– Chuck Yeager, en 1947, premier à franchir le mur du son ;

– Youri Gagarine, en 1961, premier homme dans l'espace ;

– Neil Armstrong, en 1969, premier à marcher sur la Lune ;

– et Dick Rutan, en 1986, premier à boucler le tour du monde en avion sans escale et sans ravitaillement.

« Et maintenant, nous pouvons ajouter deux noms au livre d'or de la FAI, à notre pléiade de héros : les noms de Bertrand Piccard et de Brian Jones.

« Mais ce ne sont pas des héros ordinaires. Même parmi les grands noms que je viens de citer, Bertrand Piccard et Brian Jones se distinguent par leur humilité et leur générosité d'âme, leur capacité à faire partager leurs émotions autour d'eux, et leur volonté d'aider les autres. Les hommes que vous allez honorer aujourd'hui, monsieur le Président, ne sont pas seulement de grands aviateurs et de grands sportifs. Ce qui est beaucoup plus important est qu'ils sont aussi de formidables ambassadeurs, pour nos sports aériens et pour l'idéal olympique, et sont d'admirables exemples pour tous les enfants du monde.

« Au nom de toute la communauté des sports aériens à travers le monde, je vous félicite et je vous salue, Bertrand Piccard et Brian Jones. Cet honneur, vous l'avez largement mérité. Des tâches importantes vous attendent dans le domaine de l'éducation, de l'encouragement et du soutien aux autres. Sachez que tous nos vœux vous y acompagnent. »

Brian

On nous demande souvent ce que ce vol a changé pour nous. Quand j'étais directeur de projet sur *Orbiter 3*, et durant les premiers préparatifs avant le décollage, je ne pensais qu'à mener à bien l'assemblage de la capsule et à faire en sorte que ses équipements fonctionnent comme prévu. Je ne me demandais pas quel effet cela ferait de voler autour du monde. La profondeur de mes relations avec Bertrand ainsi que nos conversations sur l'avenir de la planète ont donné à toute cette expérience une dimension supérieure.

Il est évident que ce vol a changé ma vie. J'en suis revenu plus extraverti. L'envie de partager notre aventure, de la raconter, a fait exploser le côté renfermé qui, jusque-là, dominait ma personnalité. C'est aujourd'hui avec un plaisir non dissimulé que je donne des conférences sur notre aventure. Cette expérience m'a débarrassé d'une partie de ma réserve typiquement britannique, en laissant affleurer mes sentiments. Je me sens plus proche de la nature et de moi-même. Je pleure aussi plus facilement. Juste avant ma première apparition sur un plateau de direct à la télévision britannique, on me fit attendre dans une pièce à côté du studio. Je regardai les actualités, où l'on pouvait voir des scènes de la guerre au Kosovo. Jusqu'à cet instant, mon emploi du temps frénétique m'avait empêché de prendre réellement conscience de ces événements. Mais, à présent, la vue des réfugiés chassés de chez eux, les témoignages des massacres me bouleversent. Avant notre vol, je n'aurais pas été ému à ce point-là. J'aurais éprouvé de la compassion pour les réfugiés, puis j'aurais reporté mon attention sur la suite du programme. Maintenant, je ressens les choses beaucoup plus intensément. Et je ne le regrette pas.

Passer ainsi, en vingt jours, de l'anonymat le plus complet au statut de célébrité est une sensation très étrange. Cette nouvelle gloire me permet en tout cas de constater que la plupart des gens célèbres ne sont, en fait, guère différents du commun des mortels. À les rencontrer, j'ai la grande surprise de les trouver tous extrêmement sympathiques. Ils sont sans prétention, ne jouent pas les vedettes, et sont au contraire naturels, chaleureux, disponibles. C'est une révélation pour moi de découvrir qu'un héros de la taille de John Glenn, vénéré comme un dieu dans le monde de l'aéronautique, a lui aussi ses propres héros.

Autre conséquence de cette aventure : l'amitié déjà ancienne avec John et Debbie, Smiffy et « C », ainsi qu'avec les autres membres de l'équipe, prend une nouvelle dimension. Ces trois semaines à partager le danger, la fièvre et la tension ont créé un lien unique entre nous. Désormais, quand nous nous retrouvons et que nous reparlons du vol, nos conversations ont une profondeur qui va au-delà des mots. Nous n'avons guère besoin d'évoquer nos émotions d'alors ni de dire à quel point elles nous ont rapprochés. Le savoir nous dispense de paroles et renforce nos liens.

Quant à Bertrand... le fait d'avoir vécu ensemble une telle expérience ne pouvait que créer entre nous une amitié sincère et durable. Je suis toujours heureux de le retrouver, j'aime être avec lui et avec sa femme Michèle, j'adore ses enfants et je me suis promis d'apprendre le français pour mieux communiquer avec eux. Pourtant, Bertrand et moi n'avions pas des personnalités prédestinées à s'accorder si bien. Quand il a dit que nous étions devenus des frères, ce n'était pas seulement une belle phrase : c'est vrai. Des frères peuvent être les meilleurs amis du monde sans être pour autant des âmes sœurs. Bertrand aura toujours une place à part dans ma vie.

Bertrand

Ce qui me frappe le plus, dans toute cette aventure, c'est la chance extraordinaire que nous avons eue. Par quel miracle avons-nous pu réussir là où tant d'autres avaient échoué avant nous ? Et par quel hasard sommes-nous nés dans une région du monde où il est possible de mettre en œuvre assez d'énergie et d'argent pour réaliser l'utopie de faire le tour du monde en ballon ? Comment se fait-il, alors que tant de gens souffrent partout sur cette Terre, que tant d'atrocités se commettent et que tellement de guerres font rage, que nous ayons eu la chance de vivre les plus fabuleux moments de notre vie ? De là-haut, nous avons regardé cette planète avec respect et admiration, mais beaucoup de questions sont restées sans réponse.

Maintenant, je ne peux plus voir un globe terrestre ou une carte du monde sans éprouver un sentiment d'appartenance. Avant le vol, les planisphères n'évoquaient pour moi que les cours de géographie. Aujourd'hui, lorsque je regarde un globe terrestre, je ne peux m'empêcher de le faire tourner sur son axe, d'en observer chaque détail. J'y ressens un plaisir immense, des émotions intenses et des images de notre aventure me reviennent en mémoire. Je me sens infiniment plus impliqué qu'auparavant dans la vie de notre planète et, plus particulièrement, dans celle des régions que nous avons survolées. Quand le roi Hassan II du Maroc meurt, quand la famine est orchestrée au Soudan pour éliminer une partie de la population, quand des enfants meurent en Afrique défigurés par le noma, quand la guerre éclate entre le Pakistan et l'Inde, je ne peux pas rester indifférent. Je sais à quoi ressemble le pays et je me sens plus proche de ses habitants. D'une certaine manière, voler autour de la Terre, c'est un peu comme serrer le monde dans ses bras.

Je suis revenu de ce vol avec un plus grand respect pour la vie. Je me sens encore plus concerné par l'écologie et par la manière dont les humains se comportent. Quand je parle d'écologie, je suis loin de la démarche simpliste qui consiste trop souvent à vouloir transformer le monde en une sorte d'immense réserve naturelle. Je pense plutôt au profond respect que chacun devrait ressentir face à toute forme de vie, depuis l'air, le sable et l'eau, jusqu'aux arbres, aux animaux et aux humains. Par « respect », j'entends la prise de conscience que la vie existe à différents niveaux, sous de multiples formes, autour de nous et en nous, et qu'elle a une immense valeur. Il ne s'agit pas d'éliminer la haute technologie que nous avons su élaborer, mais de l'utiliser pour mieux comprendre la nature, plutôt que pour y étendre notre pouvoir. Désormais, de telles questions ne relèvent plus pour moi de la théorie, mais de préoccupations pratiques. J'éprouve une telle gratitude d'avoir vu mon rêve se réaliser que j'ai le sentiment de devoir rendre quelque chose à cette planète.

C'est un peu ce que j'ai commencé à faire en créant avec Brian, Thedy Schneider et Thierry Lombard la fondation « *Winds of Hope* ». Notre objectif est d'utiliser les intérêts de l'argent offert par Budweiser, et de toutes les autres donations, pour décerner un prix annuel, tous les 21 mars – date anniversaire de notre atterrissage –, à des gens qui luttent contre les souffrances oubliées ou négligées par le public et les médias. Au-delà des guerres et des catastrophes spectaculaires qui drainent de façon ponctuelle beaucoup d'attention et d'argent, nous désirons soutenir des causes dans lesquelles des êtres humains, et spécialement des enfants, souffrent avec la triste certitude que personne ne s'intéresse à leur sort.

Nous espérons pouvoir utiliser notre célébrité pour promouvoir certaines causes auprès de responsables de haut niveau et d'hommes politiques, ainsi qu'auprès de milliers de gens ordinaires. En dehors du financement de projets méritants, nous pensons pouvoir également appuyer certaines initiatives personnelles, en leur offrant le soutien de notre notoriété. Nous avons su que des classes d'école du monde entier se passionnaient pour notre vol. Même dans des pays que nous n'avions aucune chance de survoler, les écoliers nous suivaient par la pensée. C'est pourquoi, où que nous allions, je sais que nous aurons des affinités immédiates avec tous ces enfants et, à travers eux, avec leurs professeurs et avec les dirigeants de leurs pays. Nous serons peut-être d'autant plus efficaces que nous n'aurons pas d'arrières-pensées d'ordre personnel ou politique.

Je ne suis pas un aventurier professionnel. J'ai repris mes activités de psychiatre et je donne de nombreuses conférences à propos de notre vol. Mais pas seulement pour raconter l'expédition. Je me suis rendu compte combien toute cette aventure n'était qu'une grande métaphore de la vie elle-même. Dans l'existence se produisent des tempêtes semblables à celles qui peuvent vous détruire quand vous êtes en ballon. Il y a des périodes de calme plat, où l'immobilité vous déprime ; et des moments où tout est si facile qu'on se demande comment certaines personnes peuvent trouver la vie cruelle.

On a parfois tendance à croire que la vie est simple, mais c'est une illusion. En fait, la vie est un voyage complexe, une aventure d'autant plus difficile qu'elle nous confronte à l'imprédictibilité du cours des choses. Puisqu'on ne peut anticiper l'avenir, la principale qualité qu'il faille développer est d'apprendre à s'adapter et à accepter ce que l'on ne peut pas éviter. Nous n'avons pas de prise sur les événements, mais nous en avons sur nos réactions face à eux. À chaque nouveau problème qui se présente, nous devons creuser en nous-mêmes afin d'y trouver les ressources nécessaires pour avancer, tout en acquérant de nouvelles stratégies de survie et d'évolution.

Les gens ont souvent peur de l'inconnu, peur de changer, de se remettre en question. C'est pourquoi ils tentent désespérément d'avoir un contrôle sur tout ce que la vie leur apporte. Beaucoup de leurs maux viennent de ce qu'ils dépensent des sommes d'énergie considérables à essayer de modifier des situations sur lesquelles ils n'ont aucune prise. Par ailleurs, ils n'essaient souvent même pas d'influencer les choses qui peuvent l'être.

Dans le projet *Breitling Orbiter 3*, nous maîtrisions la construction de la capsule et de l'enveloppe, la constitution de l'équipe, la formation des pilotes. Mais, une fois dans les airs, nous n'avions plus aucun pouvoir sur les conditions atmosphériques ou sur les vents. La seule manière de nous diriger était de changer d'altitude.

Sur terre, c'est un peu la même chose. Les gens sont prisonniers de leurs problèmes, de leurs certitudes, de leurs souffrances, comme le ballon est prisonnier des vents. Et, comme dans un ballon, si l'on veut changer le déroulement de sa vie, il faut changer d'altitude. C'est en cherchant à s'élever sur les plans psychologique, philosophique ou spirituel que l'on arrive à modifier le cours de son existence.

Mon travail de psychiatre est comparable à la façon dont nous avons volé autour du monde. À cela près qu'en psychothérapie je ne suis pas le pilote, mais le météorologue. Je cherche en permanence à aider le patient à déterminer l'altitude à laquelle il découvrira la meilleure trajectoire. Quand on se trompe de hauteur et de direction, on se perd dans les orages, avec le risque d'être détruit par la douleur.

Aujourd'hui, je me sens dans la vie comme dans ce ballon qui tentait de faire le tour du monde. Nous avons certes atterri, mais l'aventure n'est pas terminée pour autant, et le vol continue chaque jour.

Dans un avenir plus ou moins proche, il est vraisemblable que quelqu'un tentera un tour du monde en solitaire. Steve Fossett me paraît le mieux à même de relever ce défi. J'imagine aussi une course où tous les concurrents décolleraient du même endroit en même temps. Ils lutteront pour essayer de faire le tour du monde plus rapidement que nous et, s'ils y arrivent, leur bonheur durera simplement moins longtemps.

Brian et moi sommes fiers de penser que l'exploit accompli par notre équipe est entré dans l'histoire de l'aviation. Pour nous deux, c'est extraordinaire d'être associés aux héros de notre enfance, aux explorateurs et aux aviateurs que nous avons admirés toute notre vie, de recevoir les mêmes honneurs et les mêmes médailles. À première vue, cela peut paraître grisant. Mais tous les honneurs accumulés ne sont rien d'autre que la cerise sur le gâteau. L'essentiel de ce que ce vol nous a donné, c'est la chance de pouvoir vivre plus pleinement notre vie d'être humain sur cette planète.

Et lorsque, parfois, je me sens triste ou découragé face à la manière dont le monde évolue, je regarde la photo du hublot givré que j'ai prise peu avant l'atterrissage. Le soleil levant qu'on y voit au deuxième plan, derrière les cristaux de glace, me rappelle à quel point il est primordial de ne pas s'arrêter aux apparences et de rechercher, au-delà de la réalité visible, ce qui donne un sens véritable à notre passage sur cette Terre.

Parfois aussi, je cherche à me revoir dans le désert égyptien. Je me retrouve assis, dos à la capsule, le regard posé sur la ligne magique où la Terre rejoint le ciel, sentant le vent se lever. Je me souviens comment ce souffle chaud effleurait mon visage pour la première fois en trois semaines, et comment le vent gagnait en puissance, jusqu'à ce que mon corps tout entier en éprouve la caresse. C'était ce vent – le vent de la Providence – qui nous avait portés, Brian et moi, autour du monde, en harmonie avec la nature. Désormais, et pour toujours, ce vent sera pour nous le vent de l'Espoir. Et nous ferons tout ce qui est en notre pouvoir pour le faire souffler plus fort autour de la Terre.

Les tentatives de tour du monde en ballon

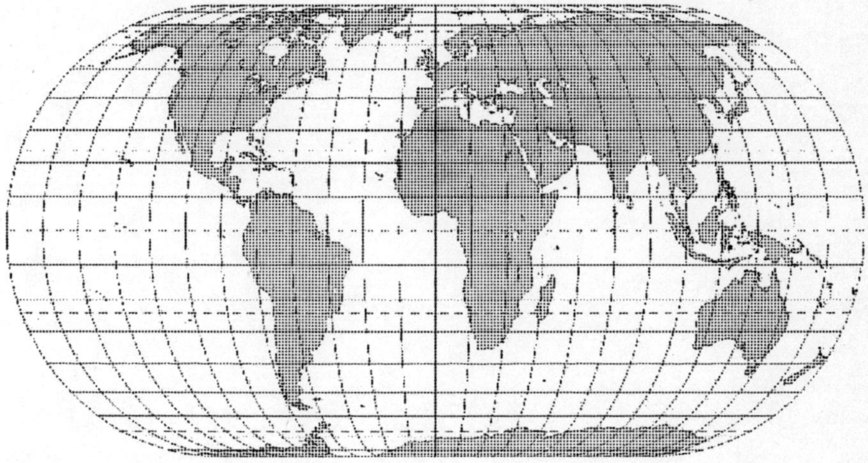

Année	*Pilotes*	*Ballon*	*Pays d'origine*	*Décollage*	*Résultats*
1981	Max Anderson	*Jules Verne*	USA	Égypte	Atterrissage en Inde après 4 445 km et 47 h 30 de vol
1993	Henk Brink	*Unicef Flyer*	Hollande		N'a jamais décollé
1993	Larry Newman Don Moses Vladimir Dzhanibekov	*Earthwind 1*	USA	Reno, USA	S'est écrasé après le décollage
1994	Larry Newman Richard Abruzzo Dave Melton	*Earthwind 2*	USA	Reno, USA	Valve gelée, atterrissage le même jour
1995	Larry Newman Dave Melton George Saad	*Earthwind 3*	USA	Reno, USA	Une partie de l'enveloppe a explosé pendant le début de l'ascension

Année	*Pilotes*	*Ballon*	*Pays d'origine*	*Décollage*	*Résultats*
1996	Steve Fossett	*Solo Challenger*	USA	Dakota du Sud USA	Atterrissage au Canada, après 2 927 km et 51 h 13
1997 (7 janvier)	Richard Branson Per Lindstrand Alex Ritchie	*Virgin Global Challenger*	Royaume-Uni	Maroc	Atterrissage en Algérie après 19 heures
1997 (12 janvier)	Bertrand Piccard Wim Verstraeten	*Bretling Orbiter*	Suisse	Château-d'Oex, Suisse	Amerrissage en Méditerranée après 6 heures
1997 (15 janvier)	Steve Fossett	*Solo Spirit*	USA	St Louis, USA	Atterrissage en Inde. Record de durée 146 h 44 ; record de distance 18 125 km
1997 (décembre)	Richard Branson Per Lindstrand Alex Ritchie	*Virgin Global Challenger*	Royaume-Uni	Maroc	L'enveloppe s'est envolée toute seule

Année	*Pilotes*	*Ballon*	*Pays d'origine*	*Décollage*	*Résultats*
1997 (31 décembre)	Kevin Uliassi	*J-Renée*	USA	Illinois, USA	Le ballon a explosé après une heure. Le pilote a pu réatterrir
1998 (1er janvier)	Steve Fossett	*Solo Spirit 2*	USA	St Louis, USA	Atterrissage en Russie après 9 335 km et 108 h 23
1998 (8 janvier)	Bertrand Piccard Wim Verstraeten Andy Elson	*Breitling Orbiter 2*	Suisse	Château-d'Oex, Suisse	Décollage avorté avant le gonflage de l'enveloppe
1998 (9 janvier)	Dick Rutan Dave Melton	*Global Hilton*	USA	Albuquerque, USA	Le ballon a éclaté. Les pilotes ont sauté en parachute
1998 (28 janvier)	Bertrand Piccard Wim Verstraeten Andy Elson	*Breitling Orbiter 2*	Suisse	Château-d'Oex, Suisse	Atterrissage le 7 février en Birmanie après 8 473 km. Record absolu de durée 233 h 55

Année	*Pilotes*	*Ballon*	*Pays d'origine*	*Décollage*	*Résultats*
1998 (7 août)	Steve Fossett	*Solo Spirit 3*	USA	Mendoza, Argentine	S'est écrasé dans la Mer de Corail au large de l'Australie. Record de distance 22 905 km
1998 (hiver)	John Wallington Dave Liniger	*Remax*	Australie	Alice Springs, Australie	Décollage annoncé mais jamais réalisé
1998 (18 décembre)	Richard Branson Per Lindstrand Steve Fossett	*ICO Global Challenger*	Royaume-Uni	Maroc	Amerrissage au large d'Honolulu après 19 958 km et 177 h 57
1999 (janvier)	Jacques Soukup Mark Sullivan Crispin Williams	*Spirit of Peace*	USA	Albuquerque, USA	N'a jamais décollé à cause de l'interdiction chinoise
1999 (janvier)	Kevin Uliassi	*J-Renée*	USA	Illinois, USA	N'a jamais décollé à cause de l'interdiction chinoise

Année	*Pilotes*	*Ballon*	*Pays d'origine*	*Décollage*	*Résultats*
1999 (18 février)	Andy Elson Colin Prescott	*Cable & Wireless*	Royaume-Uni	Almeria, Espagne	Amerrissage au large des côtes japonaises en raison d'une défaillance électrique après 18 495 km. Record absolu de durée 425 h 41
1999 (1er mars)	**Bertrand Piccard Brian Jones**	***Breitling Orbiter 3***	**Suisse**	**Château-d'Oex, Suisse**	**Trois records mondiaux absolus : 1er tour du monde ; record de distance – 40 805 km ; record de durée – 477 h 47**